上承战略
下接赋能

绩效管理系统解决方案

潘 平 ◎ 著

Linking Strategy and Capability: Performance Management Holistic Solutions

中国法制出版社
CHINA LEGAL PUBLISHING HOUSE

序

  2014年夏天,我第一次登上青藏高原,沐浴着高原之风,聆听着"呀拉索,那就是青藏高原"的天籁之音,经历了身心的洗礼,这是一种何等的幸福!

  登高望远,看到了山峰的神奇美丽;翻山越岭,品味了纳木错湖的圣水;舞榭歌台,谛听了"大唐公主和亲的传奇"……这一切是那么遥远又那么触手可及,是那么神秘又那么真实。回来后我继续写书,终于在2015年年初完成了我的第一本著作《上承战略 下接人才——人力资源管理高端视野》,出版后反响很好,深受读者喜爱。受此鼓励,我对多年积攒下来的实战经验进行整理,结合这些年的潜心研究,在随后的几年里又陆续出版了两本有关培训、招聘的专业书籍。今年年初,我的第四本著作《上承战略 下接激励——薪酬管理系统解决方案》面世,此书延续了"上承战略 下接人力资源业务"的管理思想,与之前的三本著作一脉相承。

  为使我的人力资源管理思想体系更加完整,今年我对已出版的招聘书籍进行了重新改版,取名为《上承战略 下接人才——招聘管理系统解决方案》,同时新著了《上承战略 下接赋能——绩效管理系统解决方案》。这样一来,我的"一体两翼两平台"人力资源管理思想体系正式形成!

  为什么要构建"一体两翼两平台"的人力资源管理体系?我是从战略、人才、激励三个维度来思考的，并按以下的管理逻辑来建构的。

一个企业成功了，管理大师都会对其进行剖析，分析其成功之道。有的说是战略指引得好，有的说是文化建设得好，有的说是企业机会把握得好，等等。这些说法都有一定的局限性。从我多年的分析总结来看，企业成功的关键在于"人"，因为"人"才是创造和改变企业的真正原动力。

战略是人制定的！一个企业的战略要么是老板本人或者管理团队共同制定的，要么请外部咨询机构来做，无论采用哪种方式，最终都离不开人。战略是对未来的规划，最终的实现要依赖人的能力。因此，一个优秀的企业必定拥有优秀的企业家及团队。他们不仅志存高远、高瞻远瞩，还善于使用社会优秀人才，不断推动企业的发展。

"上承战略"是人力资源管理体系的"一体"所在。作为企业的重要职能部门，人力资源管理部必须学会诠释企业战略。企业战略指向哪里，人力资源前进的方向就在哪里。人力资源为企业战略提供各种资源保障，"逢山开路、遇水搭桥"，助力将士们从一个胜利走向另一个胜利。"上有承接"才能去分责、去担当，实现职能价值，这正是人力资源要上承战略的精髓所在！

鸟儿有丰满的羽翼才能持续飞翔，企业有"丰满的双翼"才能在竞争中取胜。那么企业的"两翼"是什么呢？在哪里呢？

企业的竞争说到底就是资源的竞争，人、财、物等资源是一个企业生存发展的根本，而人才资源是这些资源的基础。企业只有拥有优秀的人才，才能把财物资源用好并让其增值。那么，优秀的人才是怎么来的，无外乎"外招与内培"，"无才则招，有苗育好"，这是优秀企业人才发展的最佳途径。过于依靠外聘人才的企业走不远，因为人才如锥子，放在身上，一头要出头，一头要扎人。企业很难去整合这些社会人才，使其融入企业文化，这些社会人才也很难对企业忠诚，所谓"高薪招来人中凤，企困来时早先飞"。但是企业要发展、要创新、要突破、要激活，自然需要引入外来人才。"招好人、招对人、闻同味、共创业"，让他们快速融入企业，为企业所用并发挥好价值，这是企业追求的目标。因此，企业管理者、人力资源管理者必须懂得招聘之术，招对人才并用好人才。我的《上承战略 下接人才——招聘管理系统解决方案》一书，正是针对以上问题提出系统解决方案。

招人需要付出较高的成本，通过"高平台、高薪酬、高福利"招聘进来的人才会让那些内生培育出来的人才产生一定的竞争压力。优秀企业都注重人才的内生培养，强调人才内生文化，培育企业优秀人才的文化基因。于是他们重视校园人才的培养，建立自己的培养体系，组建自己的培训大学，系统培养自己的人才。

招聘关键人才来解决企业能力瓶颈，快速提升业务绩效，加速企业发展，同时加强对企业存量人才和新招校园人才的培养，这有助于企业人才发展两翼齐飞，构建人才发展生态链，从而使企业拥有源源不断的人才。我的培训书中构建的"6·5·4·1培养体系"正是为了系统解决人才培养的难题。

人才依靠平台飞翔！评判人才的标准是什么？不仅是高学历、丰阅历、高薪资、名企业，更关键的是他们能否为企业带来价值、创造绩效。那么，靠什么来评价经营绩效？要靠销量、利润、规模、占有率、资金流等关键绩效指标，这些指标是企业经营的顶层绩效指标。"上承战略"自然要承接这些顶层绩效指标，而如何去承接并达成，这就是人力资源绩效管理的内容。企业对员工进行绩效管理，让大家去关注组织绩效，努力达成个人绩效，让优秀的人才创造卓越绩效，这是绩效管理的根本。因此，建立绩效管理文化，让绩效不是寒冰而是熊熊燃烧的烈火，让这"烈火"驱动绩效发动机快速运转，进而让绩优者获得升职加薪，让绩劣者远离，这样的企业才能有活力，才会有发展！我的《上承战略 下接赋能——绩效管理系统解决方案》一书正是从以上内容出发提出了系统解决方案。

人才如良驹，要他们日行千里、夜行八百，必然要给予优质粮草，这样才能让他们保持良好的身体状态，才能有战斗力。对企业来讲，优质粮草是一个"拥有与分配"的话题，是"挣钱与分钱"的问题；而对员工来说，就是"工作与攒钱"的问题。企业要注重激励分配管理，是当期挣钱当期分钱，还是当期挣钱长期分钱，这取决于企业的激励机制。"金手铐"铐得了人身还应铐得住人心，"身心合一"才是激励的最高境界！

绩效管理平台和薪酬激励平台是企业和员工契合的关键纽带。企业要建设好这两个平台，要随市而变，不断优化平台，让员工在工作中有成就感，在生活和家庭中有幸福感，在社会上有自豪感。员工在这样好的平台上一定会努力工作，想不忠诚都难！

企业除了要构建好顶层管理体系，构筑好企业文化，营造良好的工作氛围和环境，还要让员工快乐工作，努力奋斗，有目标、有发展、有安全、无后忧，这才是优秀的企业。

正是基于以上思考，本人结合20多年的研究和管理实践，经过不懈努力，探索、总结、提炼，一个完整的人力资源管理思想体系——"一体两翼两平台"逐渐形成。"一体"为战略，"两翼"分别为人才招聘和员工培训，"两平台"分别为绩效管理和薪酬激励。企业导入并拥有这套体系，人力资源管理的问题就迎刃而解了。"一体两翼两平台"的管理模型如下图所示。

"一体两翼两平台"管理模型图

这套管理体系由 5 本书构成，它们分别是《上承战略　下接人才——人力资源管理高端视野》《上承战略　下接人才——招聘管理系统解决方案》《上承战略　下接绩效——培训管理系统解决方案》《上承战略　下接赋能——绩效管理系统解决方案》《上承战略　下接激励——薪酬管理系统解决方案》。

《上承战略　下接赋能——绩效管理系统解决方案》这本书从绩效概念、绩效文化、绩效赋能、价值创造的视角为导入，对绩效、绩效管理的内涵进行重新解读，对绩效管理常用的管理工具，特别是对 OKR 管理法进行了深入剖析。第二章至第六章对绩效管理成功与否的关键影响因素进行具体介绍：从如何上承战略、连接业务目标、关键行动举措与绩效管理方面构建战略绩效蓝图；从赋能、价值的维度去探究组织效能与绩效管理的相互影响，对 VUCA 时代的组织与绩效管理给出答案——敏捷；通过对流程管理形象生动的比喻——高速公路视角，从流程的价值、方法论介绍了流程如何联动绩效；企业文化是绩效管理之魂，本书阐述了高层、中层、基层在企业文化落地中的角色与作用，推导出 HR 如何建设绩效文化；员工是实现组织目标践行者，如何点燃员工激情、突破绩效管理难题，让其发挥最大作用，在书中给出了答案。第七章至第十五章提出本书的"COSO 模型"：首先提出绩效管理的价值新主张——绩效文化体现价值主张、职位之于绩效、价值定义能力、绩效决定收入、培训的增值等；如何构建经营绩效、职能绩效、员工绩效三位一体基于业务导向的绩效体系；基于前两章节的思想导入，本书第九章提出绩效管理"COSO 模型"：从文化是绩效管理之灵魂、组织是绩效管理之根本、制度是绩效管理之利器、指标是战略之路径、目标是方向之灯塔、实施之技法、评估之标准、应用之体现、反馈之改进、运行之生态十个方面，对"COSO 模型"进行全面解读。第十章至第十五章，对如何构建基于"COSO 模型"的绩效管理体系的要素、流程、模板，如何进行关键绩效指标挖掘、绩效目标量化、业务组织个人层层承接、面向问题的沟通反馈、绩效结果激励等内容进行具体介绍，书中附有大量且详尽的流程、模板、指标等实操工具。第十六章至第二十一章对高管人员、职能管理、研发项目、金融业务、营销业务、技能工匠等几类重点人群的绩效管理实践、工具方法等进行了全面的介绍。

管理有道！上善若水是自然法则。企业的战略要随势而变，不可一意孤行、要"知止"。要知道战略的行进到什么地方为止，否则企业将走向衰亡。互联网时代告诉我们，"资本知止而不续投，股票知止要止损"，这些都是优秀企业家的智慧。人也是如此，"明知山有虎，何必山中行"，退避也是一种选择，是为了以退为进，是为了企业能够更好地发展！

管理有法！人要遵守自然法则，方可在自然中生存；人要遵守国家法律，才是一个合法公民；员工要遵守企业规章制度，才是一个合格员工。一个企业没有规章制度，员工各行其是，企业文化如何形成？人力资源部门是制定这些规则的部门，在制定规则时既要符合企业经营管理要求，又要从人性出发符合员工需求，以共同努力达成共同目标，做到"人企合一""知行信改"。企业的制度如果得不到员工的认同，是无法落地的，企业也会因为这些不合规、不合情理的制度而导致人散企亡，呜呼哀哉！

管理有术！制度刚性，管理柔性。不同的人力资源管理者与不同的员工交流，其结果是千差万别的。完美的人力资源管理需要智商与情商的高度结合。有些人说，不懂业务的人力资源管理者不是优秀的人力资源管理者。我却认为，情商不高的人力资源管理者不是优秀的人力资源管理者。面对各种各样的员工，拥有好的管理之术才是最重要的。因为管理人比管理其他方面都重要、都难，管理好人，才能管理好万事！

管理有器！面对强大的对手要敢于亮器，这是"亮剑精神"。手里没有"倚天剑"，你的勇气从何而来？因此，企业要锻造自己的"倚天剑"，建立完善的企业制度是非常重要的。

企业什么都有了，那么我们应该拥有什么？

人生四季，"春有百花秋有月，夏有凉风冬有雪。莫将闲事挂心头，便是人间好时节"。我们生活在四季轮换之中，我们应如何面对四季的变换呢？

做一个有智慧、有远见、有目标、有理想的人；做一个有追求、遇事不慌、身轻前行的人；做一个有情商、有爱心的人……做人要正直大气，这样才能让人尊重。在职场上要有能力，要专业，这样才能让人信服。做事易，做人难，我们只有把人做好、把事做对，这样才是真正的人才，否则就是庸人。

今年8月从草原归来，我对人生又有些感悟。策马扬鞭不负青春年华，草原美色离不开雨露滋润。马头琴声悠扬，是对草原的无限赞美。羊鞭高举，轻轻落下，打在羊儿身上，也打在我的心上。心中的目标在远方，我的追求在路上。"职不止，梦不休。"谨以"一体两翼两平台"管理思想体系奉献给读者，希望读者能够爱上每天初升的太阳。

高原的风，草原的雨，让四季都美丽。目前正值景美果丰的秋季，我将不忘初心，继续前行，争取把最好的书呈现给我的家人和朋友们，并与大家共勉美好未来！

潘　平

目录

第一章
绩效是赋能不是考核——从价值视角重新审视绩效管理

1.1 快速导入绩效管理内涵 // 002
  1.1.1 绩效的内涵 // 002
  1.1.2 绩效管理的内涵 // 003
1.2 绩效管理方法识别甄选 // 006
  1.2.1 相对评价法 // 006
  1.2.2 绝对评价法 // 007
  1.2.3 描述法 // 009
1.3 绩效管理工具的价值运用 // 010
1.4 认识OKR绩效管理法 // 012
  1.4.1 什么是OKR？ // 012
  1.4.2 OKR与KPI的关系 // 014
  1.4.3 OKR的关键步骤 // 014

第二章
如何构建战略绩效蓝图——绩效管理助力目标落地

2.1 如何构建企业战略绩效——承接企业战略的方法路径 // 019

2.2 绩效管理如何让目标可视——如何将战略目标提炼成指标 // 021

    2.2.1 如何建立战略绩效目标 // 022

    2.2.2 可衡量的指标体系 // 022

    2.2.3 如何确定绩效指标值 // 023

2.3 制订战略行动的实施方案——目标举措逐项落实，战略才能落地 // 023

第三章
组织管理如何赋能绩效——从效能思维来设计组织

3.1 从赋能视角看组织存在的必要 // 026

    3.1.1 组织管理的概念 // 026

    3.1.2 组织架构的定义与内涵 // 026

    3.1.3 组织架构的类型与特点 // 027

3.2 组织诊断与设计的关键要素——透视筋络才能设计科学 // 028

    3.2.1 如何开展组织的诊断 // 028

    3.2.2 组织设计的关键要素 // 029

3.3 组织设计的绩效价值思维——有业务、有目标，才有组织 // 031

    3.3.1 组织设立的先决条件 // 031

    3.3.2 基于管理幅度的横向设计 // 032

    3.3.3 基于深度的纵向设计 // 033

    3.3.4 复杂业务的矩阵设计 // 035

3.4 如何评估组织设计效能——剔除无效组织的最佳办法 // 035

    3.4.1 组织效能的概念 // 035

    3.4.2 效能提升六关键 // 036

3.5 推进高绩高效的 OD 管理——组织绩效人才发展共生 // 037

    3.5.1 什么是 OD // 037

    3.5.2 OD 管理的核心 // 038

3.6 VUCA 时代，组织如何变革——如何提高组织的敏捷度 // 039

    3.6.1 组织变革的最佳时机 // 039

3.6.2　组织变革的方法与流程 // 040

3.7　如何设计管理无边界组织——打破传统做法，以绩效为导向 // 040

第四章
如何实现流程管理价值——持续优化流程、持续提升绩效

4.1　从高速公路视角看流程——只有流速和流量能带来价值 // 044

  4.1.1　从高速公路视角看流程管理 // 044

  4.1.2　"6+1" 的流程新要素结构 // 045

  4.1.3　"1+N" 的流程新管理组织 // 046

  4.1.4　流程管理的价值解读 // 047

  4.1.5　由流程管理向流程绩效转型 // 048

4.2　流程管理的最佳方法论——五种方法详解流程管理 // 048

  4.2.1　流程生命周期管理的几个阶段 // 048

  4.2.2　基于战略分解的流程架构技法 // 049

  4.2.3　基于业务价值的流程梳理技法 // 050

  4.2.4　基于能力培育的流程运营技法 // 051

  4.2.5　基于绩效提升的流程优化技法 // 052

  4.2.6　基于管理变革的流程再造技法 // 053

4.3　提升流程绩效管理技法——五个关键、四个方法全解 // 054

  4.3.1　正确树立流程绩效管理理念 // 054

  4.3.2　采用科学的流程绩效评审方法 // 055

  4.3.3　合理设置流程绩效指标体系 // 055

  4.3.4　创新推动流程绩效项目实施 // 056

  4.3.5　持续提升流程绩效的五个关键 // 057

4.4　如何创新流程绩效管理——构建高效契合的联动机制 // 058

  4.4.1　流程与组织双向高效联动 // 058

  4.4.2　主流程与辅流程接驳高效匹配 // 058

  4.4.3　组织与流程绩效高效铆合 // 059

　　　　4.4.4　创新流程绩效的案例应用 // 060
　　4.5　弯道超车，流程绩效倍增——如何练内功、抓机遇，实现赶超 // 061

第五章
优秀绩效文化是如何炼就的——知信行改齐抓共建

　　5.1　企业绩效文化的主要特点 // 064
　　5.2　高层引导绩效文化了吗——绩效文化建设的主导者 // 066
　　　　5.2.1　高层是企业文化塑造者 // 067
　　　　5.2.2　高层如何引领绩效文化 // 067
　　5.3　中层推动绩效文化了吗——绩效文化建设的推动者 // 068
　　5.4　基层践行绩效文化了吗——绩效文化建设的践行者 // 069
　　　　5.4.1　引导员工对职位绩效的认知 // 070
　　　　5.4.2　绘制清晰的目标地图 // 070
　　　　5.4.3　抓取各个职位的关键 KPI 指标 // 070
　　　　5.4.4　建立双赢的绩效机制 // 071
　　5.5　HR 如何推进文化建设——知信行改 // 071
　　　　5.5.1　HR 承担着文化建设职能 // 071
　　　　5.5.2　"知信行改"让企业文化落地 // 072
　　　　5.5.3　建立端到端、面向业务、全流程的人力资源机制 // 073
　　　　5.5.4　在员工文化落地中人力资源部门要做的重点工作 // 073

第六章
绩效点燃激情、提绩增效——企业用好绩效的真谛

　　6.1　绩效如何点燃员工激情——优秀企业的绩效管理 // 076
　　　　6.1.1　以价值为纲、以客户为尊的绩效管理 // 076
　　　　6.1.2　价值观与业绩并重的绩效管理 // 078
　　6.2　绩效冰冷，人走企散——绩效良药，用坏了就是毒药 // 081

6.2.1　没有绩效，何谈管理 // 081

6.2.2　企业把绩效当成管理 // 081

6.3　突破困扰绩效管理的难题——如何让绩效发挥最大作用 // 084

6.3.1　提取绩效指标难 // 084

6.3.2　确定绩效目标难 // 084

6.3.3　绩效评价如何公平 // 085

6.3.4　绩效结果运用中的强制分布问题 // 085

第七章
HR如何促进绩效价值提升——人力资源的价值新主张

7.1　绩效文化体现价值主张——绩效好的员工才合格 // 089

7.2　因为有绩效，职位才存在——如何识别低价值职位 // 090

7.3　只有创造的价值代表能力——无价和低价员工应剔除 // 091

7.4　绩效价值决定最终收入——按绩分钱是最佳手段 // 091

7.5　培训让绩效价值倍增——培训的最终目标是提升绩效 // 092

7.6　双"高"的才是最有价值的——评判员工的最佳准则 // 092

7.7　人力资源战略绩效地图——如何构建HR绩效体系 // 093

第八章
如何牵引业务目标实现——构建业务导向的绩效体系

8.1　如何构造经营业务绩效 // 098

8.1.1　什么是业务绩效体系 // 098

8.1.2　业务绩效体系的建立原则 // 098

8.1.3　业务绩效的指标设计体系 // 099

8.1.4　业务绩效指标、目标的设计原则 // 099

8.2　如何构建职能业务绩效 // 100

8.2.1　什么是业务绩效体系 // 100

8.2.2　职能业务绩效体系的建立 // 100

8.3　如何构建员工岗位绩效 // 101

8.3.1　什么是岗位绩效 // 101

8.3.2　岗位绩效分类 // 101

第九章
如何构建科学绩效体系——绩效 COSO 管理体系

9.1　绩效管理的文化体系——绩效管理之灵魂 // 105

9.2　绩效管理的组织体系——绩效管理之根本 // 105

9.3　绩效管理的制度体系——绩效管理之利器 // 106

9.4　绩效管理的指标体系——战略行进之路径 // 108

9.5　绩效管理的目标体系——引领方向之灯塔 // 108

9.6　绩效管理的实施体系——操作规则之技法 // 109

9.7　绩效评估的管理体系——考评衡量之标准 // 110

9.8　绩效应用的管理体系——管理能量之体现 // 111

9.9　绩效反馈的管理体系——能力改进的支点 // 112

9.10　绩效运行的管理体系——绩效管理的生态 // 113

第十章
如何构建绩效指标体系——绩效指标提取最佳方法

10.1　如何分类设计绩效指标 // 116

10.1.1　按指标性质分类 // 116

10.1.2　按承接主体分类 // 117

10.1.3　按评价内容分类 // 117

10.1.4　按财务结果分类 // 118

10.2　如何建立绩效指标体系 // 119

10.2.1　绩效指标体系建立的原则 // 119

10.2.2　绩效指标体系提取方法 // 120

10.2.3　提取绩效指标的步骤 // 122

第十一章
如何挖掘关键绩效指标——抓住绩效管理的牛鼻子

11.1　如何选择关键绩效指标 // 126

11.2　关键绩效指标的权重设计 // 133

11.3　关键绩效指标的标准设计 // 134

第十二章
如何确定绩效管理目标——量化绩效管理的最佳方法

12.1　有价目标才是绩效目标 // 140

12.2　如何识别定性和定量目标 // 140

12.3　对比两种定性指标方法 // 141

12.3.1　QQCT 法 // 141

12.3.2　PDCA 法 // 142

12.4　定量指标设计的六大步骤 // 143

12.4.1　明确目标的方向 // 143

12.4.2　符合 SMART 原则 // 144

12.4.3　确定目标设置结构 // 144

12.4.4　选取合适的分解方法 // 145

12.4.5　完善激励联动机制 // 146

12.4.6　定期回检，复盘管理 // 147

12.5　绩效指标优化设计技巧 // 148

第十三章
绩效目标如何承上启下——业务、组织、个人三位一体

13.1　业务目标要承接战略目标 // 151

13.2　组织目标要承接业务目标 // 152

13.3　个人目标要承接组织目标 // 153

　　13.3.1　有职位存在就必有指标 // 153

　　13.3.2　有指标目标应量化可达 // 155

13.4　业务与业务的目标要相互承接 // 155

第十四章
绩效沟通反馈三部曲——聚焦问题，提升效用

14.1　事前沟通的内容及技法 // 158

　　14.1.1　沟通文化—全面认同绩效管理 // 158

　　14.1.2　沟通制度—管理规则全员熟知 // 159

　　14.1.3　沟通指标—员工知道评价内涵 // 163

　　14.1.4　沟通目标—双方互认绩效任务 // 164

　　14.1.5　沟通承诺—双方签订绩效目标承诺书 // 165

14.2　事中沟通的内容及技法 // 165

　　14.2.1　沟通管理方法——提高工作效率 // 165

　　14.2.2　沟通克服绩效障碍 // 166

　　14.2.3　沟通调动协调资源 // 167

　　14.2.4　沟通协调周期进度 // 167

　　14.2.5　通过辅导提升能力 // 168

14.3　事后沟通的内容及技法 // 168

　　14.3.1　及时反馈绩效结果 // 168

　　14.3.2　及时处理绩效申诉 // 170

　　14.3.3　帮助对方分析原因 // 170

14.3.4　及时纠偏 // 171
14.3.5　制订绩效改进计划 // 171

第十五章
绩效结果如何用于激励——有奖有惩，激励组合巧用

15.1　绩效结果的应用原则 // 174
15.2　绩效结果的应用范围 // 175
15.3　绩效结果的应用技巧 // 176
　　15.3.1　绩效结果当期激励应用 // 176
　　15.3.2　绩效结果长期激励应用设计 // 179
　　15.3.3　绩效结果在职业发展中的应用 // 180
　　15.3.4　绩效结果在培训发展中的应用 // 183

第十六章
高管人员的绩效设计管理——"金手铐"是最好的激励工具

16.1　高管人员的绩效指标设计 // 188
16.2　高管人员的绩效目标设计 // 190
16.3　如何考核高管人员的绩效 // 191
　　16.3.1　高管绩效考核的周期 // 191
　　16.3.2　高管绩效考核的具体内容及方式 // 192
　　16.3.3　高管绩效考核核算的兑现 // 193
16.4　如何应用高管人员的绩效 // 193
16.5　打造"金手铐" // 194

第十七章
职能管理人员的绩效管理

17.1　职能管理人员的分层分类管理 // 200

17.2 职能管理人员的绩效关注点 // 201

17.3 职能绩效指标设计实例 // 202

    17.3.1 制造管理类绩效指标 // 202

    17.3.2 质量管理类绩效指标 // 204

    17.3.3 人力资源类绩效指标 // 205

    17.3.4 财务管理类绩效指标 // 206

    17.3.5 客户服务类绩效指标 // 207

    17.3.6 市场营销类绩效指标 // 207

    17.3.7 研发技术类绩效指标 // 209

第十八章
研发创新项目的绩效管理

18.1 人才是技术创新的动力 // 212

18.2 研发项目的绩效组织管理 // 213

    18.2.1 研发项目管理 // 213

    18.2.2 技术创造项目团队组织管理 // 214

18.3 研发项目的绩效流程设计 // 215

    18.3.1 项目开发节点绩效激励 // 215

    18.3.2 项目创造价值绩效激励 // 216

    18.3.3 长期收益绩效激励 // 216

18.4 创新项目的绩效激励设计 // 217

    18.4.1 研发业务绩效模式 // 217

    18.4.2 研发业务绩效管理的独特性 // 218

    18.4.3 研发业务绩效管理的原则 // 219

    18.4.4 研发业务绩效的考核指标体系 // 219

    18.4.5 研发业务的"双向"评价机制 // 222

    18.4.6 研发业务绩效管理的保障措施 // 223

第十九章
金融业务人员的绩效管理

19.1　金融市场业务人员的岗位设计 // 226

19.2　金融市场业务人员的绩效设计 // 227

19.3　金融市场业务人员的绩效激励 // 228

19.4　某公司市场人员的绩效方案 // 230

  19.4.1　大区总监激励 // 230

  19.4.2　市场信审高级经理激励 // 232

  19.4.3　业务金融高级经理/经理激励 // 233

第二十章
营销业务人员的绩效管理

20.1　营销业务人员的职位设计 // 238

  20.1.1　某企业营销人员职位分类 // 238

  20.1.2　销售作业人员的职位设计 // 238

  20.1.3　销售支持人员的职位设计 // 239

20.2　营销业务人员的薪酬结构 // 241

  20.2.1　营销业务人员的激励原则 // 241

  20.2.2　营销业务人员的收入构成 // 242

  20.2.3　提成工资标准及原则 // 242

20.3　营销业务人员的绩效管理 // 244

  20.3.1　月度绩效考核方案——树立"挣工资"的概念，鼓励多劳多得 // 244

  20.3.2　绩效考核指标的设计 // 245

  20.3.3　绩效工资包的核算 // 245

  20.3.4　季度绩效考核方案——设置卓越绩效奖，鼓励优绩优能 // 246

  20.3.5　绩效管理红线——红黑榜 // 247

第二十一章
技能工匠人员的绩效管理

- 21.1 技能工匠人员工作的业务类型 // 250
- 21.2 技能工匠人员的绩效评价导向 // 252
- 21.3 不同类型业务的绩效评价 // 253
  - 21.3.1 单件可直接量化类——单件作业 // 253
  - 21.3.2 团队可直接量化类——流水线作业 // 253
  - 21.3.3 无可量化类——设备监控/维护作业 // 254
  - 21.3.4 其他共性指标评价 // 255
- 21.4 高绩效的运行保障机制 // 255
  - 21.4.1 薪酬结构设计 // 255
  - 21.4.2 激励机制设计 // 257
  - 21.4.3 保障措施 // 259

第一章

绩效是赋能不是考核
——从价值视角重新审视绩效管理

1.1 快速导入绩效管理内涵

1.1.1 绩效的内涵

企业发展说绩效、价值评估谈绩效、个人能力看绩效、培训提升看绩效……绩效管理真的那么重要吗？绩效到底是什么呢？当下，绩效是一个热门话题，理解起来也不是那么难，那么绩效的内涵是什么呢？绩效就是业绩和效益，是为了实现目标而体现在不同层面的有效价值输出，可以定义为"个人、团队或组织从事一种活动所获取的成绩和效果"；绩效既可以是完成工作任务、工作结果/产出，也可以体现为行为和能力。不同企业因管理模式不同，绩效管理内涵也不完全相同（如表1-1）。

表1-1 绩效适用群体表

序号	绩效形式	优点	缺点	适应对象	适应企业类型
1	工作任务	鼓励员工重视产出，不断追求卓越，员工工作有成就感	容易导致追求短期效益，不易发现过程中的问题并及时纠正	体力劳动者，事务性或例行性工作的人员	制造企业
2	结果/产出			高层管理者，销售、售后服务等工作结果易量化的员工	高速发展的成长型企业，结果导向型企业
3	行为和能力	可及时获得个人活动的相关信息	过分强调步骤和流程，易忽略实际工作成果	知识工作者，如研发人员	科研企业

凡有活动就应有结果，这就是绩效。如果我们想通过绩效来客观反映我们

的工作做了什么、达成了什么效果、还需要往哪方面改进，就必须采用可衡量、可量化、可标准化的指标或行为标准来评价绩效。

1.1.2 绩效管理的内涵

绩效管理被许多企业用作塑造文化、制定目标、规范行为以及创造价值的管理工具。为了促进企业战略目标达成，它通过完整的绩效管理体系和激励体系促使个人目标融入并承接组织目标，又将组织目标分解落实到个人目标，借助这种机制，不断为企业创造价值、牵引企业快速发展。

绩效管理按主体可分为组织绩效管理和个人绩效管理；按流程可分为5个关键环节，即建立绩效指标计划体系、绩效过程管理、绩效考核与评估、绩效结果应用和绩效辅导及反馈（如图1-1）。

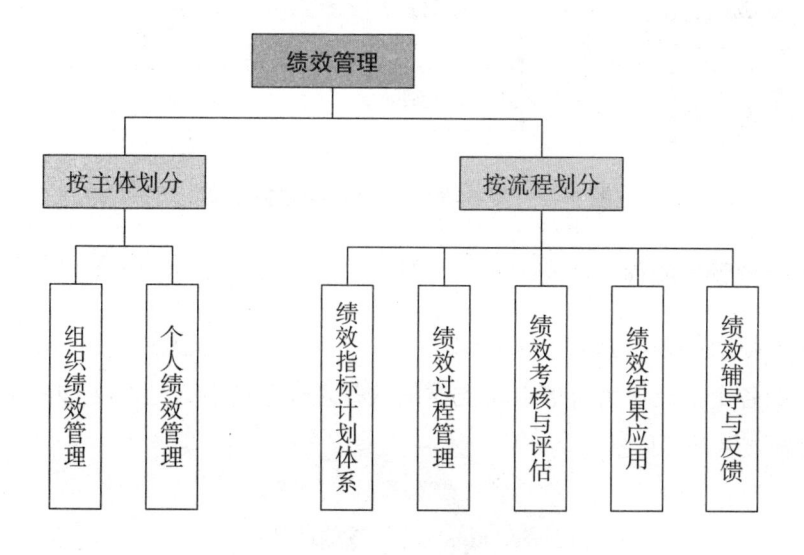

图1-1 绩效管理要素图

1. 组织绩效和个人绩效

组织绩效是为了实现组织目标，在组织层面上的结果输出，具体指组织任务在数量、质量及效率等方面的完成结果；个人绩效是在个人层面的结果输出，具体指个人在某一时期内按照企业规定履行岗位职责所达成的结果，是包括工作结果、行为和工作态度等在内的综合体现。

组织绩效和个人绩效是相互依存、相互连接的，具体是以绩效管理的组织与责任体系为支撑，纵向通过业务工作职责与KPI设计层层将集团战略目标分解至岗位上，实现了组织绩效和个人绩效相承接，横向将各职能业务目标相连，达到横向组织间业务的协同，通过纵横贯通、层层相连来构建绩效目标管理体系（如图1-2）。

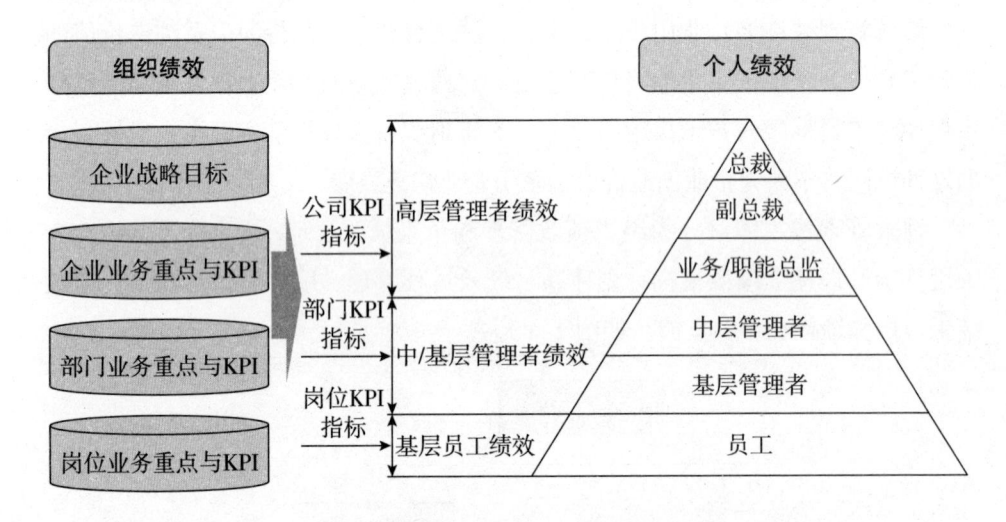

图1-2 组织绩效和个人绩效关系图

2. 绩效管理流程

由于绩效管理由众多要素构成，它需要有完整的流程来实现管理闭环，闭环上的各个节点作为价值点来支撑绩效管理体系的有效运行（如图1-3）。

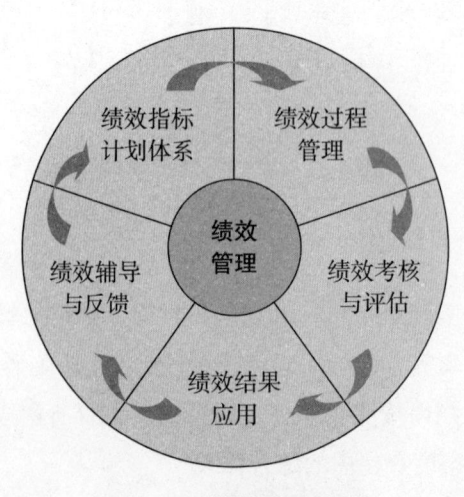

图1-3 绩效管理流程

（1）绩效指标计划体系

绩效计划制订是指通过对企业战略的诠释、战略业务目标的分解，由管理者和员工共同参与并不断沟通达成共识的过程。绩效计划目标一旦确定，就会形成一系列的指标及目标值，企业通过指标和目标体系的建立，可以快速让员工了解企业经营方针和工作重点，将其分解落实到自己的工作计划中，牵引员工为达成目标而努力工作。

（2）绩效过程管理

绩效管理不仅关注最终任务目标的达成情况、结果或产出，同时还要关注绩效的达成过程。在整个绩效管理过程中，都需要管理者不断地对员工进行指导和反馈，通过持续的沟通来协调解决困难问题以保证目标的实现，这才是绩效管理的关键。

（3）绩效考核与评估

绩效考核与评估是按事先确定的工作目标及其衡量标准去评估员工实际完成的绩效情况的过程，可以根据管理的需要和绩效管理的成熟度来进行月度、季度、半年度或年度的考核评估。

（4）绩效结果应用

绩效考核的最终目的是促进员工努力去完成绩效目标、创造卓越绩效，如不对绩效结果进行应用，绩效考核结果就会被束之高阁、当成摆设，如对绩效结果的应用不及时，绩效也会大打折扣甚至失效。

（5）绩效反馈与辅导

绩效反馈与辅导是为了告诉员工，绩效结果的优劣在哪里、形成的原因是什么。优，优在哪里？如何去保持这种优势？差，差在哪里？如何快速改善提升？这才是最终目的。

小贴士

只要是组织就应有绩效，只要是岗位就应有衡量此岗位的价值要素。这是组织和岗位的根本，否则就要取消组织和职位。

只要是员工，公司就必须为他的岗位设计工作任务，并对其进行定性或定量的评估，这样才能评估出他的价值。

1.2 绩效管理方法识别甄选

绩效管理评价的方法有很多种，总结起来，主要有以下3种，具体包括相对评价法、绝对评价法和描述法（如图1-4）。

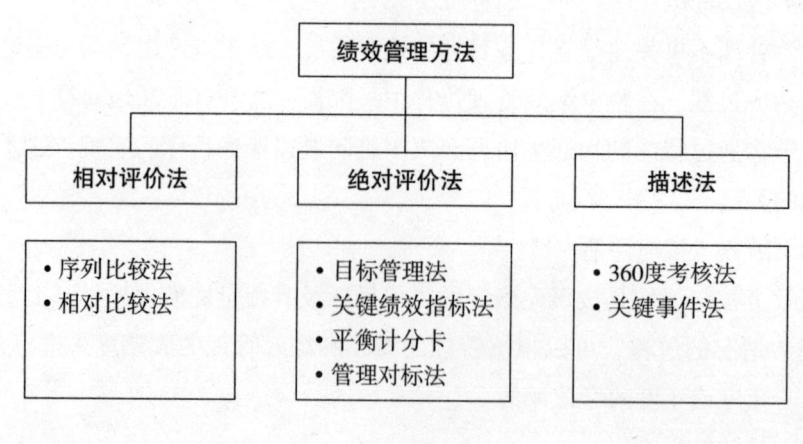

```
                    绩效管理方法
        ┌───────────────┼───────────────┐
     相对评价法        绝对评价法         描述法

   • 序列比较法      • 目标管理法      • 360度考核法
   • 相对比较法      • 关键绩效指标法   • 关键事件法
                    • 平衡计分卡
                    • 管理对标法
```

图1-4　绩效管理方法

1.2.1 相对评价法

相对评价法是在某一团队中确定一个基准，将团体中的个体与基准比较，从而做出其在团体中的相对位置的评价，主要包括序列比较法和相对比较法。

1. 序列比较法

序列比较法是按员工工作成绩的好坏进行考核排序的一种方法。在考核之前，首先要确定考核的模块，将相同层次的所有员工在同一模块中进行考核比较，再根据考核结果进行排序。

2. 相对比较法

相对比较法就是对员工进行两两比较。对任意两位员工进行一次比较：两名员工比较之后，对相对较好的员工记"1"，相对较差的员工记"0"。所有员工相互比较完毕后,将每个人的得分相加,总分越高,绩效考核的成绩越好。

1.2.2 绝对评价法

绝对评价法是在评价对象的集合之外确定一个客观标准、评价时把评价对象与客观标准进行对比、确定评价对象达到目标基准绝对位置的评价方法。目前绝对评价法是企业最常用的绩效管理方法,它主要包括目标管理法、关键绩效指标法、平衡计分卡和管理对标法。

1. 目标管理法(MBO)

目标管理法是通过将组织的整体目标逐级分解至个人目标,再根据被考核人完成工作目标的情况进行考核的一种绩效考核方式(如表1-2)。

表1-2 目标管理操作步骤

序号	步骤	内容
1	绩效目标的确定	分解上一级指标,共同确定本层级绩效目标的过程
2	确定考核指标的权重	根据绩效目标,选择考核的维度或者指标并确定权重
3	实际绩效水平与绩效目标相比较	通过实际绩效与目标绩效的比较,发现绩效执行过程中的偏差
4	确定新的绩效目标	当期绩效目标完成后,上下级便可着手制定新的绩效目标

2. 关键绩效指标法(KPI)

关键绩效指标法是以企业目标为依据,通过对影响企业战略目标实现的关键成功因素的分析,确定反映企业、部门和员工个人在一定期限内综合业绩的关键性量化指标,并以此为基础进行的绩效考核(如表1-3)。

表1-3 关键绩效指标法具体步骤

序号	步骤	内容
1	明确企业战略及商业模式	明确企业的发展战略及商业模式,从而确定业务战略及发展重点
2	确定绩效指标	根据战略重点选取关键绩效指标,且指标可量化、可实现

续表

序号	步骤	内容
3	确定评估目标	根据历史数据、现有业务计划、行业标杆确定评估目标，确保目标有牵引性，跳起够得着
4	确定考核标准	根据指标内涵、权重以及导向型，确定考核标准
5	沟通与交流	与员工积极沟通交流，让员工充分了解绩效指标及目标

3. 平衡计分卡（BSC）

平衡计分卡是一种战略绩效管理系统和方法，它着眼于公司的长远发展，从四个角度关注企业的绩效，即财务、客户、内部流程和学习与发展。其中，财务指标关注企业已采取行动所达成的结果，另外三个方面的指标用来补充财务指标，同时支持未来财务指标的改进（如图1-5）。

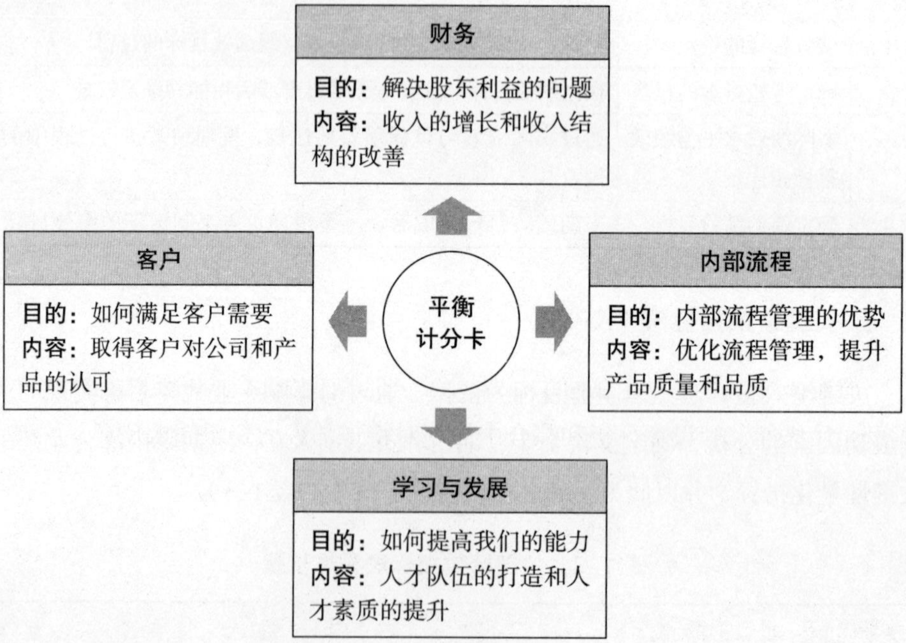

财务
目的：解决股东利益的问题
内容：收入的增长和收入结构的改善

客户
目的：如何满足客户需要
内容：取得客户对公司和产品的认可

内部流程
目的：内部流程管理的优势
内容：优化流程管理，提升产品质量和品质

学习与发展
目的：如何提高我们的能力
内容：人才队伍的打造和人才素质的提升

图1-5 平衡计分卡

4. 管理对标法

管理对标法是通过分析和对比业内外领先企业的经营方式，对本企业的产品或服务、业务流程等进行改进和变革，使企业成为同行业最佳组织的系统过程，它的实质就是引领企业的变革，是通过学习同行业经验解除企业发展桎梏的过程（如表1-4）。

表1-4 管理对标法具体步骤

序号	步骤	内　　容
1	发现"瓶颈"	现状分析，发现自身优劣，确定需要突破的"瓶颈"并明确需要同标杆对比的内容和领域
2	选择标杆	选择并确定标杆：从领先的竞争企业、从竞品入手来选择
3	收集信息资料	收集标杆企业和本企业的相关数据并进行对比分析
4	确定改进的绩效标准	找出差距，借鉴标杆企业的成功经验，确定符合企业实际的绩效标准
5	沟通与交流	与员工积极沟通交流，确定符合企业实际的绩效目标方向
6	采取行动	在内外部数据资料分析对标的基础上，制订具体的工作实施计划

1.2.3 描述法

描述法可以通过对企业组织在未来某一时期的有关因素的变化进行描述或假设，从描述、假设、分析和综合中规划对将来的人力资源需求预算，主要包括360度考核法和关键事件法。

1. 360度考核法

360度考核法，即上级、同事、下属、自己和顾客对被考核者进行考核的一种考核方式，通过多维度的评价，综合不同评价者的意见，可以得出一个全面、公正的评价。

2. 关键事件法

关键事件法要求评估者在绩效周期内，将发生在员工身上的关键事件都记录下来，并将它们作为绩效评估的事实依据，关键事件法操作的核心是明确关键事件的定义和所包含的项目。

1.3 绩效管理工具的价值运用

绩效工具不是越多越好，也不是越复杂越好，而要根据企业本身的特点去选择和应用，只要能帮助企业达成绩效，就是好的绩效工具。目前，大多数企业常用的绩效管理工具有：目标管理法、标杆管理法、关键绩效指标、平衡计分卡、360度考核法以及近年来在高科技、互联网行业非常流行的一种管理办法——OKR管理法，这些工具各有特色、各有优劣，企业需要根据所处的阶段和战略特点选取合适的绩效管理工具（如表1-5）。

表1-5 主要绩效管理工具优劣分析表

绩效管理工具	优　　点	缺　　点	适用企业
目标管理法	充分调动员工的主动性和创造性；有利于团队不断自我提升，改进组织绩效；有利于明确权责分工，利于加强团队内和团队之间的合作共赢	容易出现重视目标、忽视过程监控的情况；容易出现因目标难度差异大而出现内部不公平的现象；容易出现重视短期目标忽视长期目标的情况	初创期或成长期的中小企业
标杆管理法	有成功的案例作参照，可以很清楚地发现自身的短板；工作导向非常明确；始终追随竞争对手，减少走弯路的概率	有时难以获取标杆的真实数据；对标杆企业的分析可能存在误差，形成错误导向；容易忽视自身存在的特定情况，盲目对标；难以形成差异优势，错失发展良机	成长期、发展型的企业

续表

绩效管理工具	优　点	缺　点	适用企业
关键绩效指标	识别决定企业成功的关键因素，目标明确，推动实现企业战略；可以将组织目标与个人目标结合起来，形成一致的利益；容易通过量化数据进行跟踪考核，发现差距	有时难以准确地提炼关键指标；容易导致为考核而考核的结果；容易陷入过度追求量化结果的情境；有些岗位不太适合采用KPI指标法	所有企业
平衡计分卡	不仅衡量财务结果，更重视导致结果的驱动因素，从事后总结变为事前努力；为企业战略管理提供强有力的支持；可以全面地分析引导企业成功的内部管理因素，并加以持续改进；重视内部成长，有利于企业长期的发展	对企业的要求较高，包括对战略目标的层层分解；财务、客户、内部流程和学习成长之间有明确的内在联系；要求管理层有较充足的精力从日常事务中解脱出来思考战略问题；要求内部信息交流的机制健全；针对个人的应用性不强	成熟期企业
360度考核法	可以全面考察员工的表现，有利于减少考核误差；尤其适用于软性技能的考察；可以帮助员工更全面地了解自己的优势与不足	考核成本较高，费时较多；考核结果难以避免主观因素；考核标准不易统一；更多地作为员工晋升发展时的参考	所有企业
OKR管理法	帮助公司全体员工统一目标、更有效地完成任务；目标通常是有挑战的，有利于公司的快速发展；有利于促进内部沟通，让每个人知道在大目标之下自己的努力方向；创造了公平透明的氛围	对管理者和员工的能力素质要求较高；并不适用于所有岗位，尤其是有硬性指标要求的岗位	IT、互联网、基金、游戏、创意设计等项目型公司

1.4 认识OKR绩效管理法

互联网时代的到来给各行各业都带来了颠覆性的变化,它的易变性(Volatility)、不确定性(Uncertainty)、复杂性(Complexity)、敏捷性(Agility)——简称VUCA,也给各行业的发展带来前所未有的挑战。当然,与之相适应的管理方式也在不断的改进中应运而生,OKR就是当下比较流行的、适用于VUCA时代的敏捷目标管理方法。

1.4.1 什么是OKR?

OKRs(Objectives & Key Results,目标与关键结果)是一套明确和跟踪目标及完成情况的管理工具和方法。其中,目标通常被设定为一个定性的时间目标,而关键的结果是由量化指标形式呈现的,用来衡量在这段时间结束时,目标是否达成。

OKRs的创立者是英特尔前首席执行官安迪·格鲁夫,在《格鲁夫给经理人的第一课》中,他这样解释自己为何成功创造出了OKRs。

1. 我要去哪里?答案就是目标(objective)。
2. 我如何知道能否达到那里?答案就是关键结果(key results)。

1. OKR模型

OKR同样遵循PDCA原则,关注绩效过程管理、敏捷持续沟通、真正激励员工和内容,包括目标设定、反馈与教练、考核与薪酬、激励与认可四个环节。

2. OKR的特点

OKR具备以下三个典型特点,分别为目标挑战、聚焦重点和滚动管理(如图1-6)。

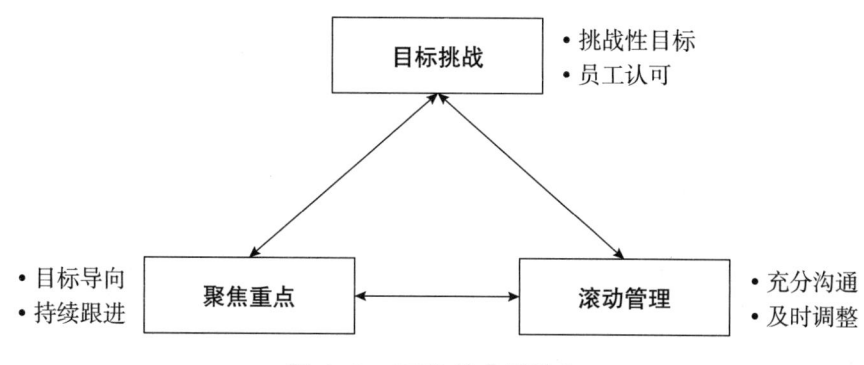

图 1-6 OKR 的典型特点

KR 主要包括两个类型，分别是任务式的 KR 以及 KPI 式的 KR（如图 1-7）。当然，不管是任务式的还是 KPI 式的 KR，都需要有明确的、可衡量的检测标准。

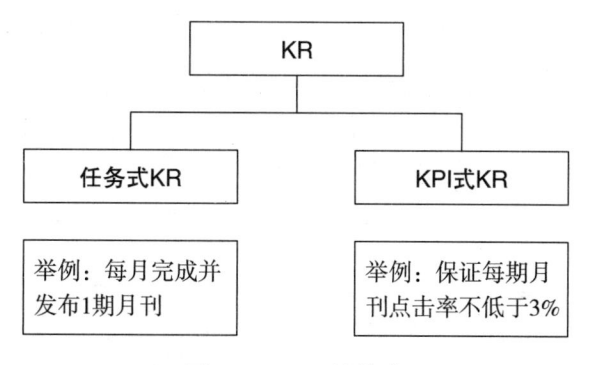

图 1-7 KR 的特点

3. OKR 的适用范围

OKR 敏捷目标管理法可以说是 VUCA 时代的产物，它的特点就是通过敏捷的目标管理方式应对易变性、不确定性和复杂性，所以它适用的范围也集中在创新、研发领域（如表 1-6）。

表 1-6 OKR 的适用范围

序号	类别	适用的范围
1	公司	互联网企业/创新企业/创业公司/传统公司转型
2	部门	研发部门/项目组/创新项目/业务结果很难用 KPI 设定的部门
3	岗位	研发/创意工作/高复杂工作/需要团队合作比较紧密的工作/其他无法用 KPI 来衡量的岗位

1.4.2　OKR 与 KPI 的关系

目标管理法、平衡计分卡、KPI、OKRs……都属于绩效管理常用的方法，从某种意义上说，这些方法本质上并不冲突，都是为了保障目标的有效达成，它们的不同更多地在于内涵迭代。其中，KPI 和 OKR 都是近年企业常用的绩效管理工具，这两个方式都承载了绩效管理的核心思想，二者共生共融，有联系也有区别（如表 1-7）。

表 1-7　OKR 与 KPI 的区别

类别	KPI	OKR
本质	绩效考核工具	沟通和管理工具
前提	有效承接；量化可衡量；严格执行	方向一致，不完全追求量化
激励	激励手段，与薪酬挂钩	激励手段，一般不与薪酬挂钩
环境	不公开	公开透明
导向	结果导向，关注事情做了没有	产出导向，关注事情的成果
目的	考核员工	时刻提醒每个人的任务是什么
灵活性	相对固化	适时调整

小贴士

OKR 好比指南针，为发展提供明确的方向和目标，KPI 类似秒表，牵引和督促组织、员工不断朝着目标努力，因此两者的协同使用能发挥更大的价值。

1.4.3　OKR 的关键步骤

企业实施 OKR 有利于管理聚焦目标与重点，帮助组织变得更加敏捷，同时促进管理者与员工创新思维和工作方式，具体实施主要包括 5 个步骤（如表 1-8）。

表 1-8　OKR 的实施步骤

序号	步骤	内容
1	赢得高层支持	高层的支持是绩效管理实施与改革成功的关键，引入新的管理方式的第一步是要赢得高层的支持，让高层意识到新方式的价值和意义
2	确定实施范围	为了保证改革的有效性，在推广管理新方式之前，往往要从试点单位开始，试点单位最好选择参与改革意愿强烈并对新鲜事物接受较快的部门
3	研讨 OKR 内容和评价标准	通过召开研讨会，确定公司/部门的 O（目标）设计、KR（标准）设计、考核周期设计、考评标准设计
4	共享 OKR	OKR 确定后，在部门之间进行共享
5	评价结果应用	确定 OKR 结果的应用内容，如是否影响晋升、薪酬、调动等

其中，OKR 的内容设计是关键，包括 O（目标）设计、KR（标准）设计、考核周期设计、考评标准设计。

1."O"目标设计

良好目标"O"的定义包括：目标是鼓励人心的、可达成的、可为的、对业务有价值的，撰写目标"O"一般遵循以下 5 个原则。

避免撰写现状：维持市场份额；

目标具有挑战性和可行性；

用积极、通俗易懂的语言撰写，如减少吃垃圾食品/多吃健康食品；

以动词开始——这是个行动（如"客户忠诚度"就没有体现动词）；

数量少而精，建议 2~5 个。

示例：

本月召开公司历史上最为成功的品牌宣传启动大会。

2."KR"标准设计

良好"KR"的定义是指可量化的、具体的、充满挑战性的、有流程和过程管理的、推动正确行为的关键结果，撰写关键结果"KR"一般遵循以下 4 个原则。

找出关键结果，而非结果；

保持语言积极、简单、清晰，避免误解；

确定负责人；

KR 少而精，建议 2~4 个。

示例：

在销售大会举办的一周期间，举办 15 场面对面的销售演讲，由销售部负责。

3. 考核周期设计

考核周期可以是季度 + 年度，也可以是月度 + 季度，根据公司管理能力和精力而定。

4. 考评标准设计

评分标准一般分为 4 档（如表 1-9）。

表 1-9　考评标准设计

定义	分值参考	评估后需要思考和关注的	应对措施
非常具有挑战性的目标，几乎不可能完成，实际超出了预期	100 分	1. 关键因素是什么、是否有可以总结下来的经验和方法 2. 达成的关键员工是谁 3. 目标设定是否过低	绿灯 + 重点正激励 + 经验分享
达到期望的结果，困难但有挑战	70 分	1. 鼓励团队追求的目标 2. 关注突破和成长较快的员工	绿灯 + 奖励
同期望相近但有差距	50 分	1. 差距在哪儿 2. 可提升的空间和可能性有多大	偏差分析
距期望值有很远的距离或付出努力不多就能达到的目标	30 分	1. KRs 是否有问题 2. 工作方法是否存在问题 3. 是否有资源获取的支持问题需要在协作上突破 4. 其他你可以想到的改变	重点分析问题
完全没进展，不可接受的结果	30 分以下	1. 需要解释原因 2. 这个目标是否继续下去	重点分析问题 + 负激励

第二章

如何构建战略绩效蓝图
——绩效管理助力目标落地

有人说:"制定一个独特的公司发展战略是一件极其困难的事情,而更困难的还是即使你已经制定了一个这样的战略,你也很难能够做到恰当地应用它。"由此可见,在企业管理过程中,战略执行比战略制定更加困难。战略落地困难的原因主要包含以下几个方面。

1. 员工不清楚公司的战略是什么,为什么战略对公司很重要?

2. 有战略却没有行动计划,高层管理者只关注战略方向而不关注战略与运营的结合;

3. 公司上下不清楚哪些工作是支持公司战略的;

4. 绩效管理与战略脱节,绩效指标不是从战略分解而来;

5. 员工没有活力,不关注关乎战略的计划,只管当下手头的职能工作。

因此,企业需要找到一种方法或者管理工具,让战略和员工的工作紧密联系起来,而绩效管理就能有效将其连接起来,成为让企业战略有效落地的中枢纽带。

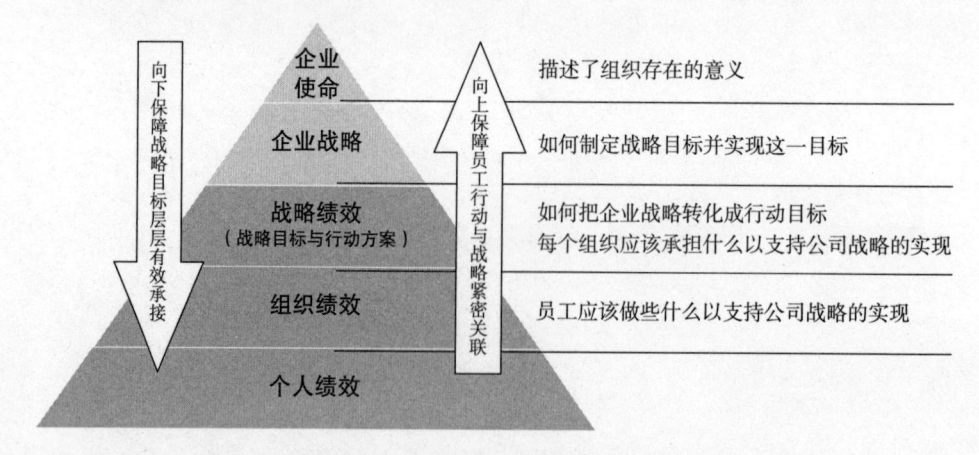

企业使命	描述了组织存在的意义
企业战略	如何制定战略目标并实现这一目标
战略绩效（战略目标与行动方案）	如何把企业战略转化成行动目标；每个组织应该承担什么以支持公司战略的实现
组织绩效	员工应该做些什么以支持公司战略的实现
个人绩效	

向下保障战略目标层层有效承接 ← → 向上保障员工行动与战略紧密关联

图 2-1 绩效管理在企业战略落地过程中的中枢地位

由上图可见,企业的使命决定了企业存在的意义,因此企业战略制定的本质是为了企业使命的实现。企业战略目标制定以后，企业需将战略目标转化为可考量的战略绩效目标和行动计划，进而将目标和行动方案分解至企业中的各级组织，建立组织（绩效）目标；最终分解至企业中的每名员工，建立个人（绩效）目标。管理者根据分解目标的完成情况对各级组织、各级员工进行考核、评价和奖惩，这就是绩效管理上承战略、下接行动的运作模式。

2.1 如何构建企业战略绩效——承接企业战略的方法路径

战略是组织达成其愿景与使命的方法，企业因战略而产生了一系列的目标，战略决定了企业资源的分配，战略具体明确了企业有所为、有所不为。

战略制定、战略管理的工具方法有很多，如 SWOT 分析模型、波特五力模型、BLM 模型等，这里我们仅对各个模型的相关概念进行简单的介绍。

BLM 模型，全称为 Business Leadership Model，中文名为业务领先模型（如图 2-2），是一个中高层用于战略制定与执行连接的工具与框架，它从市场洞察、战略意图、业务设计、关键任务、正式组织、人才、文化氛围以及领导力与价值观等各个方面帮助企业在战略制定与执行的过程中进行系统的思考、务实的分析、有效的资源调配，并执行跟踪。

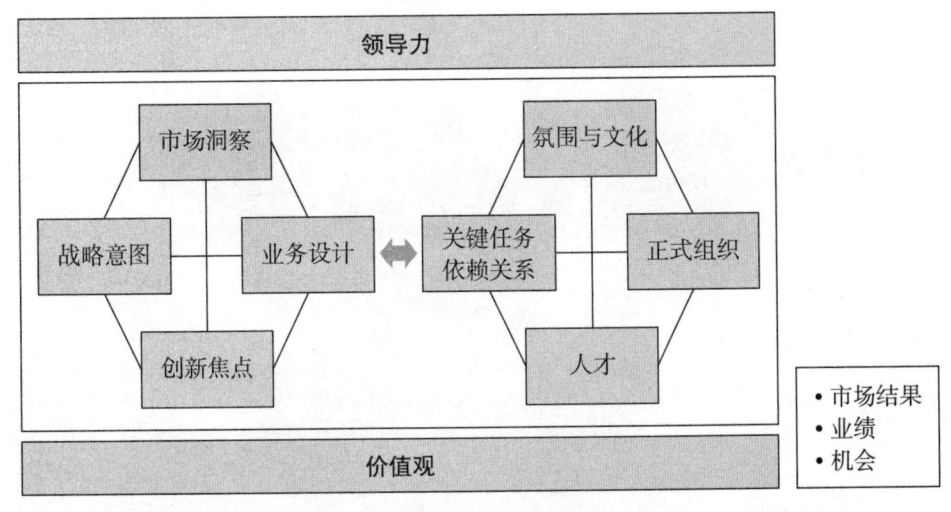

图 2-2　BLM 模型：前半部分为战略设计，后半部分为战略执行

SWOT分析模型，又称为态势分析法，SWOT模型分析企业优势（Strengths）、劣势（Weakness）、机会（Opportunity）和威胁（Threats），EMBA及MBA等主流商管教育均将SWOT分析法作为一种常用的战略规划工具包含在内。它实际上是先将企业内外部条件各方面内容进行综合和概括，进而分析组织的优劣势、面临的机会和威胁的一种方法（如图2-3）。

	优势	劣势
机会	SO 依靠内部优势 利用外部机会	WO 克服内部劣势 利用外部优势
威胁	ST 依靠内部优势 回避外部威胁	WT 克服内部劣势 回避外部威胁

图 2-3　SWOT 分析模型

波特五力分析模型（如图2-4），是迈克尔·波特（Michael Porter）于20世纪80年代初提出的，对企业战略制定产生了全球性的深远影响。用于竞争战略

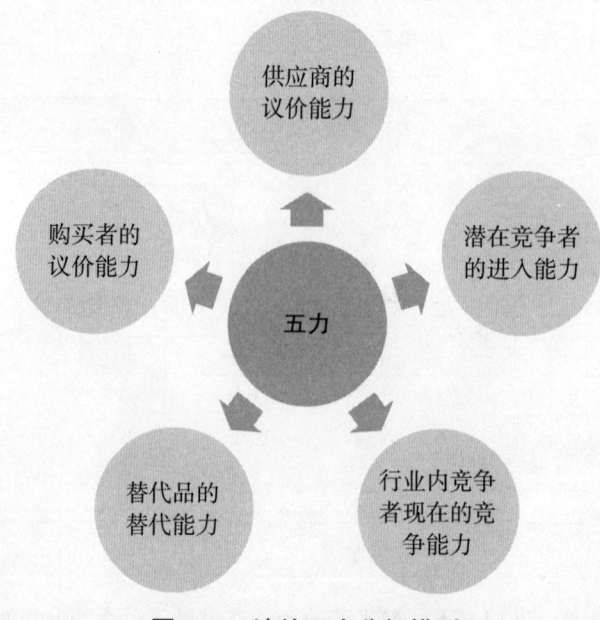

图 2-4　波特五力分析模型

的分析时，它可以有效分析客户的竞争环境。这五力分别是：供应商的议价能力、购买者的议价能力、潜在竞争者的进入能力、替代品的替代能力、行业内竞争者现在的竞争能力，五种力量的不同组合变化将最终影响行业利润潜力的变化。

2.2 绩效管理如何让目标可视——如何将战略目标提炼成指标

企业战略制定以后，就要考虑如何将战略目标转化为可考量的战略绩效目标和行动计划，将战略转化成绩效需要两个步骤。

一是战略描述，即用统一的方法来描述战略，以保障战略能够规范、全面、清晰地被定义出来。关于战略描述，可以采用罗伯特·卡普兰（Robert S. Kaplan）和戴维·诺顿（David P. Norton）先生提出的战略地图的概念（如图2-5），它得到了行业内的高度认可和广泛应用。

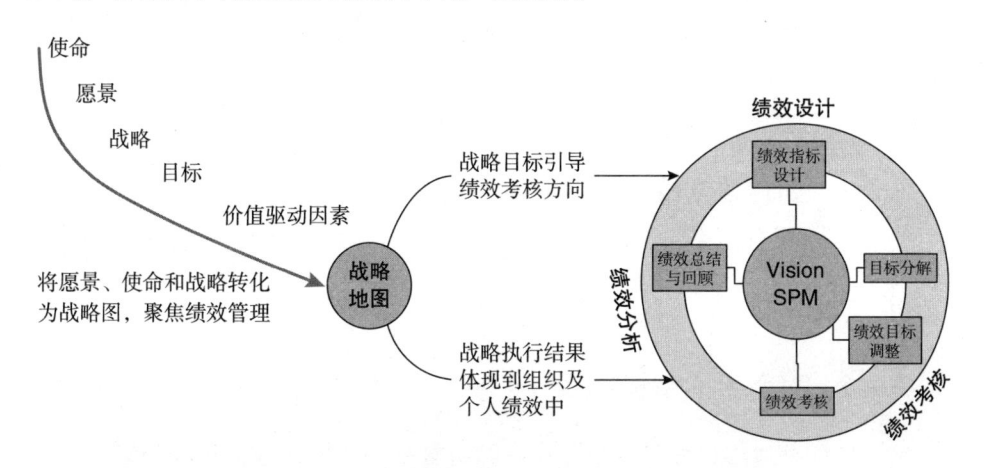

图 2-5　战略地图是连接战略与绩效管理的关键

二是绩效转化，即将战略（地图）转换成一系列绩效目标、指标（值）及行动方案，从而真正连通战略制定和战略执行（如图 2-6）。

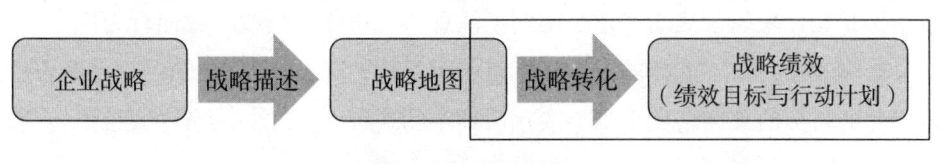

图 2-6　绩效转化

将战略转化为战略绩效可以按管理战略执行的四个步骤来进行：首先确定战略目标，用以说明战略目的；之后基于战略目标明确具体指标，用以确定用什么来衡量战略是否成功；再基于衡量指标建立目标值，确定具体的目标；最后依据战略目标，确定为其达成而必须采取的关键举措。战略目标、衡量指标、目标值、行动方案相辅相成，形成跟踪企业绩效的统一体（如图2-7）。

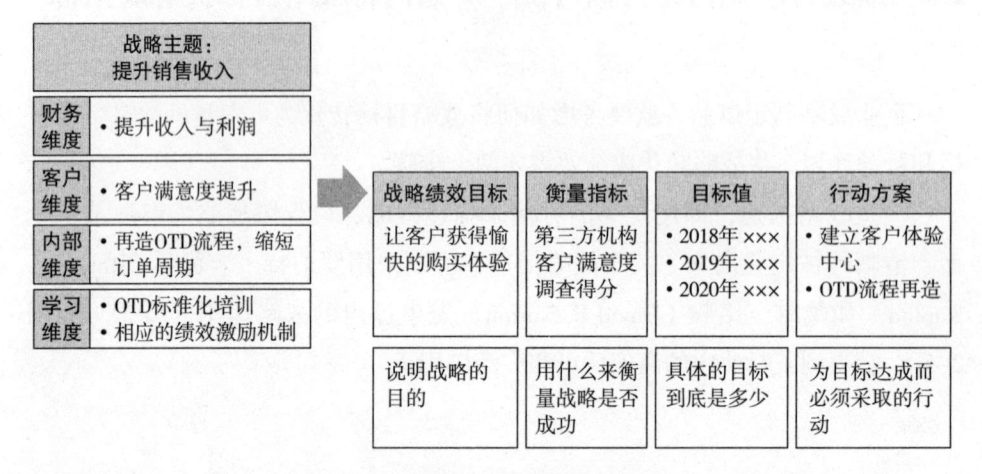

战略主题： 提升销售收入		战略绩效目标	衡量指标	目标值	行动方案
财务维度	• 提升收入与利润	让客户获得愉快的购买体验	第三方机构客户满意度调查得分	• 2018年 ××× • 2019年 ××× • 2020年 ×××	建立客户体验中心 • OTD流程再造
客户维度	• 客户满意度提升				
内部维度	• 再造OTD流程，缩短订单周期				
学习维度	• OTD标准化培训 • 相应的绩效激励机制	说明战略的目的	用什么来衡量战略是否成功	具体的目标到底是多少	为目标达成而必须采取的行动

图2-7 战略向绩效的转化过程

2.2.1 如何建立战略绩效目标

战略绩效目标是对战略目标的转化和承接，可以明确我们如何实施战略，一般由"动词＋形容词＋名词"构成，如实现行业领先的投资回报率。

2.2.2 可衡量的指标体系

衡量指标是战略目标的具象化，是绩效管理的基准。衡量指标的筛选一般要考虑战略沟通、有效性、更新频率、数据收集和责任制五方面。

1. 战略沟通：（1）此指标是否能帮助决策者了解战略执行的绩效情况，并且能与员工沟通结果？（2）此指标是否能驱动所期望的行为？（3）选择的绩效指标是充分聚焦于战略，还是削弱了注意力、扭曲了绩效，或使行为优化？

2. 有效性：（1）选择的绩效指标是否可量化？（2）指标业绩的提高能否由可量化的目标值来体现（清晰地表达所期望的业绩）？（3）设计的目标是否有资源来保障、是否可为？

3. 更新频率：（1）此指标数据如何重复收集？（2）能否定期收集更新（如每月、每季度）？（3）是按月更新频率还是按季度更新频率更有意义？（4）如何掌控每个周期？

4. 数据收集：（1）在所属的行业或市场内，随着时间的推移，绩效指标是否可靠？（2）此指标数据的来源是否客观、可靠，数据收集成本是否过大？

5. 责任制：（1）此指标是否能起到鼓励和规范责任的作用？（2）通过"层层分解"等手段，团队能否为绩效指标建立责任制？

2.2.3 如何确定绩效指标值

衡量指标确定以后需要对其赋值，指标值的确定一般需要考虑如下几个因素：（1）指标值是否能够满足战略目标达成的整体要求？（2）指标值是否符合行业发展趋势？在行业中是否具有竞争力？（3）指标值较上一个管理周期是否有所改进？是否过于激进？（4）指标值是否横向协同？

2.3 制订战略行动的实施方案——目标举措逐项落实，战略才能落地

行动方案的目标在于消除当前的绩效差距，它必须源自战略目标，同时必须能够支撑战略目标的实现。我们可以通过行动方案与战略目标匹配图来分析所制订的行动方案的有效性：纵向列举各个维度的指标，横向列举所采取的行动方案，绿色表示强相关，黄色表示弱相关，白色表示不相关（如表 2-1）。分析后，发现指标 5 缺少行动方案支撑，而举措 4 和目标无关联，需要重新修订。

表 2-1 行动方案与绩效目标匹配表

		行动方案 1			行动方案 2			行动方案 3	
		举措 1	举措 2	举措 3	举措 4	举措 5	举措 6	举措 7	举措 8
财务指标	指标 1								
	指标 2								

续表

		行动方案 1			行动方案 2			行动方案 3	
		举措 1	举措 2	举措 3	举措 4	举措 5	举措 6	举措 7	举措 8
客户指标	指标 3								
	指标 4								
内部指标	指标 5								
	指标 6								
学习与发展指标	指标 7								
	指标 8								

在确定行动方案后，就需要对行动方案进行明确的定义，我们可以从关键举措、负责人、行动计划、衡量指标、里程碑、资源需求六个方面编制战略举措行动表（如表 2-2）。

表 2-2 行动方案分解表

关键举措	・关键举措： ・负责人：	衡量指标	・每年预期达成的结果（财务指标） （可用图表表示，如产品研发预期成果曲线）
行动计划 ・完成关键举措需要的几项主要行动		里程碑	・衡量目标达成的重要里程碑
^		对资源的需求	・对资源的持续投入需求

第三章

组织管理如何赋能绩效
——从效能思维来设计组织

3.1 从赋能视角看组织存在的必要

3.1.1 组织管理的概念

所谓组织，是指这样的一个社会实体：为了实现一定的共同目标而按照一定的规则、程序所构成的一种责权结构安排和人事安排，其目的在于确保以最高的效率使组织目标得以实现。所以组织与绩效同时存在，有组织，就必须有绩效。

组织是社会的基本构成单元，以多种方式影响和改变着我们的生活，组织可以利用资源达到期望的目标、有效地生产产品和服务、促进创新、促进先进技术的使用，适应并影响环境、为其所有者和顾客创造价值。

3.1.2 组织架构的定义与内涵

组织架构是组织内部分工协作的基本形式，是组织活动有序开展的支撑体系、是组织的各组成部分之间所确立的较为稳定的分工与责权关系，组织架构形式影响组织运行的效率与效果，是实现组织目标的载体和手段。组织架构的本质是组织成员之间的分工协作关系，其形式主要取决于组织的目标，主要包含三方面关键要素。

结构：组织架构确定了组织活动的组合方式，确定了个体组合成部门、部门再组合成整个组织的排列方式，组织架构的优劣直接影响着组织的效率与效果；

汇报关系：组织架构决定了组织中的正式汇报关系，包括组织管理幅度和组织层数；

沟通协调机制：组织架构包含了确保跨部门沟通、协作与力量整合的制度设计，纵向包含领导分工、规则与计划、信息系统；横向包含产品经理制、虚拟组织、项目组、管理经理、信息系统等。

3.1.3 组织架构的类型与特点

组织架构伴随着组织理论的发展，也在不断地演变，人们通过研究组织的架构、职能、运转方式及管理主体的行为，揭示组织运行的内在规律，进而提高组织效率，并更有效地创造价值。

组织架构的演变，受到业务规模大小、业务特点、环境复杂程度、集分权管理等多种因素影响。组织架构的选择具有时效性与适应性，在企业发展的不同时期可进行不同选择并可以不断升级优化。组织架构模式特点及优劣势对比如表3-1。

表3-1 组织架构模式特点及优劣势对比

类别	组织架构的优点	组织架构的缺点	使用企业类型
直线结构	1. 命令统一 2. 权责明确 3. 组织稳定	1. 缺乏横向联系 2. 权力过于集中 3. 对变化反应慢	小型组织 简单环境
职能结构	1. 高专业化管理 2. 轻度分权管理 3. 培养选拔人才	1. 多头领导 2. 权责不明	专业化组织
直线—职能结构	1. 命令统一 2. 职责明确 3. 分工清楚 4. 稳定性高	1. 缺乏部门间交流 2. 直线与参谋冲突 3. 系统缺乏灵敏性	大中型组织
事业部结构	1. 回避风险 2. 内部竞争 3. 加强控制 4. 专业管理	1. 大量管理人员 2. 内部缺乏沟通 3. 资源利用效率较低	大中型、特大型组织
分权结构	1. 权责一致 2. 自我管理 3. 中度分权	1. 分权不彻底 2. 沟通效率低 3. 对素质的要求高	高度规模集中型组织

续表

类别	组织架构的优点	组织架构的缺点	使用企业类型
矩阵结构	1. 密切配合 2. 反应灵敏 3. 节约资源 4. 高效工作	1. 双重性领导 2. 素质要求高 3. 组织不稳定	协作性组织 复杂型组织
超事业部结构	1. 能更好地协调各事业部之间的关系 2. 减轻公司总部的负荷 3. 对各事业部统一领导和有效管理	1. 增加了需要配备的人员,对人员的素质要求较高 2. 增加了各项管理费用	大中型组织 复杂型组织
平台型结构	1. 思想融通、创新性高 2. 利益共享、合作性强 3. 组织灵活性强	1. 集权与分权不易掌控 2. 对文化建设的要求高 3. 对素质的要求高	协作性组织 复杂型组织
生态型结构	1. 快速响应 2. 资源有效配置 3. 决策精准、创新不断涌现 4. 鼓励员工组成工作小组工作及大幅度的分权	1. 流动性大 2. 规章少	协作性组织 复杂型组织

3.2 组织诊断与设计的关键要素——透视筋络才能设计科学

3.2.1 如何开展组织的诊断

所谓组织诊断,就是根据环境的变化与战略的调整,评估组织结构、优化核心流程、提升组织人员能力及组织文化,一般来说,包含以下几方面。

1. 组织诊断应立足于组织战略与目标
2. 关注组织结构的构成方式
3. 组织诊断应能及时发现组织中核心流程的规范性与有效性
4. 组织评估能够确定组织所需要的人员业务能力

5.组织评估能够诊断组织的文化

组织效能的评价维度可以从以下几个维度进行（如表3-2）。

表 3-2 组织效能评价维度

评价维度	评价内容
组织目标	组织绩效是否与战略目标相一致、是否承接战略目标，组织绩效是否能够体现组织存在价值、是否有"定性+定量"的绩效指标，以及指标的达成情况
业务流程/管理流程	业务流程/管理流程是否顺畅、流程节点是否可以优化、流程责任是否清晰
组织职能	哪些组织职能需要加强、哪些职能可以取消或者合并、哪些职能是企业关键性职能与非关键性职能、资源配置与职能的重要程度是否相匹配
组织规模	组织规模是否与业务规模相匹配、组织规模相较于业务规模是否过于超前、组织规模与人员规模是否匹配
层级幅度	组织层级是否过多、组织幅度是否适中
组织关系	组织与横向、纵向哪些组织或个人发生联系、需要别人给予何种配合、能为其他组织或个人提供什么协作与服务
组织决策效率	包含组织机构决策效率与效果，组织机构的执行能力和执行效率，文件的审批效率和传达效率、横向沟通效率、信息传递效率等

3.2.2 组织设计的关键要素

组织设计是一种管理活动，其目的是规划、设计一个合理的结构和体系，是一个动态的管理过程、是一种连续的管理活动，组织设计最关键的要素是绩效（如图3-1）。组织存在的价值是创造绩效，有组织就必须有绩效目标，绩效将战略目标分解到组织各个层级，组织的层级就是绩效的承接的载体。组织设计必须考虑资源配置的投入，如人、财、物、硬件、软件等，所以设计组织必须首要考虑绩效，保证投入产出最佳；此外，组织设计同时要考虑环境、客户、战略与目标、业务与人员规模、流程、文化等方面。

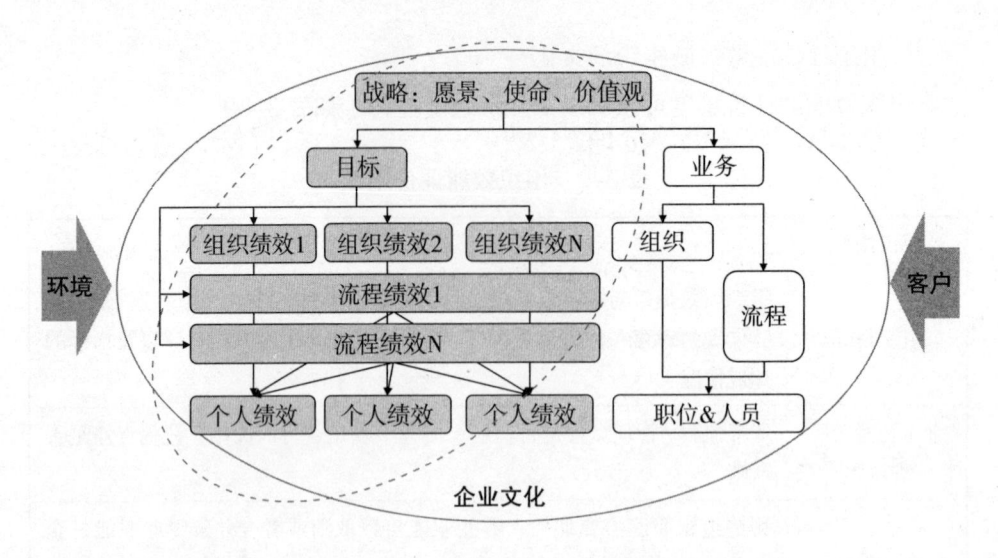

图 3-1　组织设计关键环节

实战案例

以组织重组、拆分为例，组织的拆分与合并是否达到 1+1>2 的效果？

某公司 2014 年对两大业务板块进行了整合，整合前对两大业务板进行了详细分析，分析评估两者在产品功能、各级城市市场存在较好的互补性，在客户资源、竞争对手方面具有较好的协同性，同时在分销资源、采购资源、研发资源方面具有较好的共享价值。评估后，公司将两大业务板块重组，将分销资源、人力资源、供应商资源、制造资源进行整合，并将组织数量从 63 个与 142 个优化整合为 171 个，组织减少 34 个。重组后组织占用资源减少，从短期内看，效益是上升的，但经过三年的发展，共享资源优势并未在业务整合后发挥出来，产品销量也未能实现突破，市场占有率持续下滑，资源优化降低成本的速度高于业务下滑速度，组织重组后绩效未达到预期。从组织整合的最终效果上可以得出，此次整合没有达到 1+1>2 的效果，反而变成了 1+1<2 的结果，绩效目标未能得以实现，组织整合以失败而告终。

3.3 组织设计的绩效价值思维——有业务、有目标，才有组织

3.3.1 组织设立的先决条件

1. 组织设立的三有条件

（1）必须有业务：组织的设立必须立足于业务发展，先有业务后有组织。组织是业务发展的载体，是业务发展的保障。在业务发展初期，可在其他组织中进行培育与孵化，在业务逐渐成熟、具有一定独立发展基础后，设立新的组织。组织规模要与业务规模相匹配。

（2）必须有目标：组织的设立必须有利于承接战略，要有明确的目标和可衡量的绩效指标。绩效是组织存在的前提和基础，用"定性+定量"可评价、可量化的方式阐述组织存在的价值以及价值产出的周期。组织绩效目标不是一成不变的，而需要根据组织对内外的密切关注和情况变化进行预测，定期予以调整，通过定期评估实现滚动管理。

（3）必须有人才：组织的设立必须匹配有具有业务开发能力的引领型人才。人是组织正常运行的根本、是组织的能力基础，只有在拥有一定业务开发能力的基础上，才可设立新的组织。

2. 各层组织的设立条件

表 3-3　组织设计条件

组织层次	设立条件
一级业务/职能主体	业务/职能、创新型业务/职能、需强化的业务/职能，可根据实际需要先设置项目组运作或在其他业务/职能中孵化，待业务/职能有一定成熟度（取得突破性进展）并具备一定条件（有固定的专职人员）后，设立业务/职能主体；根据战略需要或当业务/职能没有足够发展空间需退出时，撤销该业务/职能主体

续表

组织层次	设立条件
业务部门	按有形价值链划分，研发、采购、质量、工厂/制造、营销等业务模块；根据业务规模大小，设置2-6个二级业务部门；当工厂/制造区域不同时，可根据区域增加工厂/制造部门；当业务规模扩大至国内、海外不同区域时，可按国内/海外增加营销部门；业务部门数量按业务规模发展趋势实行年度双向优化
职能部门	按无形价值链划分，人力、财务、管理、法律、IT等业务模块；根据业务规模大小，设置1-4个二级职能部门；当业务规模与人员规模较小时，设置1-2个二级职能部门；当业务规模与人员规模大时，设置2-4个职能部门；职能部门数量按业务规模发展趋势实行年度双向优化
部门	10人以下不设部，设科室孵化业务；10-30人可设部，不设科室，可增设副职；根据设置标准，半年度评估优化，人员未配置到位的，合并或撤销
科室	6人以下不设科，设岗位；6-9人可设科室；根据设置标准，半年度评估优化，人员未配置到位的，合并或撤销

3. 组织优化的启动条件

（1）半年内业务开展不达标，必须优化；

（2）一年内绩效不达标，必须优化；

（3）组织管理幅度不达标，必须优化。

3.3.2 基于管理幅度的横向设计

1. 部门划分

按业务模块进行部门横向划分。现代企业是由众多业务活动按照一定的方式构成的价值链整体，因此，我们可以把一个复杂的组织架构抽象成若干业务模块。业务模块在统一的标准平台下，能够进行自由组合、对市场变化作出适应性选择，通过组织架构内部横向的模块化分解与整合重构，可以使组织架构体现出扁平化、开放性和灵活性的特征。例如，对一个业务单元价值链上所有环节的要素模块进行划分，产业相似的业务单元同样具有相同的业务模块，而对业务模块的不同组合方式形成不同的部门划分。

2. 管理幅度设计

管理幅度是指在一个组织架构中管理人员所能直接管理或控制的部属数量。

上级直接领导的下级越多、管理幅度大，反之，管理幅度小。任何领导者的知识、经验和精力都是有限的，因而能够有效领导的下级人数必然也是有限的。把影响管理幅度的各种因素作为变量，管理幅度既要保证组织机构能够覆盖所有业务，又要保证管理者能有效管理。我们将一名领导者能够有效直接领导的下级人数称为有效管理幅度，一般建议中层管理幅度为5-8人，基层管理幅度为10-15人。

3. 分工与协作

现代企业管理，业务量大、专业性强，在合理分工的基础上，分别设置不同部门，可以使管理精细化、专业化、更有效率；各部门协作配合，才可以将个体整合为合力，提升组织竞争力。分工与协作是指组织内部既要分工明确，又要互相沟通、协作，以达成共同的目标。在组织设计中，我们可以通过以下方式进行分工与协作：产品经理制、虚拟组织、项目组、管理经理、信息系统等。

3.3.3 基于深度的纵向设计

1. 管理层级设计

管理层级是指从企业最高一级管理组织到最低一级管理组织的各个组织等级。当组织规模一定时，管理层次和管理幅度之间呈反比例关系，即管理幅度越大、管理层次越少，组织呈扁平型结构；反之，组织呈高耸型结构（如图3-2）。

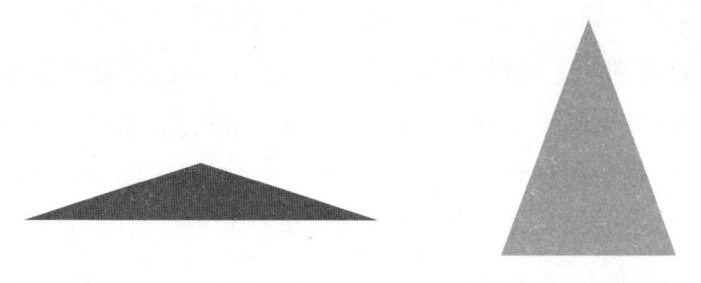

扁平型
- 管理幅度较大
- 管理层级较少

高耸型
- 管理幅度较小
- 管理层级较多

图 3-2　管理幅度和管理层级的关系

按中高层的有效管理幅度为5–8人，基层是10–15人，人员规模在一定的程度上，决定了组织规模的大小。一般情况下：

（1）人员规模小于30人时，组织设置1层；

（2）人员规模大于30人且小于160人时，设置2层组织；

（3）人员规模大于160人且小于600人时，设置3层组织；

（4）人员规模大于600人且小于4000人时，设置4层组织。

集权与分权是相对的概念，不存在绝对的集权和绝对的分权。随着企业业务规模的扩大，集权有利于保证企业的统一领导和指挥，有利于资源的合理分配与使用，而分权则是调动下级积极性、主动性的必要组织条件，同时有利于基层根据实际情况快速作出决策。企业在确定上下级组织管理的权利分工时，主要考虑的因素有：企业规模、生产技术特点、管理水平、人员水平等。

2. 大部制

企业大部制是组织架构调整与流程再造的结合，是扩大组织业务范围、打通部门墙、缩小组织层级、优化业务流程、把多个关联业务由一个组织统一管辖的一种组织模式。

大部制的实施首先能够促进组织扁平高效：纵向实现组织扁平化，缩短流程、优化流程节点，提高组织灵活度；横向实现组织数量缩减，撤掉"隔断"——打通部门墙，提高沟通协调效率；其次可以促进组织绩效提升：有助于减少层级、职位数，打破等级链并聚焦关键绩效目标，把个人目标与组织目标紧密关联，最终实现组织轻小化、流程精炼化、决策管理高效化；最后能够促进人才的Z形发展：即有助于拓宽员工业务领域，鼓励员工先"专业"再"管理"。让专业的员工成长为真正的专家，塑造工匠精神和专家团队，让具有管理意识的专家从事管理，使管理者更专业资深。

大部制实施规范要求企业：纵向优化精简组织层级、尽可能减少层级数量；横向重组部门职能，跨多个部门的业务尽量整合，减少部门职责交叉和分散，整合分散在不同部门相同和相近的职责，对条块分割、运行不畅的部分职能进行调整，减少部门设置。

3.3.4 复杂业务的矩阵设计

当组织需要同时按照产品或职能、产品或地区进行部门多重组合时，矩阵式组织（如图 3-3）就是实现这种多重组合的一种方式。

矩阵式组织在传统纵向层级的基础上设置横向团队，并保持纵向、横向两条线上的权力平衡，组织成员同时向纵向、横向的经理汇报，它既促进了沟通与协调，同时也是应对迅速变化的环境所必需的。

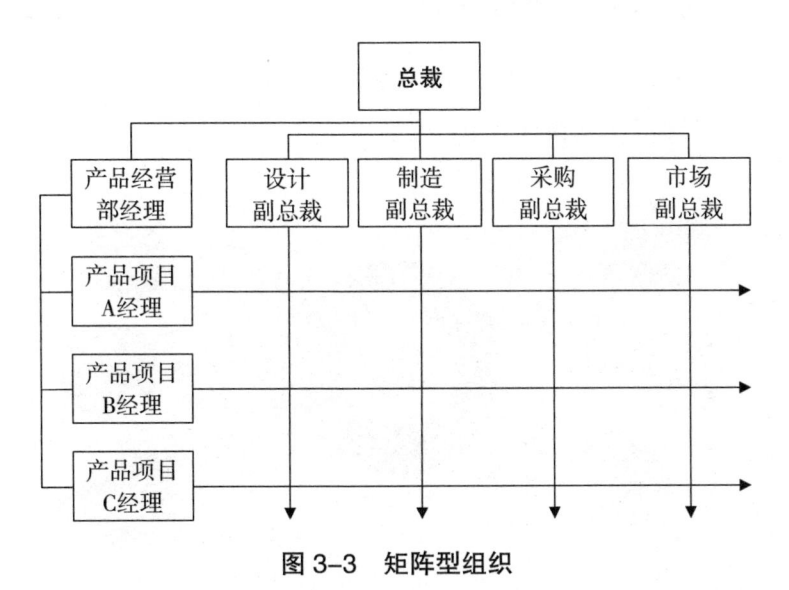

图 3-3 矩阵型组织

3.4 如何评估组织设计效能——剔除无效组织的最佳办法

3.4.1 组织效能的概念

组织效能是指组织实现目标的程度，即组织的有效运作达到既定组织目标的情况。组织效能的提升，是组织存在价值的体现。无论组织目标如何改变，提升组织效能都应是永远不变的，组织管理，就是组织效能持续提升的过程。

组织效能优异的组织，具有组织目标清晰、分工明确、责权对等、协同高效、信息畅通、沟通有效等特征。组织效能分析，一般从以下几方面着手。

分析绩效目标，进而对组织目标分解的合理性作出判断，组织设计前输入绩效，设计中匹配绩效，设计后验证绩效；

分析管控模式，对集权与分权的有效性进行分析；

分析组织模式，确定现有组织架构是否适应未来战略方向；

分析组织规模，即管理层级和管理幅度；

分析人员能力，对现有管理者的工作能力和职业前景进行分析判断。

3.4.2 效能提升六关键

实现组织效能的提升，可从组织规模、人员规模、成本规模、定位精准、流程精炼、人员精干六个维度入手，实现组织的"轻灵"（如图3-4）。

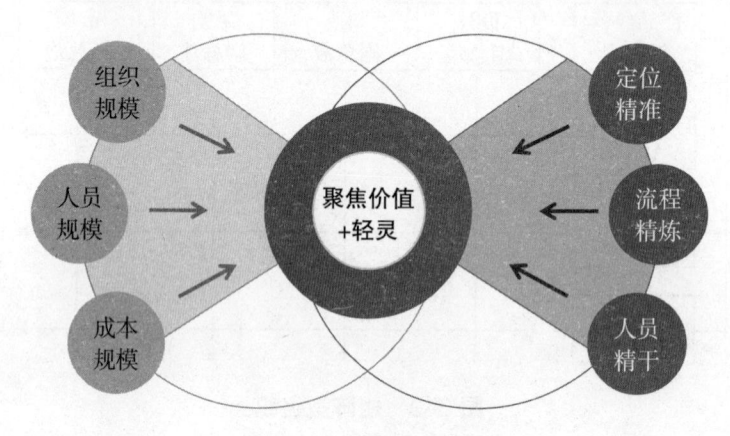

图 3-4 效能提升因素

我们要以价值创造为导向，建立业务与人才经营理念，识别并保留核心职能，对非核心职能逐步优化、授权、分类管理，同时建立与之匹配的业务流程、组织架构与人力资源保障，通过小而精组织的建设，实现组织效能的提升，具体可通过以下方式进行。

横向整合外部强关联业务、打通部门墙，控制总量、瘦身化；纵向压缩层级，实现组织扁平化，提高组织灵活度；

根据业务需要设计合理定员，控制总量，调整结构；对内部协同业务进行整合并对岗位进行重组，人岗匹配；识别并优化低价值人员；

核心职能成本控制，费用分摊；对共享服务/执行类职能进行市场化运作、独立运营、收费管理；根据业务需要设计合理的人工成本及管理费用，并随业务调整滚动优化；

部门定位符合公司战略需要；聚焦核心价值，对不在定位内的业务进行优化调整；

根据业务优化程度同步调整流程框架、减少流程节点、高效决策、及时审批；减少流程，即由事中管控向事前规则和事后评价转型，做到责任清晰、角色明确；强化流程授权，上级向下级授权、行政向专业授权、后台向一线授权；

提升干部学历、干部年轻化，评价干部绩效、潜力、胜岗度；专业技术人员要多专多能，评价其绩效、潜力、胜岗度；培养复合型人才、关键核心人才，发展后备梯队；鼓励能上能下、干事创业；高绩效、高薪酬、高价值。

通过以上措施，最终实现组织精简、职责明确，进行科学的组织设计；推进专业中心、共享服务中心等组织模式，建立"头脑型"总部+"敏捷型"业务单元；实现流程清晰、运转高效，以价值为导向，向业务充分授权，对每个流程进行"端到端"的梳理，最终使组织像中枢神经系统一样高效运转、信息畅通和指挥有力。

3.5 推进高绩高效的 OD 管理——组织绩效人才发展共生

3.5.1 什么是 OD

狭义上的 OD（Orgnization Development 组织发展）是为了提高工作效率、实现资源的最优配置而对组织进行科学、合理的行动研究。它对组织进行设计、对标、评估、分析、变革等一系列有计划的活动，关注人、文化、系统和架构，可以增强组织与战略、人员、文化之间的一致性，目的是持续创造组织绩效、提升组织效能。OD 通过更好地整合内部资源使组织健康发展，从而适应外部环境的不确定性和不可预测性，并将其转化为业绩提升。

OD 涉及组织管理、绩效管理、人力资源计划、人才与发展、组织文化等多方面，是一个系统工程。从硬职责上说，OD 以组织效能提升为目标，以组织评估为切入点，负责组织发展规划与优化，建立企业竞争模型；从软职责上说，

OD 负责减少组织之间的冲突，减少组织变革的阻力与成本，增强组织之间的润滑，让组织文化得以延伸与发展。组织发展不仅仅是组织变革，更是实现组织资源的最佳配置、不断优化组织成本的战略干预。

OD 团队应该由多角色构成，一般来说包含 TD、LD、OC、C&B 等。他们相互配合，以提升组织效能为目标，为企业有效降低管理成本，关注人的效率和组织的效率，为企业系统、科学地提升企业管理效率。

3.5.2 OD 管理的核心

1. 关注业绩发展

促进业务的发展是 OD 管理的最终目标。短期业绩的实现比较容易，而长期保持卓越比较难。组织建设是个长期工作，需要持之以恒。随着时间的推移，组织发展的内涵也越来越广泛，一些软实力变得越来越重要，如强大的人才供应链、共享的文化与价值观等。

但对于处在业务拓展、转折期等阶段的企业，其投入产出无法按照常规管理思路来衡量。此时，OD 最关注的是组织适应能力，具体包括快速达到市场占有率的能力、快速拓展新业务的能力等。

2. 关切组织与流程

组织与流程是对 OD 管理的落实与细化。业务流程是确保管理准则与边界划分落地的保障，组织架构则是对总部、子公司等部门职责的界定。战略、资本运营、研发、供应链、财务、人力、风险管理等业务最终的运作规范是透过流程与组织的规范来实现的，组织与流程是 OD 组织发展战略具体的操作方案。

3. 关注人的成长

OD 关注的是组织实现业绩的能力和效率。也就是说，既要保证人有能力执行，又要提高执行力度。因为人的发展在一定时间内看是相对固定的，所以对人的发展关切，就是对任务和结果的重视，关注"人"是组织发展的必要路径。

3.6 VUCA时代，组织如何变革——如何提高组织的敏捷度

传统企业的组织架构常见于职能型或事业部型的组织。企业通过科层制的金字塔式组织架构，强调从上到下的层层管控。这样设计组织可以确保组织整体步调一致，整齐划一。但是，在这个VUCA时代，外部市场开始变得变幻莫测，要求企业的组织形式也要保持敏捷灵活。组织变革一般经过组织变革时机选择、组织现状诊断、组织方案制订、组织运行跟踪等步骤（如图3-5）。

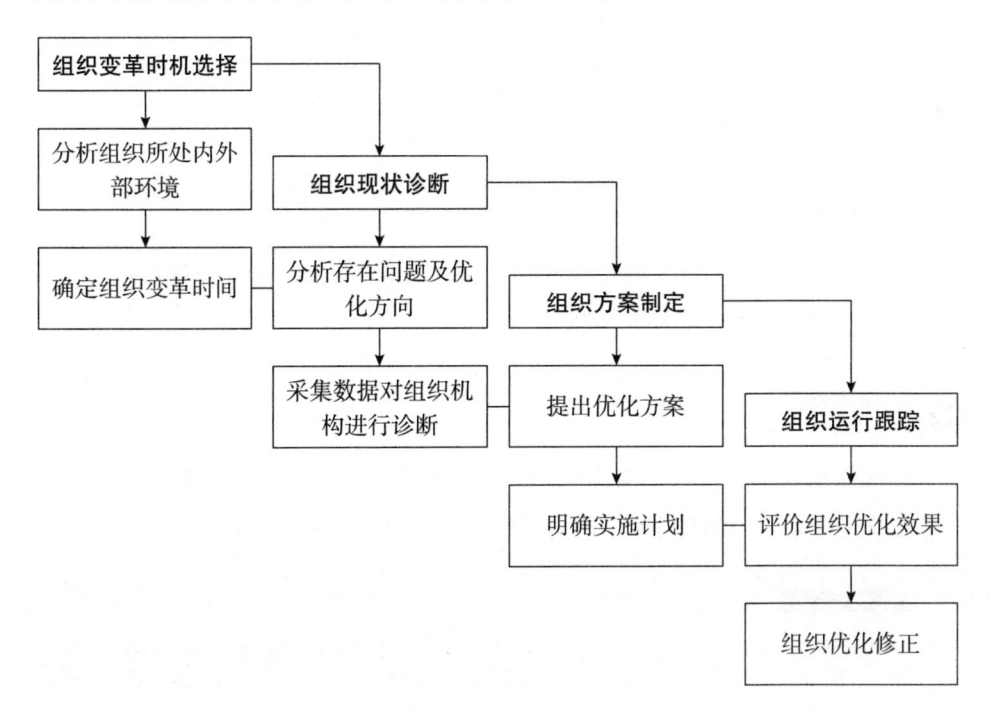

图 3-5　VUCA 时代变革

3.6.1　组织变革的最佳时机

对任何组织而言，环境、资源等条件都是不断变化的，组织宜小不宜大。如果将组织看成一个人体的话，组织变革优化相当于瘦身、健体。一般来说，有以下几个因素会导致组织优化。

1. 管理转型：当业务成长缓慢、管理层级增加、沟通效率降低、人浮于事

等现象出现时，企业就必须进行组织变革，包括对内部层级、工作流程以及企业文化进行必要的调整与改善管理，要果断地采取措施，通过组织优化将矛盾与问题消除在萌芽状态；

2. 技术革新：技术发展推动生产力的提升，也是组织优化的催化剂。新技术、新设备、新方法能够提升产品销量，同时也会带来新的管理方式、不同的业务分工、人员的变化，从而引起组织的变化；

3. 业务规模变化：经营业绩的提升或下降均可启动组织优化，当业绩提升时，业务范围的扩大、新业务、新工厂的开拓需要组织优化；当业绩下降时，业务范围收缩，业务规模收缩，组织也必然同步收缩，以保证企业的投入产出比最佳。

3.6.2 组织变革的方法与流程

组织变革的方法与流程主要有以下几个步骤。

1. 资料收集

资料收集需明确：收集哪些信息以及这些信息的来源；怎样让信息形成一个有机整体，并整理形成一个初步报告。

2. 建立模型

完成信息收集之后就需要生成组织诊断模型，用标准化及定制化的模型统一对组织进行系统有效的诊断。

3. 实施诊断

在通过组织诊断得出结论后，根据诊断结果构建组织系统画像、扫描组织盲区，从而提升组织的有效性。寻找组织的优化解决点与解决面，并明确实施计划，合理安排组织优化时间与进程，有序推进。

3.7 如何设计管理无边界组织——打破传统做法，以绩效为导向

随着社会的不断发展进步和生产力的不断提升，个性化、多样化的客户

需求日益增多，市场要求组织不断通过创新来保证能够以最快的时间、最低的成本、最大的创造性实现"一对一"的客户订制化服务，以提高客户的忠诚度。

竞争日益激烈且快速多变、难以预测的市场要求企业能及时捕捉市场的变化，并将信息快速传递到组织内各部门、各层次以及与组织相关的供应商，以迅速组织生产、满足市场需求。要想快速响应市场变化，就要求组织架构必须克服僵化的模式而具有充分的弹性。

经济全球化的发展使得组织不仅面临区域性竞争，还要面对与全球领先者的竞争。这就要求组织能突破边界，跨越区域、国界，在全球范围内整合资源并进行国际化经营。

在此背景下，便产生了无边界组织。无边界组织是通过打破官僚组织的有形边界和无形边界之后所形成的各种具有模糊性和强渗透性边界的联合体。它的具有模糊性和强渗透性的各种边界将区分各成员，但同时它的形式是不固定和动态的。相对于传统的金字塔式的层级组织，它能够使信息、资源、构想及能量快捷便利地在各成员之间流动，通常有以下形式：

扁平化组织是组织垂直有形边界模糊化的结果；

多功能团队跨越了组织的水平有形边界；

地理边界（水平垂直边界的一种）模糊化一般存在于跨国公司内的无边界组织中；

组织外部有形边界的模糊化产生了战略联盟、虚拟企业、企业集群、企业集团、供应链、网络组织等多种跨组织的组织形式；

学习型组织加强了组织心理边界的可渗透性。

第四章
如何实现流程管理价值
——持续优化流程、持续提升绩效

4.1 从高速公路视角看流程——只有流速和流量能带来价值

4.1.1 从高速公路视角看流程管理

谈起高速公路，无人不知。一条高速公路的建设和运营，要从几个方面来统筹规划、系统管理方能达到其建设的目的，以下是高速公路简示图（如图4-1）。

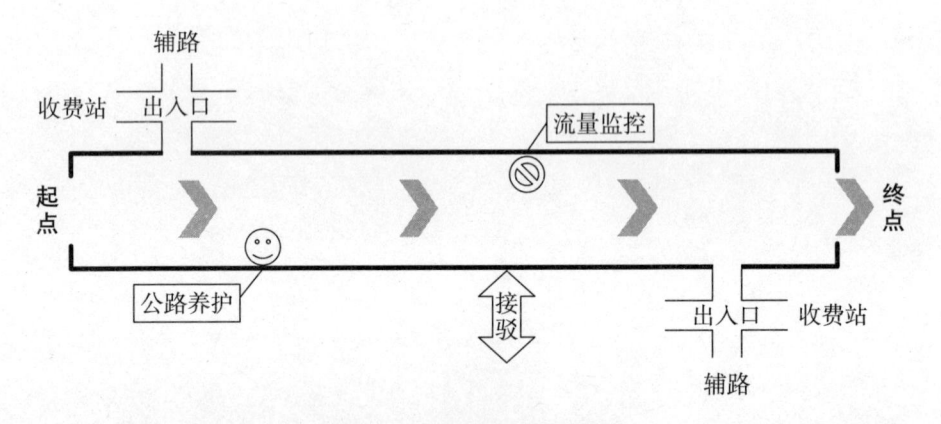

图 4-1 高速公路示意图

从以上图中可以看出，高速公路要考虑起点终点、出入口、收费站、辅路、接驳、流量监控、公路养护等要素。同时，只有车辆、货物在高速公路中流动起来，高速公路才能产生应有价值；那么，在企业管理中，是什么让业务连接、流动起来，并保持企业高效运行呢？那就是流程。流程管理同高速公路管理有诸多相似之处，具有如下要素（如表4-1）。

表 4-1 高速公路与流程管理要素表

要素	高速公路	流程管理
端点	起点到终点的长距离直达交通通道	打通从客户需求到客户满意的端到端
流动	车辆、人和物	工作流转
效益	足够的车流量才能产生建设的经济效益	流程的绩效是决定流程存在的价值
出入口	出入口的设置及其间运行的距离不宜过短	流程节点的设置及节点的切割不能太碎
主路和辅路	需要打通出入口下面的辅路微循环，否则高速会产生拥堵，影响高速运行	子流程必须畅通，否则主流程会拥堵
监控和排堵	实时视频监控各个路段的车流量，并及时处理可能导致拥堵的事故	持续监测流程运行的绩效，对于不畅通、无绩效的环节要进行优化
接驳	两条高速之间要有接口，以便于快速转换连接	业务主流程与管理支撑主流程之间要建立固化的接口关系

4.1.2 "6+1"的流程新要素结构

流程管理是什么？简单来讲流程就是聚焦于客户价值的实现，通过一系列可重复、有逻辑、有顺序的活动，将一个或多个输入转化成明确的可衡量输出。从本质上来说，流程是一种促进组织创造价值、并为客户提供价值的管理工具。一般的流程管理由以下6个要素构成。

客户是流程服务的对象；

输入是运作流程所必需的资源；

活动是流程运行的环节；

活动关系把流程从头到尾串联起来；

输出是流程运行的结果；

价值是流程运行为客户带来的有效产出。

一般的流程管理缺乏用绩效的视角去设计、去管理、去评价流程，"为流程而流程、流程和业务两张皮、流程价值难以衡量"是流程管理的常见问题，导致流程流动不起来，甚至把管理带入烦琐之中。为此，要让流程真正发挥其应有的价值，必须引入绩效管理要素，形成"6+1"流程要素新结构，具体结构如表4-2。

表 4-2　"6+1"流程要素结构表

1. 客户	2. 输入	3. 活动	4. 活动关系	5. 输出	6. 价值
7. 绩效					

绩效是对流程价值的衡量。企业应该用绩效思维来做流程管理，树立"没有价值的流程就不应该存在，绩效不好的流程就不是好流程"等绩效理念。

4.1.3　"1+N"的流程新管理组织

1. 流程的专业化管理

为较好地推进流程管理，一般的公司会设置流程管理专员或独立部门来管理流程，但随着公司规模扩大、业务复杂化，就需要更多地从业务角度出发来管理流程。这就需要设置流程 Owner 作为流程的所有者，根据谁受益谁负责的原则来进行管理，流程 Owner 一般设置为对流程绩效整体负责的业务一把手。因此，流程业务的组织管理一般会形成："流程专职 1+ 业务 Owner N"的组织结构（如图 4-2）。

流程专职1 + 业务Owner N

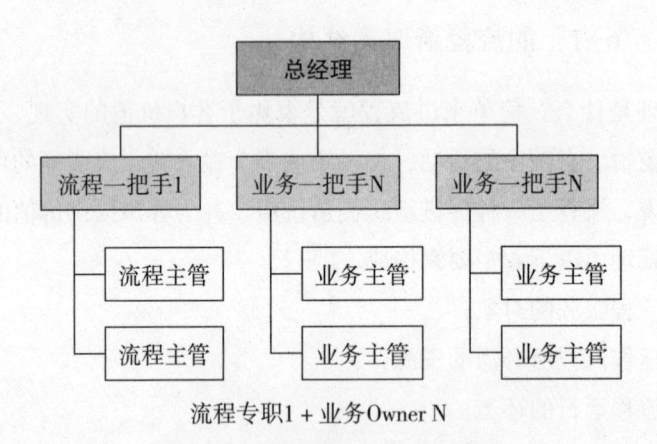

图 4-2　流程管理组织结构图

2. 各级管理者的职责分工

由于流程是横向跨职能跨部门的，业务一把手兼任流程 Owner，便与职能的纵向条块化的管理模式产生冲突。企业任命的流程 Owner 在这种管理模式下，一般都没有积极性或难以发挥作用。但如果没有流程 Owner，业务部门便不能很好地参与其中，流程的设计与优化就会成为流程管理部的独角戏，工作会很难开展。这是流程管理面临的一个普遍性难题。为了更好地破解这一难题，我们通常将流程专员和业务 Owner 的职责分工做如下界定，以此来系统地、全视角地推进流程管理（如表 4-3）。

表 4-3 流程管理职责分工表

职责	维度	人员	方向	分　工
流程专员	职能管理	专职流程人员	纵向管理	公司级流程架构、跨模块流程优化、战略方向流程变革
业务 Owner	业务管理	业务一把手兼职	横向管理	本业务模块内的流程体系运行维护、本业务横向流程的打通和流程绩效目标实现

4.1.4　流程管理的价值解读

1. 流程价值的两种管理模式

从流程管理的方法来看，流程无外乎两种价值管理模式（如图 4-3）。

（1）落实管控需求的"推"：让公司的战略目标、管理方针、质量标准和内控要求通过流程的架构统筹和标准分解来具体落实。

（2）沉淀最佳实践的"拉"：让经验不足或能力不够的员工，都能够按照流程指引达成超出一般绩效水准的业务工作。

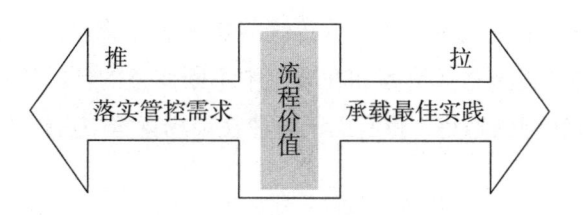

图 4-3　流程两种价值管理模式

2. 关于流程的六条价值衡量标准

流程大师哈默曾指出，优秀流程的特征是：在保证正确（Right）的流程输出（客户需要的产品或服务）的前提下，尽量使流程快速（Fast）、容易（Easy）和便宜（Cheap）（减少资源投入，也降低成本）。流程是业务模式的落地、是战略实施的路径，需要随着内外部环境的变化而持续地进行优化，流程需要融入业务的实践，所以实用和适宜是起码的标准。流程价值也应从这六个方面来进行衡量。

3. 流程价值的五个分解维度

（1）质量：包括工序间的流转质量、部门间的衔接质量、项目的目标实现质量、产品设计和商品制造的质量、市场服务的质量等；

（2）效益：节点或活动实现的经济效益、项目产生的经济效益、组织价值创造的经济效益、业务流程/业务领域/业务商品/业务单元创造的经济效益等；

（3）效率（计划、周期、时限）：效率分别体现在计划的准确性与实现的偏差率、周期的可持续性、时限的可控性等上；

（4）成本：节点或活动成本付出、项目产生的成本付出、组织价值创造的成本付出、业务流程/业务领域/业务商品/业务单元创造的成本付出等；

（5）客户满意度：客户对商品和服务的满意度。

以上五个基本维度还可以继续分解，直至成为具体流程的确切可用的价值指标。

4.1.5　由流程管理向流程绩效转型

VUCA时代企业面临的首要问题，是如何快速响应客户的需求和如何高效应对市场的变化。

流程管理必须适应这种转变，从传统的梳理业务流程、固化业务逻辑，转向以绩效为核心的迅速迭代流程和在奔跑中不断调整的新的流程管理方式。洞察流程管理绩效转型的趋势，将有助于企业在市场竞争中占据领先地位。

4.2　流程管理的最佳方法论——五种方法详解流程管理

4.2.1　流程生命周期管理的几个阶段

从新业务产生到规划设计新流程、到基于业务需要梳理流程、完成业务标准化、到对流程进行运营推广，强化应用和落地执行、到过程中对流程进行监测、度量和优化、到新的管理和技术形成，原流程完成了生命周期的使命，于是退出，经过重组再造，新流程产生。流程的整个生命周期一般分为如下几个阶段（如图 4-4）。

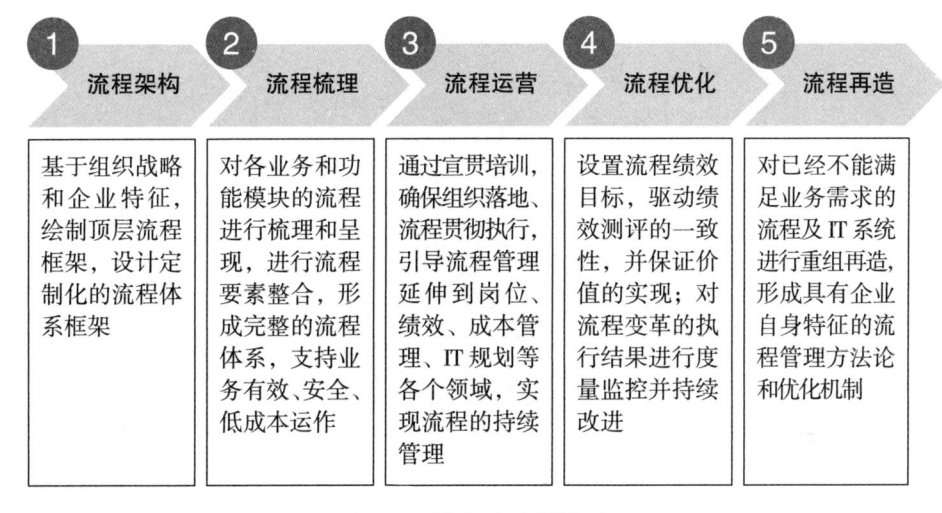

1 流程架构	2 流程梳理	3 流程运营	4 流程优化	5 流程再造
基于组织战略和企业特征，绘制顶层流程框架，设计定制化的流程体系框架	对各业务和功能模块的流程进行梳理和呈现，进行流程要素整合，形成完整的流程体系，支持业务有效、安全、低成本运作	通过宣贯培训，确保组织落地、流程贯彻执行，引导流程管理延伸到岗位、绩效、成本管理、IT规划等各个领域，实现流程的持续管理	设置流程绩效目标，驱动绩效测评的一致性，并保证价值的实现；对流程变革的执行结果进行度量监控并持续改进	对已经不能满足业务需求的流程及IT系统进行重组再造，形成具有企业自身特征的流程管理方法论和优化机制

图 4-4　流程生命周期管理

4.2.2　基于战略分解的流程架构技法

流程架构设计基于战略分解，通过分类分层搭建实现流程精细化管理，发挥对业务的显微镜和望远镜作用。

（1）分类架构：要设计流程架构，须先对流程分类。按照波特的价值链分析法，企业的活动分为基本经营活动和支持性活动，基于此，流程按其功能可分为业务流程，即进货后勤、生产、营销、销售、服务等基本经营活动，与管理流程，即企业基础设施、开发、人力资源开发、采购等支持性活动。

（2）分层架构：流程如同高速公路网络，由干线大通道到省际高速路，再到县市快速路，再到乡镇微循环路，越来越细密，逐步实现交通的全覆盖。流程的层级与此基本相似，由逻辑层到实操层再到动作层，逐步将战略方略转化为"全员一杆枪"。

实际流程建设中，根据管理的颗粒度粗细需要可截取不同的层级。流程的层级本质上是业务分层管理的体现，以一般规模以上企业为例，流程分层展开后为六个层级（如图 4-5）。

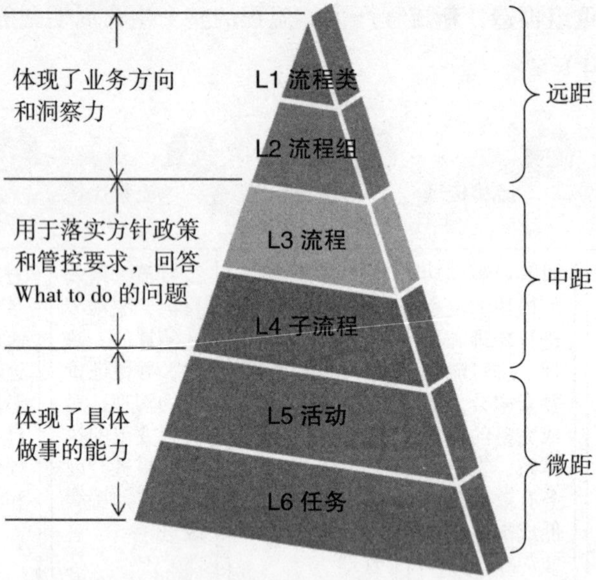
体现了业务方向
和洞察力
L1 流程类
L2 流程组
远距
用于落实方针政策
和管控要求，回答
What to do 的问题
L3 流程
L4 子流程
中距
体现了具体
做事的能力
L5 活动
L6 任务
微距

图 4–5 流程的分层架构

4.2.3 基于业务价值的流程梳理技法

1. 工作步骤：梳理流程一般按照四个步骤来展开（如图 4–6）。

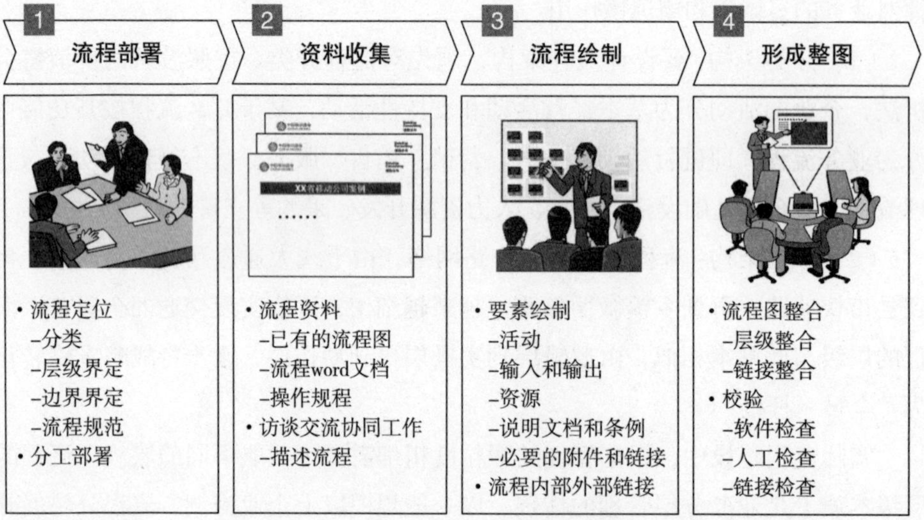
1
流程部署
2
资料收集
3
流程绘制
4
形成整图
XX省移动公司案例
……
· 流程定位
–分类
–层级界定
–边界界定
–流程规范
· 分工部署
· 流程资料
–已有的流程图
–流程word文档
–操作规程
· 访谈交流协同工作
–描述流程
· 要素绘制
–活动
–输入和输出
–资源
–说明文档和条例
–必要的附件和链接
· 流程内部外部链接
· 流程图整合
–层级整合
–链接整合
· 校验
–软件检查
–人工检查
–链接检查

图 4–6 流程梳理工作步骤

2.表达方法：对流程图和流程描述要求按照5W2H要素来表达（如图4-7）。

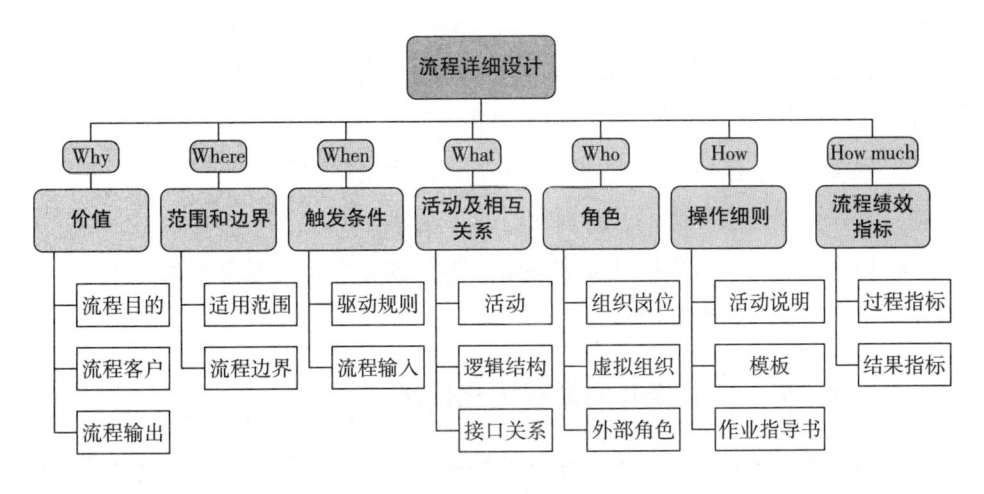

```
                          流程详细设计
    ┌──────┬──────┬──────┬──────┬──────┬──────┬──────┐
   Why   Where  When   What   Who   How   How much
    │      │      │      │      │      │      │
   价值  范围和边界 触发条件 活动及相互 角色  操作细则 流程绩效
                          关系                    指标
    │      │      │      │      │      │      │
  流程目的 适用范围 驱动规则 活动  组织岗位 活动说明 过程指标
  流程客户 流程边界 流程输入 逻辑结构 虚拟组织 模板  结果指标
  流程输出              接口关系 外部角色 作业指导书
```

图 4-7　5W2H 流程描述要素

4.2.4　基于能力培育的流程运营技法

PMMT 流程管理成熟度标准，不仅是流程管理测评的维度，也是组织有效推进流程运营的指导方针。根据 PMMT 模型，我们可以从四个维度、二十个方面来展开流程的运营（如图4-8）。

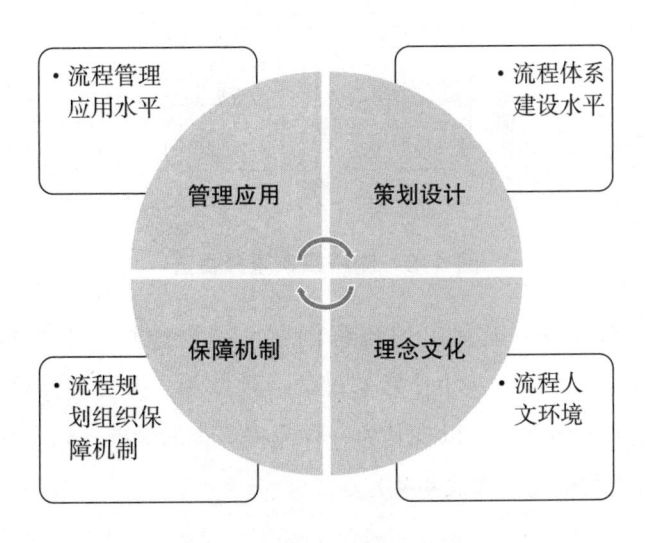

```
        ·流程管理              ·流程体系
         应用水平               建设水平
         ┌─────────┬─────────┐
         │ 管理应用 │ 策划设计 │
         ├─────────┼─────────┤
         │ 保障机制 │ 理念文化 │
         └─────────┴─────────┘
        ·流程规              ·流程人
         划组织保             文环境
         障机制
```

图 4-8　流程 PMMT 模型

1. 策划设计：包括流程项目规划和目标、流程体系的深度和广度、流程执行者的能力、流程负责人的工作和权力、流程语言一致性等内容；

2. 管理应用：包括流程和战略目标一致性、流程绩效应用、制度和流程的整合、流程风险内控体系应用、流程 IT 实施应用等内容；

3. 保障机制：包括流程规划实施保障、流程组织建设、流程生命周期管理机制、流程管理方法和措施、流程变革的管理等内容；

4. 理念文化：包括流程认知和理解、组织领导力、流程交流和协同、员工责任意识、变革的态度等内容。

4.2.5 基于绩效提升的流程优化技法

1. 四象限分析法：对具体的业务流程从"是否增值"及"是否有必要"这两个维度进行分析，形成四个流程分析象限，对处于不同象限的流程分别采取不同的策略进行优化（如图 4-9）。

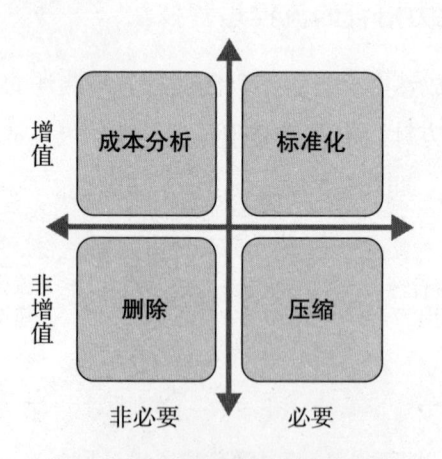

图 4-9 流程四象限分析法

2. ESEIA 分析法：识别出的流程问题，需要进行针对性的优化改善。ESEIA 是诸多流程优化方法中比较基础的一种方法，主要对流程的节点展开，对非流程专业人员而言，可以视其为一种流程审查的标准，以之为参照系可以快速入手进行流程优化（如表 4-4）。

表 4-4 流程 ESEIA 分析法

方法	意义	阐释
E1	清除	找出并彻底清除不增值的活动
S	简化	清除不必要的活动后，对必要的活动进行简化标准化
E2	增加	根据顾客或管理需要，增加创造价值的活动
I	整合	对工作进行整合，充分考虑目标变化后整合部分低价值环节
A	自动化	充分利用 IT 技术，固化流程并提升流程运行的质量和效率

ESEIA 方法的目的不仅在于减去流程中不必要的部分，也在于在流程中增加增值的部分，使流程优化取得更好的效果。

3. 其他优化方法：除以上较常见的分析优化方法外，还有一些优化方法（如图 4-10）。

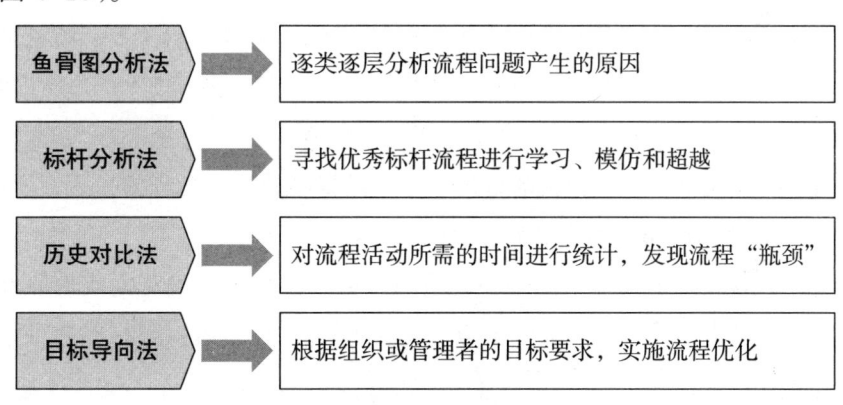

鱼骨图分析法	逐类逐层分析流程问题产生的原因
标杆分析法	寻找优秀标杆流程进行学习、模仿和超越
历史对比法	对流程活动所需的时间进行统计，发现流程"瓶颈"
目标导向法	根据组织或管理者的目标要求，实施流程优化

图 4-10 其他流程优化方法

4.2.6 基于管理变革的流程再造技法

流程再造针对企业业务流程的基本问题进行反思，并对其进行彻底的重新设计，以追求在成本、品质、服务和速度等衡量企业业绩的重要尺度上取得显著进展。流程再造的核心是打造面向顾客满意度的业务流程，其核心思想是打破企业按职能设置部门的管理方式，代之以以业务流程为中心的管理方式，重新设计企业管理过程，从整体上确认企业的作业流程，追求全局最优，而不是个别最优。

流程再造（BPR）是流程优化（BPI）的升级（如图 4-11）。

BPR的主要特征	BPR的主要原则
・出发点是面向顾客，面向顾客的需求 ・再造的对象是流程 ・主要方法是对企业流程进行根本性的反省 ・主要任务是对企业流程进行彻底的再设计 ・目标是绩效的巨大飞跃	・从职能管理到面向业务流程管理的转变 ・注重整体流程最优的系统思想 ・组织为流程而定，而不是流程为组织而定 ・充分发挥每个人在业务流程中的作用 ・客户与供应商是企业整体流程的一部分 ・信息资源的一次性获取与共享使用

图 4-11　BPR 的主要特征及原则

4.3　提升流程绩效管理技法——五个关键、四个方法全解

4.3.1　正确树立流程绩效管理理念

有投入有产出就必应有绩效。流程是让业务流动起来，自然要有能量消耗；既然有消耗，就必然要有持续投入，就必然应有产出，这个投入产出比就是绩效的价值体现。

结果绩效决定了流程存在的价值。如果结果绩效低于流程的投入，就说明这个流程没有完成客户价值的增值工作，投入产出不对等。

过程绩效决定了流程节点存在的价值。如果过程节点没有完成价值增值，同样是投入产出不对等。这样的节点不应该单独存在，而应该整合到前后相关的更有价值的节点上去。

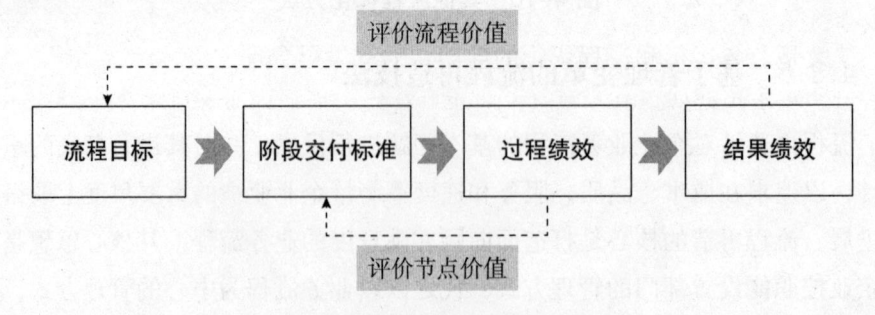

评价流程价值

流程目标 ➡ 阶段交付标准 ➡ 过程绩效 ➡ 结果绩效

评价节点价值

图 4-12　流程绩效示意图

流程应该与绩效同步设计（如图 4-12）。流程的交付清单就是绩效的指标，流程的阶段性交付标准就是过程绩效的指标。流程的目标不清晰、分解不到位、交付标准不明确，最终影响的是绩效评价的客观、合理和公正。

因此，打通流程端到端的本质就是从目标到过程到结果要保持一致，并将这种一致性的标准输入给绩效，作为绩效评价的核心指标。

4.3.2 采用科学的流程绩效评审方法

随着内外部环境的变化，运行中的流程需要持续地被监测和评估，并同战略要求和竞争标杆相比较，以识别流程绩效的差距，及时改善。对流程的评估通常采取两个步骤，即流程评审和业务评审。

1. 流程评审： 是对流程要素的评估。评估模型横向为流程构成的六要素，即输入（资源和目标）、活动（节点）、活动的相互作用（规则和关键控制点）、输出（交付和标准）、价值（目标实现滚动对比）、客户和满意度。纵向为流程运行的四层次，即有没有（流程覆盖性）、用没用（流程执行性）、好不好（流程价值性）、评没评（流程绩效性）。

2. 业务评审： 是对由流程的要素展开的具体的业务要素进行评估。评审需要结合业务的特点来做，先识别流程哪一个要素存在影响较大的关键问题，然后再分析该要素结合业务特点可以展开哪些业务要素，展开之后评审的方法基本不变，纵向仍然是流程运行的四层次。

4.3.3 合理设置流程绩效指标体系

绩效是业务运行和流程优化的导向，只有设置合理的流程绩效指标体系，才有可能将流程持续提升到最佳的水平，从而支撑实现业务目标。流程绩效指标设计的常见陷阱（如图 4-13）。平衡计分卡流程绩效指标体系，能够有效规避这些陷阱。

过于精细烦琐 ／ 过于简单粗放

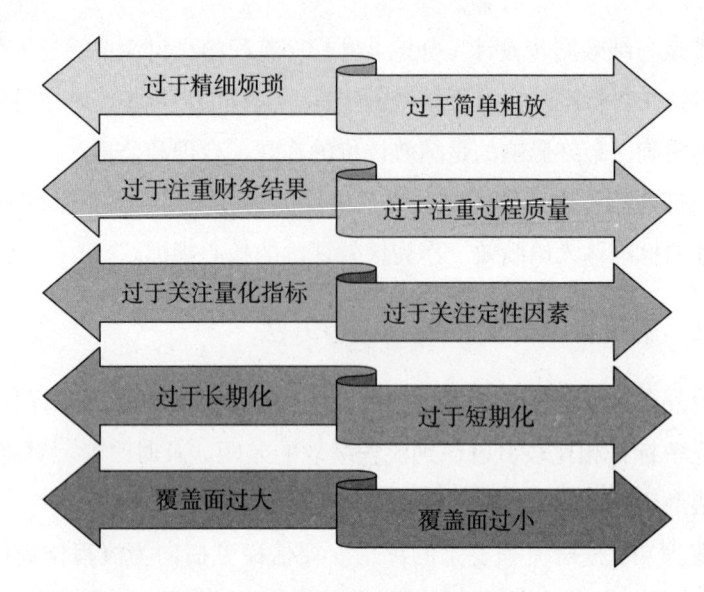

过于注重财务结果 ／ 过于注重过程质量

过于关注量化指标 ／ 过于关注定性因素

过于长期化 ／ 过于短期化

覆盖面过大 ／ 覆盖面过小

图 4-13 流程绩效指标常见陷阱

4.3.4 创新推动流程绩效项目实施

设立流程绩效管理组织，由公司领导牵头，相关部门负责人参与；

提出流程绩效项目，选择与客户期望或者业界标杆有差距、并且是当前亟须提高的流程，流程层级不宜过低；

对流程进行端到端的分析，明确该流程的参与部门，选择其中一个负责并且收益最大的组织作为流程 Owner；

设计该流程的绩效的指标，符合如下几个规则。

全局性：应该站在整个公司价值链的高度设置流程绩效指标；

端到端：不要为了便于考核就切分流程，而应设置端到端指标；

客户导向：确保是外部客户关心的，而非内部客户一厢情愿；

少而精：一个流程设置三个以内的关键指标。

设计该流程绩效的评价方案，方案包括：

明确绩效指标的测量方法、当前差距及改善空间；

明确绩效评价的方式、取数的原则、评价人及评价周期；

明确绩效报告的分析内容及汇报评审方式。

结果利用：流程绩效纳入相关各单位的组织绩效，且权重不宜过低；

绩效改进：针对绩效差距，由流程 Owner 组织流程优化项目，并且将相关改进成果固化到各部门的职能职责和管理程序之中；

绩效退出：当该流程绩效达到目标之后，就可以降低绩效评价的频次，直至完全退出，逐步用流程绩效报告进行常态化的管理；

流程绩效总结：完成项目后进行经验总结，形成流程绩效管理的常态化，逐步实现传统组织绩效向流程绩效的过度。

4.3.5 持续提升流程绩效的五个关键

对公司级流程的绩效不断提升，一般需要循序渐进，结合业务流程管理成熟度模型，一般划分为显性化、规范化、标准化、度量化和滚动化五个阶段。

1. 显性化：流程绩效形成初步的指标，指标覆盖的流程长度很短，指标的通用性很强，比如：24h 内提交业务报告、报告不超过 10 页等；

2. 规范化：流程绩效的指标形成一定的体系，采用多个复杂的指标组合来覆盖较长的流程，指标需具备一定的业务针对性，比如：OTD 周期 80 天、订单处理周期 10 天、质损率不超过 2% 等；

3. 标准化：业务流程经过系统梳理，高频流程形成了标准化的操作程序，业务风险较小、成熟度较高，绩效指标体系较为稳定，比如：节点审批时长为 6 小时、审批层级为 3 层；

4. 度量化：业务流程由细分到整合，形成了覆盖度较宽的主流程，流程与业务高度融合，通过主流程不同接口的持续监测，度量业务的运行效率和效果，流程绩效同时作为业务评价和组织评价的核心指标存在，比如：可行性客户的数量及价值量、成交的项目数及订单价值量、交付的项目数量、回款量及利润；

5. 滚动化：持续整合公司的组织、流程、IT、岗位及绩效，将各类管理活动纳入主流程的通道运行，从流程绩效指标中取数，形成各类不同维度的评价，并且将各类管理目标的优化输入流程中，持续优化流程、持续改善业务、持续监控流程绩效。

4.4 如何创新流程绩效管理——构建高效契合的联动机制

4.4.1 流程与组织双向高效联动

是"组织结构决定流程",还是"流程决定组织结构"?

前者是改良,是承认目前组织、岗位和活动的合理性,并在此基础上对流程进行局部和适度的优化;而后者是改革,是根据市场和客户的需要,对流程进行重组和再造,然后有可能打破现有组织框架、重排组织结构。

两种方式的本质并无区别,只有先后和适用范围的区别。前者适用于传统行业和企业较为成熟稳定的阶段;后者适用于新兴行业和处于创新变革阶段的企业。当变化压力小的时候组织在先;当变化压力大的时候流程在先。

组织和流程一定是互相影响但又相互依存的,缺了哪个都不行。

4.4.2 主流程与辅流程接驳高效匹配

主流程与辅流程是相对的概念。主流程是端到端的业务流程,是公司价值创造的关键路径,每一个环节都不可或缺,作为公司的顶级流程,数量较少。对主流程展开分解,则形成辅流程,它不在价值创造的关键路径上,主要提供价值支撑和服务支持,并非不可或缺(如图4-14)。

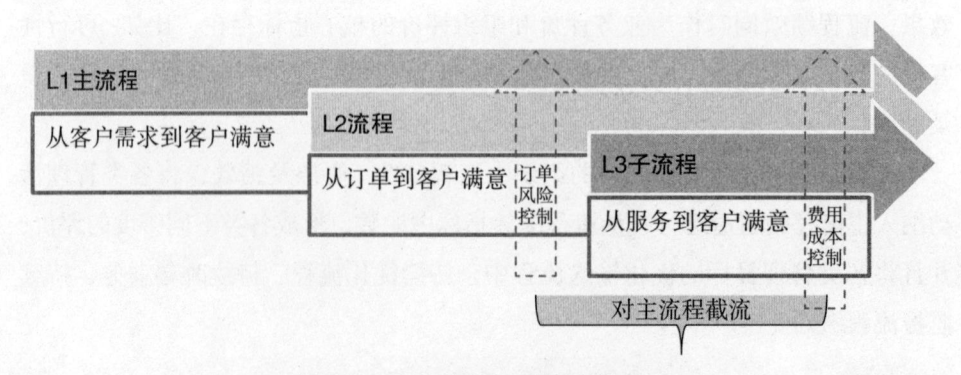

图4-14 主流程与辅流程关系图

一般而言,主流程要快,辅流程要好。但随着公司规模扩大,职能部门的过度管控逐渐强化了各个阶段的辅流程，导致主流程被截流、运行速度下降甚至不通畅。

贯通、做强主流程，需要不断简化辅流程，要促进辅流程职能向服务转型，促进业务向一线授权，在业务速度与风险管控之间保持平衡。

可以通过做一些原则性的界定，对辅流程进行有针对性的管理。

比如：会签节点不允许驳回，协商类意见由发起人回复，拒绝类意见转办上一级领导确认，确认是带协商条件通过还是驳回重审等。

4.4.3 组织与流程绩效高效铆合

1. 组织绩效管理技术的不足

传统的组织绩效管理技术主要从组织职能实现方面考虑，将目标分解到各级组织中，来促进组织能力的建设、提升业绩。传统组织绩效存在以下三大弊端。

（1）碎片化：与职能管理的路径一致，当组织出现多部门和多层级时，组织绩效的 KPI 经过横向和纵向层层分解，会出现碎片化的倾向；

（2）壁垒化：各个低层级的组织会强烈保护自身独有的低层级的 KPI，而不关注最终结果的高层级的 KPI，进而加剧组织协同的难度；

（3）失真化：传统组织绩效反映的只是各部门自身的业务结果，由于各部门不同程度地缺少面向客户的绩效结果，导致组织绩效之和与公司实际经营结果有可能脱节。

2. 流程绩效管理技术的先进性

基于流程本身的先进性：企业绩效不能只从业务单元和岗位来进行孤立的分析，一个企业关键绩效指标表现的好坏，往往是流程相关部门和所有相关活动共同作用的结果。流程绩效技术是基于流程的先进性本身的、是面向客户的、是从端到端的、是整体性的。

流程绩效可以解决协同问题：组织绩效管理是结果导向，不能很好发现过程问题，就不能有效解决组织相关职能的冲突。而流程管理技术正好解决了战略落地的问题，并将组织职能之间的协同放在流程的协同中解决。

3. 组织绩效与流程绩效的异同比较

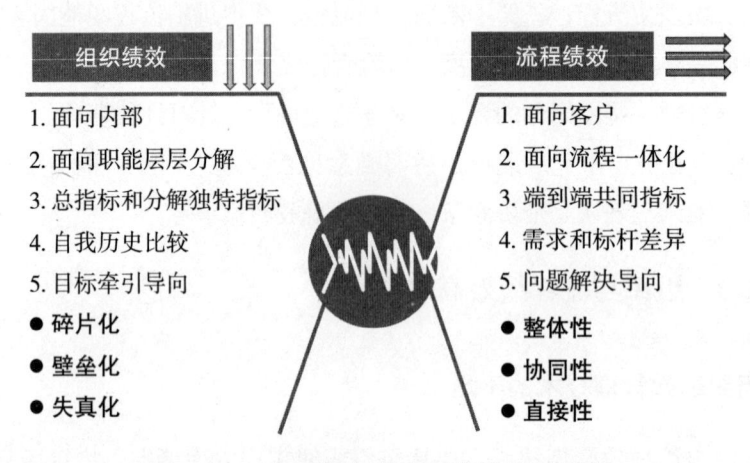

组织绩效
1. 面向内部
2. 面向职能层层分解
3. 总指标和分解独特指标
4. 自我历史比较
5. 目标牵引导向
- 碎片化
- 壁垒化
- 失真化

流程绩效
1. 面向客户
2. 面向流程一体化
3. 端到端共同指标
4. 需求和标杆差异
5. 问题解决导向
- 整体性
- 协同性
- 直接性

图 4-15　组织绩效与流程绩效异同比较

4. 从组织绩效到流程绩效的实现路径

基于流程绩效的先进性和其他功能，随着公司 L1–L3 级流程架构的逐步清晰，在公司向流程型组织转型的过程中，未来公司的绩效会逐步由组织绩效转向流程绩效（如图 4-16）。

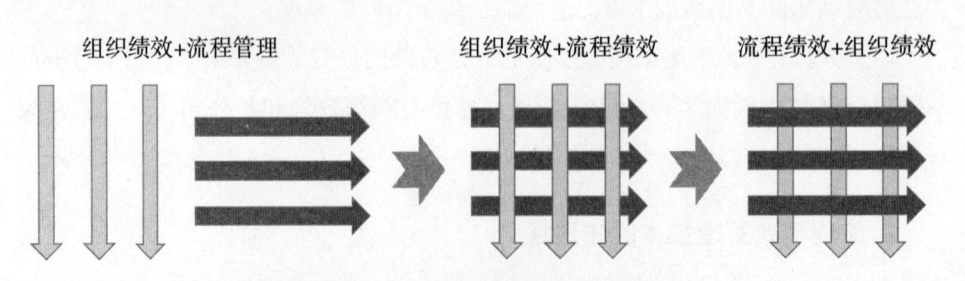

组织绩效+流程管理　　组织绩效+流程绩效　　流程绩效+组织绩效

图 4-16　从组织绩效过渡到流程绩效

4.4.4　创新流程绩效的案例应用

以现有的一个组织绩效的指标：单台保修费用为例，流程绩效可以承接该指标并且激励效果会更好（如图 4-17）。

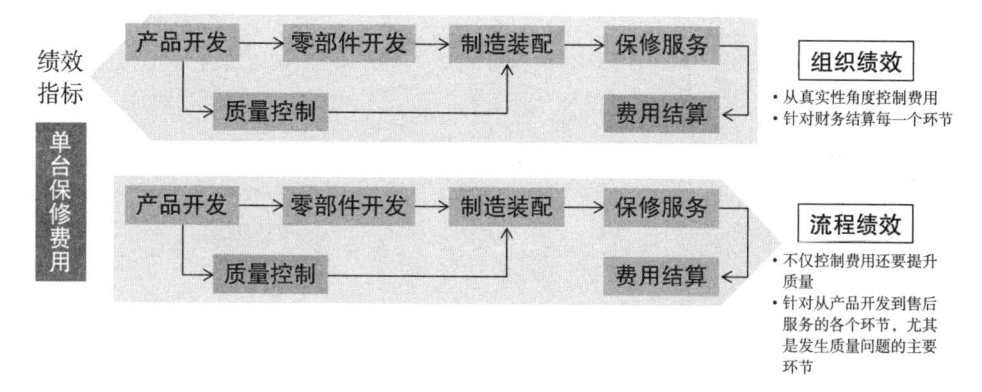

图 4-17　流程绩效应用举例

4.5　弯道超车，流程绩效倍增——如何练内功、抓机遇，实现赶超

1. **目标**：通过对流程绩效的管理，评估流程的责任落实和价值实现的情况，实现组织效能飞跃；

2. **策略**：流程架构+角色架构（流程 Owner）=流程绩效责任；

3. **关键举措**：建立起面向客户的、以流程为核心的、匹配相应角色的责任体系；

4. **实现路径**：通过流程架构的建设，配置流程所有者角色，实现流程绩效的评价，形成公司责任架构体系，倒逼流程优化，提升流程效率；

5. **完成五大管理转型**：

（1）从垂直管理向水平管理转型；

（2）从层级关系向汇报关系转型；

（3）从职能分工到任务集成转型；

（4）从干部职权向角色责任转型；

（5）从归口部门的组织绩效到端到端流程的角色绩效转型。

6. **打破五大传统痼疾**：

（1）打破职能思维；

（2）打破行政崇拜；

（3）打破层级观念；

（4）打破部门墙；

（5）打破无责任审批。

第五章

优秀绩效文化是如何炼就的
——知信行改齐抓共建

企业文化是一种组织文化,是企业的灵魂,是一家企业区别于其他企业的最根本标志。优秀的企业文化可以让企业基业长青,创建最佳雇主品牌形象,让员工乐于在企业工作、持续创新、不断创造绩效价值。优秀企业的绩效从表象讲来源于卓越的管理,而从本源上说则来源于企业的优秀文化。企业文化构筑得越好,管理的成本就会越低、管理的效率就会越高,企业业绩自然就越好。

5.1 企业绩效文化的主要特点

企业文化的发展是与企业管理的发展过程相辅相成的。企业在不同的管理发展阶段管理方式是不同的,企业文化和绩效管理的特点也有所不同(如表5-1)。

表5-1 企业不同发展阶段的绩效管理特点

企业发展阶段	企业文化特点	绩效管理特点
经验管理	人治,随意性大,缺乏科学决策和合理制度	绩效评价随意、赏罚不分明、以个人观点为主导、没有制度体系
科学管理	法治,制度化,目标明确以及规范模式化	绩效体系健全,绩效评价标准清晰,结果导向,评价主要集中在可以量化的价值产出上
文化管理	文治,高绩效文化,具有强大的凝聚力	结果和过程双导向,注重员工主观能动性和能力提升

企业文化的核心之一是绩效文化，不同绩效文化下的员工对绩效管理的认识和实践是完全不同的（如表 5-2），"绩效管理必须被认同被践行，否则形同虚设"，这就是为什么有时虽然 PDCA 管理体系做好了，但绩效运行结果却不尽如人意。

表 5-2　不同绩效文化下员工的表现

人员类别	对绩效管理的认识	
	缺乏绩效文化时	以绩效为导向的文化
高管	只重绩效考核，把绩效结果作为考核员工的工具	企业战略目标实现的方向和动能
业务部门	额外的工作任务	提升部门和个人绩效的强有力的管理工具
人力资源部	被动推行，为考核而考核	提供服务支持，助力提升绩效
员工	奖惩员工的工具	共享发展成果，自我能力价值提升

营造良好的绩效文化需要从以下几个要素着手推进（如图 5-1）。

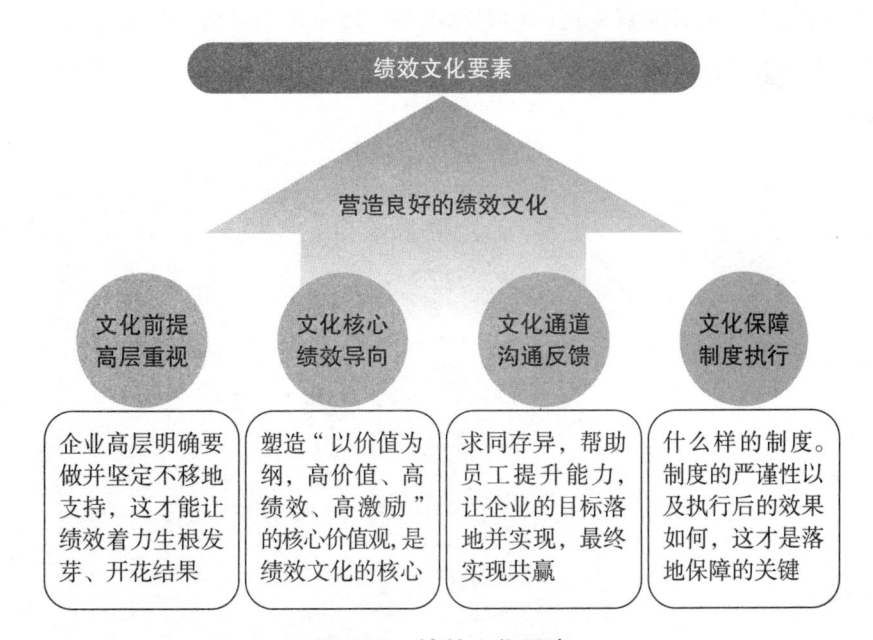

绩效文化要素

营造良好的绩效文化

文化前提　高层重视：企业高层明确要做并坚定不移地支持，这才能让绩效着力生根发芽、开花结果

文化核心　绩效导向：塑造"以价值为纲，高价值、高绩效、高激励"的核心价值观，是绩效文化的核心

文化通道　沟通反馈：求同存异，帮助员工提升能力，让企业的目标落地并实现，最终实现共赢

文化保障　制度执行：什么样的制度。制度的严谨性以及执行后的效果如何，这才是落地保障的关键

图 5-1　绩效文化要素

> **小贴士**
>
> 从经验管理，到科学管理，再到文化管理，这是企业管理发展的必然进程，不可逾越；从没有明确的企业文化，到形成理性的、绩效导向的企业文化，再到形成感性的、和谐的企业文化，是企业文化逐步发展的历程，每一步都不可或缺；同样，从随意的绩效管理，到关注结果的绩效管理，再到关注过程的绩效管理，是绩效管理不断进步的过程，也是循序渐进的，因此企业选择绩效管理方式时，要结合目前企业发展的阶段以及企业文化特点，否则会适得其反。

5.2 高层引导绩效文化了吗——绩效文化建设的主导者

企业的绩效文化是如何构筑的呢？总结起来，文化是由企业成员共同构筑而成的产物，只是因在企业中的角色不同，在企业文化中扮演的角色也不同而已，不同层级人员对绩效文化的影响深度和广度是不一样的，绩效文化只有通过自上而下的共同认可和构建，才能让企业绩效文化生根发芽，深入人心（如图5-2）。

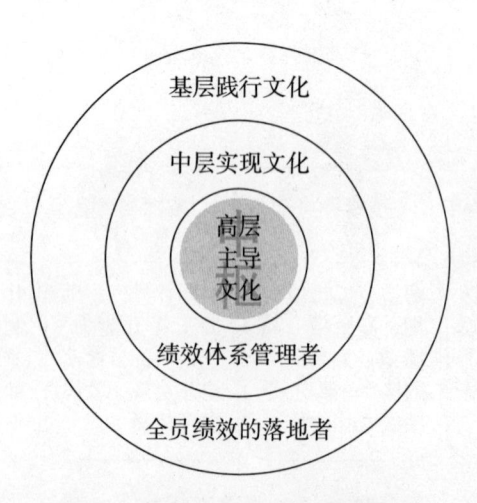

图5-2 绩效文化中的角色定位

企业从哪里来？走向哪里？走什么路？这些战略方针都是由企业高层所决定的。如华为倡导的"奋斗者为本"的文化都是由高层主导、由员工共同遵守并践行而形成的。

5.2.1 高层是企业文化塑造者

1. 绩效导向是企业文化的重要内容

同样的技术方法为什么在不同的企业发挥的作用不一样？客观来说，不是方法的问题，而是要引用这些技术方法，企业中就必须有其生存发展的沃土，在人力资源管理中，绩效管理就特别明显，如果企业没有好的绩效文化基础、正确的理念价值观，绩效考核就会"南辕北辙"。

2. 建立促进员工有效沟通的企业文化

企业要塑造上下级之间有效沟通的文化氛围。企业高层领导要率先垂范，形成主动沟通的好氛围。作为高层管理人员，定期安排时间与员工沟通，如推行"开放日"，给员工讲企业的文化理念和战略，倾听员工的意见和建议，增加亲和力。

5.2.2 高层如何引领绩效文化

1. 一把手对绩效管理的重要性

任何项目要想顺利推进，必定离不开一把手的支持，绩效也不例外。观念的问题是多数企业实施绩效管理最大的障碍和绊脚石，因此，HR首先要将绩效管理的理念导入各单位一把手的观念中，树立一把手是第一责任人的理念，让一把手知道他是绩效管理能否推行以及推行效果的第一责任人。只有明确一把手的责权利，一把手才会重视并支持。

2. 高层是绩效实施的主导者

高层管理者是绩效管理实施的主导者，而不仅仅是员工业绩和能力的评判者。高层管理者在面对绩效管理的时候要做好两个转变：一是观念上的转变，要从改善员工绩效的角度出发，致力于帮助员工提高能力、提升绩效水平；二是行为方式上的转变,从按人力资源部门的要求被动填表打分,到主动演好教练员、宣传员、指导员、记录员、合作伙伴五种角色,真正承担起绩效管理的责任。当管理者真正认清自己在绩效管理中的作用和地位后,绩效管理的接力棒就能顺利地从人力资源部的手中传递到管理者的手中,绩效管理才能真正地在企业经营管理中发挥其应有的作用,成为企业实现战略目标的助推器!

小贴士

高层需要有文化的意识,既要善于"讲故事",又要善于提要求,要积极督导员工共同为目标而战。在管理过程中要尽量规避以下错误。

将绩效考核等同于绩效管理,好的绩效不是考核出来的;

只有结果考评,没有过程沟通、反馈与辅导,重视结果忽视过程;

绩效管理的目的不是改善绩效,而仅仅是作为加薪、发奖金的依据。

5.3 中层推动绩效文化了吗——绩效文化建设的推动者

企业的中层管理者处于企业组织管理的中间位置,在决策层与执行层中间承担桥梁作用。中层管理者在绩效管理中的主要作用是分解部门承担的组织目标,指导和帮助下属完成计划目标,是绩效管理实践的主要推动者。

中层在进行企业的绩效文化时,需做到以下三点(如图5-3)。

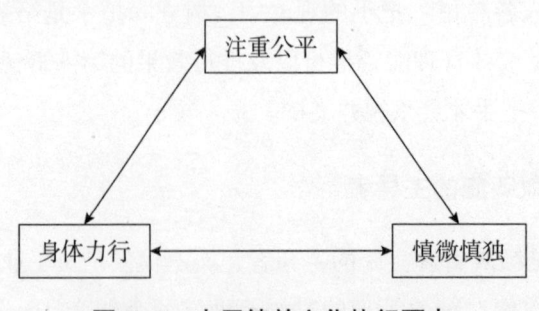

图 5-3 中层绩效文化执行要点

1. 体系完善，形成管理闭环

管理者在履行权力时，务必要客观、公平，在利益分配的时候，也要公平，如果对资源分配存在主观偏颇，就会打破基本的认知公平，就会对企业文化的一致性形成动摇。

2. 尊重现实，量力而行

榜样的力量是无穷的，如果管理者无视企业制度或者团队建设，就会引起下级员工的反感，管理者只有用正确无误的"原件"，才能影印出基本一致的"复印件"。

3. 慎微慎独，持续提升

管理者要不断用公平性和榜样感去约束自己，能否自觉自律、慎微慎独，恰是检验管理者践行职业道德以及企业文化的一张试纸。

小贴士

中层要正视自己的管理角色和领导身份，要有强烈的"老板思维"，多站在老板的角度考虑问题，同时也要充分尊重下属员工，积极引导说服老板。

5.4 基层践行绩效文化了吗——绩效文化建设的践行者

员工是绩效的最佳体现者，没有员工绩效，何谈组织绩效？因此员工绩效完成的好坏，对企业的发展至关重要，同时与员工个人职业发展和收入密切相关，因此，企业关注员工绩效，员工当然更加关心自己的绩效考核，一方面要学习公司绩效管理的政策体系，另一方面要努力提升并完成自己的绩效目标。只有员工认同并努力为之而奋斗，绩效才能生根发芽、开花结果。

5.4.1 引导员工对职位绩效的认知

有效的办法就是编写职位说明书，职位说明书是对职位、职能、职责、做什么、需要什么能力等方面的详细描述，它是设定绩效考核指标的重要依据，也是绩效管理的基本点。民营企业往往忽视这个基础工作，每个职位的职责只限于口头约定或者简单的书面说明，大多时候靠习惯来管理，缺乏明确的描述。但是，如果这个基础工作不做扎实就做绩效考核，员工就会感到无所适从。因此，要对每个职位进行科学认真的分析、获得科学可靠且尽可能量化的数据并形成职位说明书，使各员工充分了解这个职位分析的过程，认识到本职位在整个公司组织中的位置，进而明确自己在整个公司经营中的价值和意义。因为整个职位分析本身就是一个科学的体系，因此它既可以用来进行绩效管理，也可以用来进行职务调整、为员工提供薪酬管理有关的信息，同时也是绩效考核结果应用的重要根据。

5.4.2 绘制清晰的目标地图

民营企业都是以效益和绩效为导向的，因此员工的归属感本来就不是很强，也都只是着眼于眼前的工作，尤其是对于职位处在较低层次且只扮演一个执行者的角色的员工。他们很少也不可能去关注企业经营层面的问题，只看自己能够赚得多少工资，这种现象在绩效管理过程中必然会造成员工对绩效考核工作的反面认识，认为绩效考核就是扣减自己的工资。所以，在经营的过程中，企业应该将企业的战略目标、发展规划对全体员工进行宣贯，树立共同的价值、共同的目标。

5.4.3 抓取各个职位的关键 KPI 指标

不能选太多的指标作为绩效指标，这样会导致员工对考核的目的不清晰，甚至抵触考核工作。因此，选取绩效考核指标时一定要特别慎重。可以用来考核的指标非常多，要找出能驱动价值创造的绩效目标，那么判断其对企业的影响就显得非常关键。面面俱到、细枝末节的衡量指标不仅会加大管理成本，还会分散管理人员和员工的注意力。一些企业经常会犯这样的错误，没做考核时企业处于一种无指标、无目标的状态，一说要做考核恨不能把能想到的方面都考虑进来。所以，抓住各个岗位关键的 KPI 指标，能够有效地将企业战略转化成可以考核的标准和业绩体系，通过业绩体系牵引、推动员工，将员工的行为和企业的战略紧密结合在一起，进而将企业战略转化为企业的内部过程和活动，不断地增强企业的核心竞争力，持续取得高收益。

5.4.4 建立双赢的绩效机制

企业是大家的而不是老板一个人的，因此，企业在设计任何机制时都不能单一站在企业的角度来思考，而是要想着如何让企业和员工共赢。企业绩效是员工创造出来的，在做绩效管理的时候首先想到的应该是如何激励员工去主动创造更高的绩效，而不是没有做到就扣罚员工；我们可以有考核指标，但不能只有考核思维。

小贴士

"上下同，强者胜"，再好的制度，再好的激励，如果没有员工的共同认可和践行，也是废纸一张。将制度引导宣传好、执行好，承诺要兑现，绝不找理由毁约，这就是激励的真谛！

5.5 HR 如何推进文化建设——知信行改

5.5.1 HR 承担着文化建设职能

人力资源管理部门是人才储备和培养的运营中心，是有效引导员工价值观与企业核心价值观相匹配的关键部门，它的重要职能是将人力资源管理活动与企业文化相结合，把企业文化的核心内容灌输到员工的思想之中，将企业文化扎根于员工心底、落实到员工行为，形成真正的企业文化力（如图 5-4）。

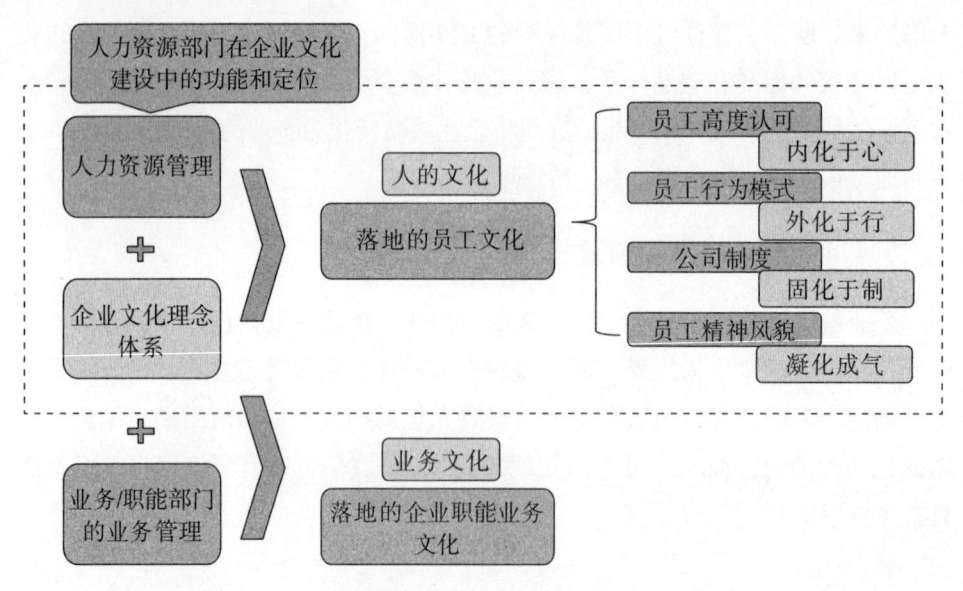

图 5-4　人力资源部在企业文化建设中的功能和定位

5.5.2 "知信行改"让企业文化落地

企业文化落地实际上就是价值观与行为的匹配建设过程，是员工对企业的价值观体系从认知、认同到践行的过程。绩效文化作为企业文化的重要组织部分，要通过"知信行改"的模型来构建、落地并持续完善（如图5-5）。

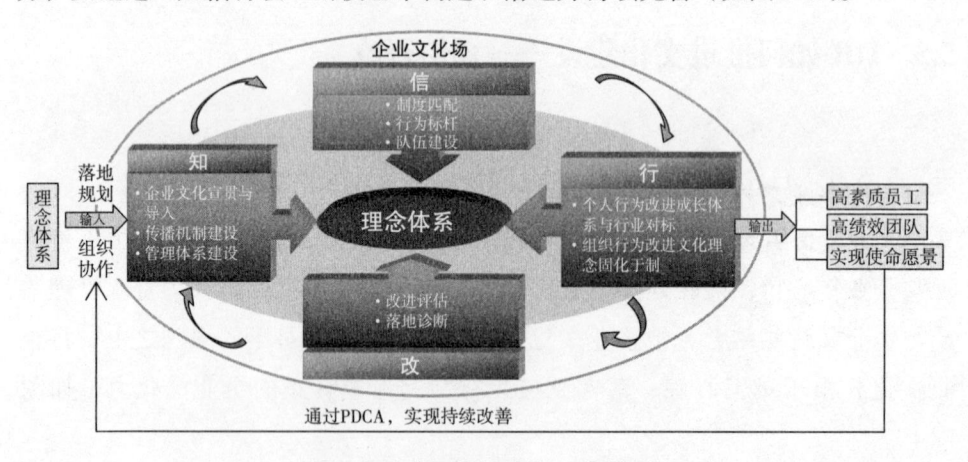

图 5-5　"知信行改"文化模型

5.5.3 建立端到端、面向业务、全流程的人力资源机制

人力资源在企业文化的营造、维持、传播上起着非常重要的作用。它通过具体的方法将企业倡导的价值观融入员工的行为之中，进而形成员工自身的习惯思维和习惯行为模式，如建立绩效价值评价体系、制定价值观导向的政策、选择员工通过培训传播企业文化、引导文化落地等。在人力资源转型升级的背景下，人力资源体系调整及员工文化在人力资源管理中的落地主要体现在以下几个方面（如图5-6）。

人才引进	人才评价	人才激励	人才培养	人才发展	人才退出
・将价值观契合度评价纳入招聘环节 -建立评价标准 -开发评价中心 -实施主客观综合性评价	・主导型业绩评价标准体现企业的目标体系（使命定位、战略目标及路径选择要求等） ・调整性业绩标准体现价值观及行为要求	・完善公司基于目标体系的价值分配系统 ・开发价值观行为要求与具体激励资源的对标系统 ・推行基于信仰力行的"认可激励"计划（物质激励、荣誉体系）	・建设价值观评价认证系统，并将认证标准纳入职业发展通道 ・价值观重塑的能力提升体系	・将文化适应性评价纳入晋升评估 ・建立价值观行为要求的个人行为档案	・建立禁止行为标准及监控系统（行为及时反馈机制）

图 5-6 人才管理机制落地

5.5.4 在员工文化落地中人力资源部门要做的重点工作

根据全球著名心理学家马斯洛的需求层次理论，人类价值体系存在六个层次的需要，人力资源管理要遵循这个需求理论来进行政策设计和需求满足，这样才能建立以人为本的文化（如图5-7）。

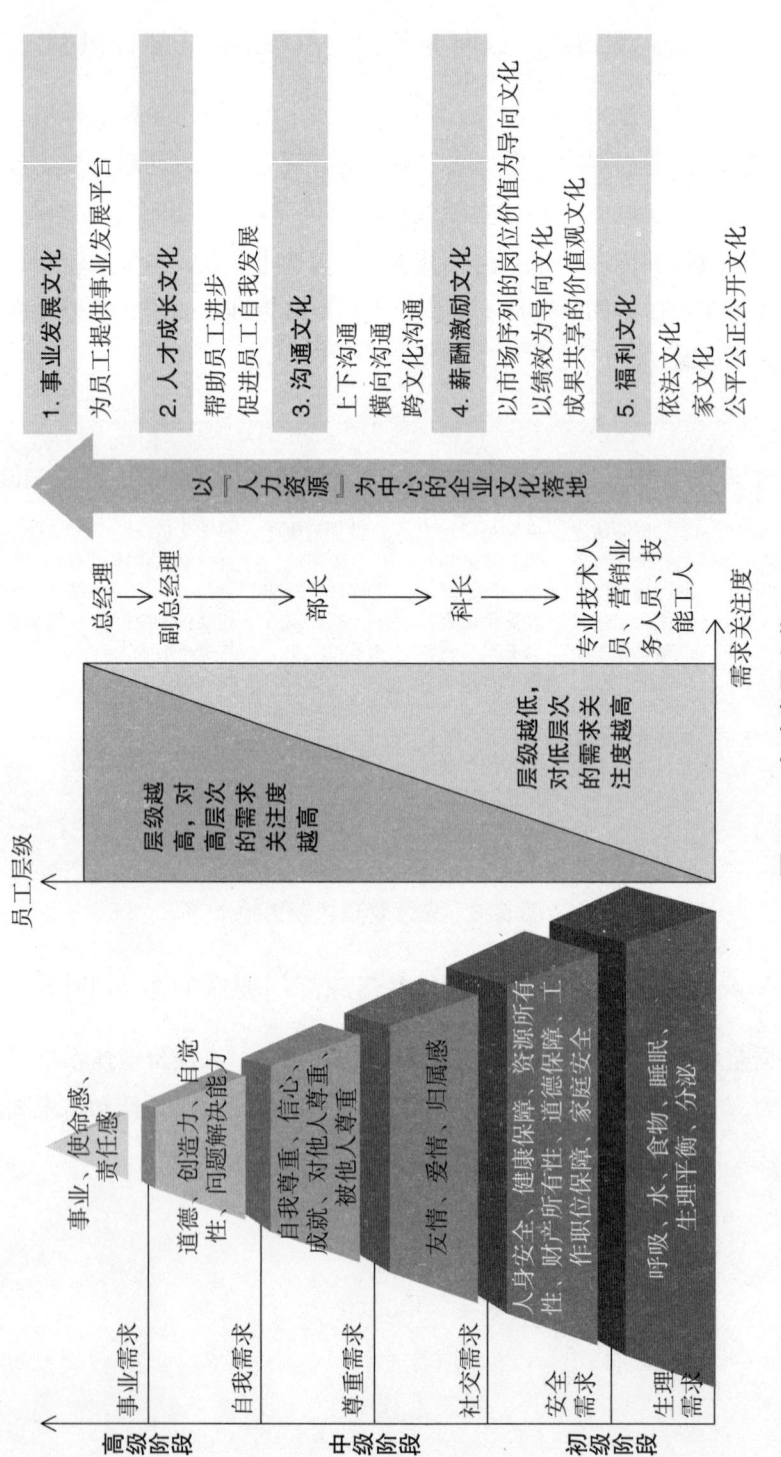

图 5-7 人才发展文化

以"人力资源"为中心的企业文化落地

1. 事业发展文化
   为员工提供事业发展平台

2. 人才成长文化
   帮助员工进步
   促进员工自我发展

3. 沟通文化
   上下沟通
   横向沟通
   跨文化沟通

4. 薪酬激励文化
   以市场序列的岗位价值为导向文化
   以绩效为导向文化
   成果共享的价值观文化

5. 福利文化
   依法文化
   家文化
   公平公正公开文化

员工层级： 总经理 → 副总经理 → 部长 → 科长 → 专业技术人员、营销业务人员、技能工人

层级越高，对高层次的需求关注度越高

层级越低，对低层次的需求关注度越高

需求关注度

高级阶段：
- 事业需求：事业、使命感、责任感
- 自我需求：道德、创造力、自觉性、问题解决能力

中级阶段：
- 尊重需求：自我尊重、信心、成就、对他人尊重、被他人尊重
- 社交需求：友情、爱情、归属感

初级阶段：
- 安全需求：人身安全、健康保障、财产所有性、道德保障、工作职位保障、家庭安全
- 生理需求：呼吸、水、食物、睡眠、生理平衡、分泌

第六章

绩效点燃激情、提绩增效
——企业用好绩效的真谛

6.1 绩效如何点燃员工激情——优秀企业的绩效管理

持续创造价值是企业的生存之本，而创造价值就需要企业价值聚焦。只有聚焦价值，企业资源的效用才能最大化，员工工作聚焦的绩效才能最大化，企业价值才能最大化。华为、阿里等知名企业在发展过程中正是不断聚焦价值、以价值为纲、持续推进以价值为导向的绩效管理，才会在激烈的市场竞争中成为行业翘楚。

> **小贴士**
>
> 绩效不是考核而是"点燃"！它不是去评估、考核、奖惩员工，而是为了点燃员工的激情与活力，员工有了激情活力，就会去主动求变、追求卓越。

6.1.1 以价值为纲、以客户为尊的绩效管理

作为 6000 亿级的国际知名大企业，华为总是在不断追求创新发展，坚持以

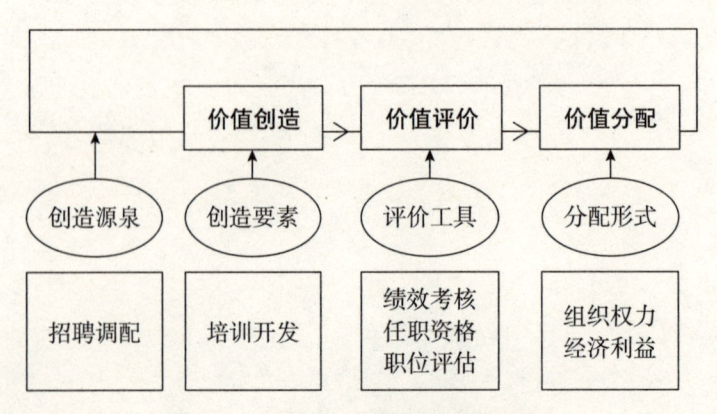

价值创造 → 价值评价 → 价值分配

创造源泉	创造要素	评价工具	分配形式
招聘调配	培训开发	绩效考核 任职资格 职位评估	组织权力 经济利益

图 6-1　华为人力资源管理价值链

"以价值为纲、以客户为尊"的哲学理念来经营企业。如何去进行企业的价值管理？华为的价值评价体系正体现了其背后的管理哲学，即由价值创造、价值评价和价值分配构成的价值管理循环（如图6-1）。华为人力资源管理体系的骨架也是基于这一管理哲学来构建的。

绩效管理作为价值评价重要的工具之一，它评价的是流程、组织、岗位和个人的绩效，组织战略通过工作项目分解（WBS），层层进行战略解码，形成明确的目标及指标集，传输至各级组织和员工。各层员工通过个人绩效承诺（PBC），与公司达成工作绩效共识，共同聚焦业务价值（如图6-2）。

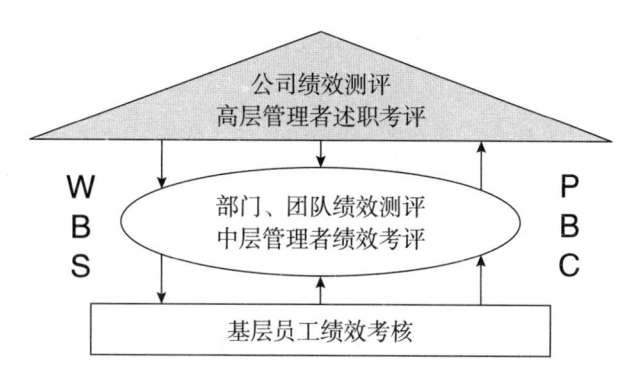

图 6-2 华为组织绩效与员工绩效的关系

考虑到工作角色和工作类别，为了充分调动员工积极性和工作效率，华为针对不同的员工采用不同的绩效管理方式（如表6-1）。

表 6-1 不同层级的绩效管理方式

序号	层级	绩效管方式	考评周期	特点
1	中高层	述职+KPI考核	季度评分，年度述职	结合平衡计分卡的指标完成情况进行工作述职
2	中基层	PBC考核	季度+年度	量化指标和非量化的指标有效结合

华为的PBC考核结果的应用原则是高绩效高薪酬，将绩效与员工奖金、个人发展有机结合（如表6-2）。

表 6-2 华为的绩效结果应用

序号	类别		绩效等级				
			杰出贡献者 A	优秀贡献者 B+	扎实贡献者 B	较低贡献者 C	不胜任者 D
1	薪酬	配股	√	视情况		×	×
2		调薪	√	√	√	×	×
3		奖金	√	√	√	×	×
4	晋升		可晋升二级	可晋升一级		×	×
5	调动		√	√		×	×
6	任职资格		√	√		×	×

小贴士

一家企业如何实现员工人数降低 50%、人均劳动力增长 80%，而销售收入增加 20%？这对于华为来说很简单，因为它在实施增量绩效管理中遵循了 6 字真谛——"减人、增效、加薪"。

6.1.2 价值观与业绩并重的绩效管理

阿里把价值观纳入绩效考核体系，价值观考核与业务考核各占 50%，而价值观考核指标包含追求高绩效的价值观导向和具体的方式方法——如果价值观考核优秀，业务绩效不好基本是不可能的，核心价值观评分标准如表 6-3。

表 6-3 阿里巴巴"六脉神剑"核心价值观评分标准

序号	维度	定义	评分标准	分数
1	客户第一	客户是衣食父母	尊重他人，随时随地维护阿里巴巴形象	1 分
			微笑面对投诉和受到的委屈，积极主动地在工作中为客户解决问题	2 分
			与客户交流过程中，即使不是自己的责任，也不推诿	3 分
			站在客户的立场思考问题，在坚持原则的基础上，最终达到客户和公司都满意	4 分
			具有超前服务意识，防患于未然	5 分

续表

序号	维度	定义	评分标准	分数
2	团队合作	共享共担，平凡人做非凡事	积极融入团体，乐于接受同事的帮助，配合团队完成工作	1分
			决策前积极发表建设性意见，充分参与团队讨论；决策后，无论个人是否有异议，必须从言行上完全予以支持	2分
			积极主动分享业务知识和经验，同时主动给予必要的帮助，善于利用团队的力量解决问题和困难	3分
			善于和不同类型的同事合作，不将个人喜好带入工作，充分体现"对事不对人"的原则	4分
			有主人翁意识，积极正面地影响团队，改善团队士气和氛围	5分
3	拥抱变化	迎接变化、勇于创新	适应公司的日常变化，不抱怨	1分
			面对变化，理性对待，充分沟通，诚意配合	2分
			对变化产生的困难和挫折，能自我调整，并影响和带动同事	3分
			在工作中有前瞻意识，建立新方法、新思路	4分
			创造变化，并带来绩效的突破性提高	5分
4	诚信	诚实正直，言行坦荡	诚实正直，表里如一	1分
			通过正确的渠道和流程表达自己的观点，表达批评意见的同时能够提出相应建议，直言不讳	2分
			不传播未经证实的消息，不背后不负责地任议论事和人，并能正面引导，对于任何意见和反馈"有则改之、无则加勉"	3分
			勇于承认错误，敢于承担后果，并及时改进	4分
			对损害公司利益的不诚信行为能有效制止	5分
5	激情	乐观向上，永不放弃	喜欢自己的工作，认同阿里巴巴的企业文化	1分
			热爱阿里巴巴，顾全大局，不计较个人得失	2分
			以积极乐观的心态面对日常工作，碰到困难和挫折的时候不放弃，不断自我激励，努力提升业绩	3分
			始终以乐观主义的精神和必胜的信念，影响并带动同事和团队	4分
			不断设定更高的目标，今天的最好表现是明天的最低要求	5分
6	敬业	专业执着，精益求精	今天的事情不推到明天，上班时间只做与工作有关的事情	1分
			遵循必要的工作流程，没有因工作失职而造成重复的错误	2分
			持续学习，自我完善，做事情充分体现以结果为导向	3分
			能根据轻重缓急来正确安排工作优先级，做正确的事	4分
			不拘泥于工作流程，化繁为简，用较小的投入获得较大的工作成果	5分

在阿里，员工一般被分成以下几种（如图 6-3）。

Wild dog：业绩优秀，但价值观与公司不符

Rabbit：没有业绩的老好人

Star：有业绩也有团队精神，也常被形容为"猎狗"

Bullring：业绩一般达标，价值观基本相符

Dog：业绩和价值观都不达标

阿里的考评根据员工的层级划分为两种，分别为通关制和述职（如表 6-4）。

表 6-4 阿里绩效考核方式

序号	职级	评价方式	特点
1	M3/P8 及以下	通关制	季度考核，年度总分将依据员工四个季度的平均分和价值观改进趋势给出
2	M4/P9 及以上	述职	以述职为主要方式进行，直接打总分

阿里的绩效打分体系实行"3—6—1"强制分布体系，通过这样的区分，能够使管理者区分员工的业绩，用量化的标准，分出好、中、差的区别。同时，希望能够用业绩导向激励员工进步，向更高的工作目标冲刺（如表 6-5）。

表 6-5 阿里巴巴评分规则

打分	定义	分布
5	杰出	≤ 30%
4.5	持续一贯地超出期望	
4	超出期望	
3.75	部分超出期望	≤ 60%
3.5	符合期望	
3.25	需要提高	≥ 10%
3	需要改进	
2.5	不合格	

6.2 绩效冰冷，人走企散——绩效良药，用坏了就是毒药

绩效管理真的有效吗？答案可谓仁者见仁、智者见智，总结起来无非"绩效管理是把双刃剑"。它既可以推动组织目标达成，也会让组织文化和管理发生偏离，甚至会伤到企业。某公司曾对300多家企业进行调查，发现尽管有48%的企业认为自己的绩效管理在一定程度上帮助实现了组织管理的要求，但这种帮助的效果以及帮助的内容，仍然是不明确的，这也让人们对于这种所谓"帮助"的认识和评价产生了疑问；有20%的公司在调查中明确表示，推行绩效管理对实现组织目标的贡献甚少；还有1%的企业直接表示自己的绩效管理工作对组织目标达成根本起不到任何作用。

6.2.1 没有绩效，何谈管理

企业没有业绩，就无法在市场中竞争生存；没有业绩管理，就无法驱动企业持续创造业绩，企业最终必定走向死亡。无绩效管理的痛点具体体现在以下几点上。

企业无法抓住发展重点，导致战略目标不清晰、方向不明确；

战略目标无法得到有效分解，目标不能分解，自然就无法落地；

组织目标无法有效分解承接，导致业务和部门追求的目标不一致，管理效能低下；

职位目标无法有效明确，导致员工的个人目标和企业的期望结果不相同，甚至南辕北辙；

用人依据模糊不清，导致无法精准识别绩优和绩差的员工，人才职业发展方向不明。

6.2.2 企业把绩效当成管理

企业推进绩效管理了，就真的可以创造业绩和持续发展吗？答案自然不全是肯定的，大家应该正确理解，绩效管理只是一个管理的工具，此工具运用得不好，不仅不会带来高绩效高发展，反而会降低绩效，员工士气也会受到影响，让员工感觉到管理的冰冷。

1. 高估绩效管理功能，把绩效当成灵丹妙药

一些企业为了追求绩效而推进绩效，但在管理中不去进行系统性设计，在指标目标设计时虽然抓住了重点，却忽视了基础管理、忽视了长期发展目标，他们虽然在短期内为公司带来了效果，但从组织长远发展上看，这种行为会导致组织的长期目标受损。过度关注工作具体细节，或仅对短期工作目标关注，都是不对的，这种行为最终可能让组织长期形成的一些好的管理文化遭到破坏，甚至引发较为严重的后果。索尼公司的案例被很多人反思，过于简单地强化个人的绩效指标，会导致人们对工作热情不够、团队能力下降，尽管每个人都在认真执行绩效管理的规则，但整个组织的目标却丢失了。

2. 绩效指标目标两层皮，指标分拆而非分解

企业在进行绩效指标设计的过程中，为追求绩效指标的可考核性，只关注如何从考核对象职责中提取指标，而忽视了绩效指标是牵引公司经营目标达成的路径，导致费时费力做了绩效管理，结果企业经营的业绩不升反降。其实很多时候，企业所说的绩效指标分解，只是将企业的业绩目标简单地分拆到业务单元/部门，而没有根据各业务单元/部门的性质和特点来进行针对设计，导致看上去指标分解了，其实根本无法执行。

3. 为考核而考核，绩效目标损毁了员工激情

在期望理论中，要让员工采取企业期望的行为工作，就必须让员工明确绩效考核的目标是什么？自己通过努力是否可以达成绩效目标？达成绩效目标是否可以获得高激励、高薪酬？因此一个好的绩效目标是"跳起来够得着"的，这样既能让员工知道自己的工作重点和挑战，又能让员工有激情工作，还能让员工感知到成功挑战的可能。如果绩效目标过高，员工再努力也达不成，此高激励就形同虚设；如果绩效目标过低，员工能轻松完成，时间久了员工就会懈怠，工作激情也会下降。

4. 重结果的"秋后算账"，重考核轻辅导

绩效管理不单纯是绩效考核，它包括绩效计划及目标制定、绩效实施、绩效运用以及绩效辅导反馈的全过程，其中任何一个环节出现问题，都会导致管理失真失效。重视结果当然重要，但更重要的是达成这个结果的能力因素——是什么原因导致了这个结果。只有帮助员工分析出这个原因并辅导他们提升才是管理的根本。

5."激励能人"，却让能人成为孤家寡人

为了保证企业的可持续发展，绩效管理通过激励高价值、高绩效、高激励员工，拉大绩优和绩差员工的差距的模式来激励员工都向绩优人员看齐。排在前面的员工拿高收入、站在荣誉殿堂，反之则进入人间地狱、走人滚蛋，这自然会带来员工之间的关系越来越复杂、工作氛围越来越紧张、彼此心存戒备互不交流。"能人"在没有其他同伴相助的情况下，业绩也将逐步下降，渐渐成为"无能之人"；而"无能之人"又没有机会获得绩效辅导改进的机会，于是就变成了绩效管理的悲剧。

6.高绩效之后仍能保持高绩效吗？

一次的高绩效能代表持续高绩效吗？当然不能，高绩效行为背后有很多影响因子，如果处理不好，高绩效行为也可能昙花一现，无法持久保持。

（1）老板"无情"加码

真正的职业经理人对待上情下达的高目标，首先要在思想上认同——要同老板保持同样的"梦想"，要愿为老板扛事、要愿为老板拼命；其次在行动上要做目标的可行性分析、做资源上的需求评估，并寻找差距。用事实和数据同老板探讨解决方案，寻求老板支持，而不是对目标进行讨价还价。一般来讲，老板大都还是理性的，在事实和数据面前，分歧往往会变成共同的方向。

（2）枪打绩效出头鸟

高绩效的员工往往被领导赏识、重用和信任，领导会下意识地把更多的工作交给他认为高绩效的员工，而忽略了对员工目前工作能力、经验、资源、精力的评估，容易导致"高绩效"员工工作负荷过重、工作质量下降，而"低绩效"的员工却无事清闲，出现"劣币驱逐良币"的现象。

（3）对能力不断提出高要求

要想保证持续的高绩效，员工就要不断提升自我能力，掌握最新的工作方法和技巧，这就对员工的学习、转化、运用能力提出来了新的要求。如果高绩

效员工不去学习、培训、充电，一味靠经验吃饭，绩效结果可能也会不尽如人意。

6.3 突破困扰绩效管理的难题——如何让绩效发挥最大作用

个人绩效好了，企业绩效却不见好转？企业绩效好了，员工绩效却还处于去年水平？企业绩效目标完成，竞争力却下降了？企业好员工拿不到钱，收入不涨？这些是什么原因造成的呢？通过对绩效管理的诸多分析研究发现，主要存在4个难点，分别是绩效指标提取难、绩效目标确定难、绩效评价公平难以及绩效结果运用难。

6.3.1 提取绩效指标难

1. 关键绩效指标如何提取

战略目标有但实现不了；下面的子公司或业务部门的目标达成，但集团和老板的目标却未达成。根本原因是战略目标的分解出了问题，没有从产品、客户、财务、人才等维度来定位设计目标、指标。

2. 重视短期而忽视长期绩效

很多企业在绩效指标设计时，为了追求短期业绩，只关注销量、利润等财务指标，却忽略人才等中长期绩效指标的设计。让员工只注重短期绩效，对于企业长期发展目标的关心不够。

6.3.2 确定绩效目标难

1. 计划赶不上变化

年初制定的绩效目标，由于环境变化了、项目变更了甚至取消了，业务的工作内容和任务优先级都发生了重大变化，如何考核？年初设定的KPI要不要调整？如何调整？如何科学地反映员工的绩效表现？一般来说，企业为体现绩效考核的严肃性，往往把目标定得太死，又没有一个滚动调整的机制。这样就容易引起市场好、绩效好，市场不好、大家受难的后果，企业不仅不能达成期望业绩目标，投入的资源也会被无情浪费，当下许多企业的产能过剩就是一个明显的例证。

2. 老板喜好挑战性目标

老板是个"资本家"，总是追求价值最大化。他们的经营管理哲学大都是，求其上得其中、求其中得其下。于是老板制定绩效目标往往都是高挑战性的，每年 50% 以上的增速都认为太少了，于是对目标加码再加码！其实老板心里是有数的，但下级又不能把这个"阴谋"揭穿；有些老板考虑到人工成本，不愿意为高绩效员工支付高成本，故在设定绩效目标时会用高"标准"思维来设计。

3. 缺乏市场洞察能力

优秀的企业都很重视市场研究，他们都有优秀的团队去做市场调查并将之转化为业务规划、产品规划，如果企业在设定绩效目标之前缺乏对市场的洞察和对企业能力的评估，企业的产品和业务就无法满足市场需求的变化、就无法将企业的有限资源进行最优分配，要达成绩效目标就是空谈。

4. 眼高手低，不求实际

企业一味追求高绩效，而不考虑自身的发展阶段、能力水平，都想拥有地球，甚至还想去拥有月亮。殊不知连一寸地都没有，这样的绩效指标虽然很豪华，但也丧失了其牵引作用，眼高手低只会"竹篮打水一场空"。

6.3.3 绩效评价如何公平

企业在制定目标时由于各方面原因，已经有不公平现象出现了，再加上在实际评价时数据平台缺失、数据来源的真实性不够——如一些业务单位为了绩效指标达成，少计提费用、提前开票等，虚假数据评估带来的绩效评估肯定不公平。

6.3.4 绩效结果运用中的强制分布问题

GE 公司前 CEO 杰克·韦尔奇就颇为推崇强制分布法（如图 6-3），他提出的活力曲线认为，组织内员工的业绩应该总呈现正态分布，即 20% 的优秀员工

（A类），70%的表现良好或表现平平的员工（B类），业绩排在最后的10%的员工（C类），也是需要被淘汰的员工。通过保持10%的淘汰率，使得员工间激烈竞争，从而最大限度地发挥出员工的潜力。

这样的做法虽然有一定的激励作用，但是长期这样做下去的问题是很多的。

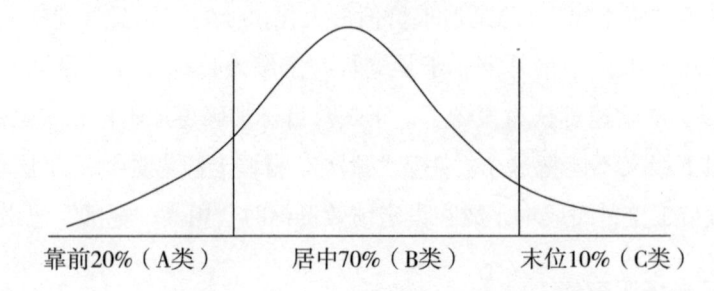

图6-3　GE公司的活力曲线示意图

问题一：为强制分布而强制分布，会让优秀员工成为竞争对手。

问题二：强制分布对于人少的部门是破坏性的。

强制分布法不适用于人少的部门，尤其是那些职位职责区分度较大的部门，强制分布非常难，如果一定要去强制分布，可能会让人才流失。

问题三：强制分布将带来内部恶性竞争。

由于部门员工负责的业务模块不同，强制去比较其优劣会造成片面性，难以有个好标准去衡量员工的优劣，判断其工作成果也会比较难，而且员工为了不让自己成为最后的10%，不会主动去配合团队的工作，甚至会去算计、去做内部恶性竞争等，这非常不利于企业的团结和谐与相互协作。

问题四：末位淘汰真的淘汰了末位吗？

通过绩效淘汰不称职、低价值的员工是企业的共同目标，但是通过强制分布来淘汰就另当别论了。当然，如果企业每年以强制分布优化员工结构，或者目的就是减人裁员，这样的方式是可以的。

第七章

HR 如何促进绩效价值提升
——人力资源的价值新主张

在 HR 的众多管理模块中，绩效管理体系应是中枢，它将 HR 各业务模块有机连接起来，推动 HR 业务的价值实现，也是 HR 业务在企业中的价值所在（如图 7-1）。从图中可以看出，绩效管理体系将企业的职位体系、能力体系、薪酬体系、培训体系、用人体系有机联结成一体，相互促进，从而激发、激励员工共同提高个人和团队绩效，提升共同价值，创造高绩效的业绩产出。

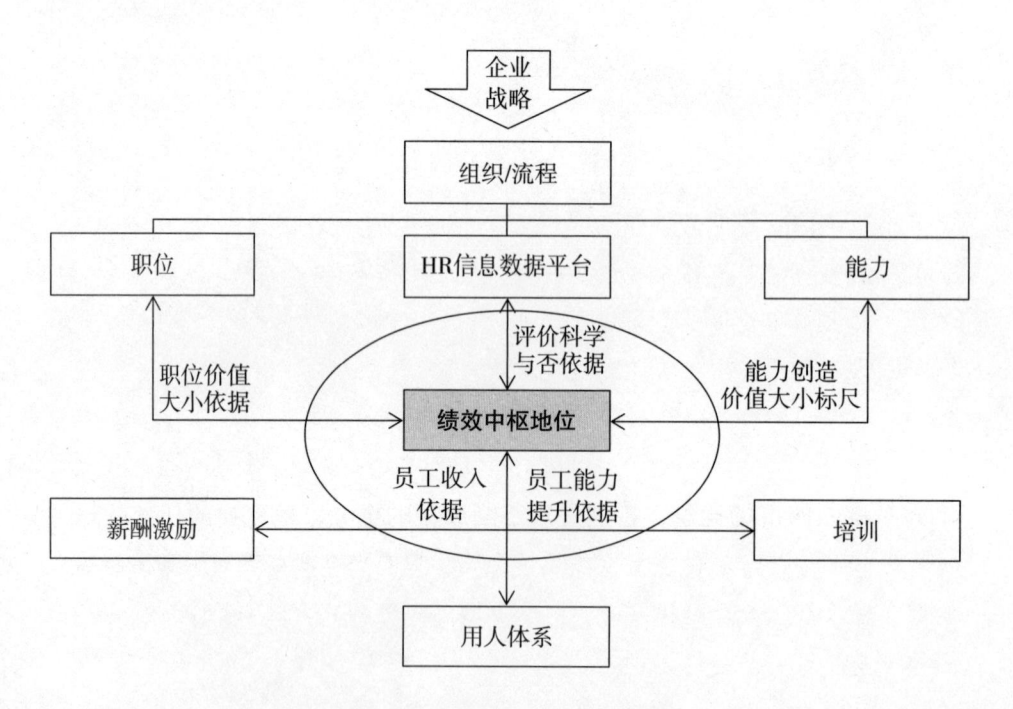

图 7-1　绩效管理中枢关系图

7.1 绩效文化体现价值主张——绩效好的员工才合格

企业管理模式的进化终将归于企业文化管理。企业文化管理模式的实现，必须基于企业绩效文化实现的拉动式管理。那什么是绩效文化？它是以绩效为导向的企业文化，企业的绩效管理根植于企业文化中，有什么样的绩效文化，就有什么样的绩效管理行为。绩效文化是绩效管理的灵魂，离开了灵魂的绩效管理，如同行尸走肉，有行无果，只吓人而不会激励人。

1. 强绩效文化，强绩效管理

企业之间的竞争本质上是效率的竞争，效率的竞争永远是市场竞争的主旋律，而效率的客观表现是企业绩效水平的高低。企业通过经营行为不断满足客户的需求，来实现自己持续发展，并通过管理来提升效率，实现盈利目标的最大化。企业的盈利目标能否实现、企业能否持续地生存和发展，取决于组织内部成员的价值创造能力，即员工的持续高绩效行为。因此，塑造"以价值为纲"的核心价值观是绩效文化的核心，企业一旦形成了强有力的绩效文化，绩效管理就有了茁壮成长的肥沃土壤，员工对于绩效的认同度和敬畏心将大幅提升，企业绩效管理政策的推进也将畅通无阻。

2. 弱绩效文化，无绩效管理

面对激烈的市场竞争，特别是对于刚成立的企业，最重要的任务就是活下来。提高业绩和创造效益是企业的生命线，只有当企业高管意识到绩效是需要被管理的时候才会重视绩效管理，而一味地抓业务轻管理，最终会导致发展失衡。

3. 无绩效文化，无绩效管理

"绩效管理必须有效执行，否则形同虚设。"这就是那些单纯做绩效管理PDCA流程的企业绩效结果却不理想的症结所在。企业如果缺失绩效文化、不认可绩效管理，那么它只会把绩效结果作为考核员工的工具，业务部门会把绩效管理当作额外的工作任务而抱怨,人力资源部门也会为考核而考核,员工更是反感绩效管理,这样绩效管理就会流于形式,就会失控、失效。

7.2 因为有绩效,职位才存在——如何识别低价值职位

职位管理体系是承接组织设计体系的管理系统,具体涵盖职位层级、职位类别、职位职责、职位能力素质要求、职位价值、职位 KPI 等。

1. 价值贡献是职位存在的前提

企业通过职位体系的建立,明确每个岗位的工作职责和对组织的价值贡献,从而确定各职位的相对价值等级,确保员工个人工作与组织目标的一致性、发挥员工能动性、通过职位任务的完成促使企业目标的达成。因此,一个职位的贡献决定其在组织中的价值地位、相应可拥有的资源、对组织价值影响,以及市场竞争力等,也就我们所说的价值贡献度。只有职位有价值贡献度,才有在组织中存在的意义。

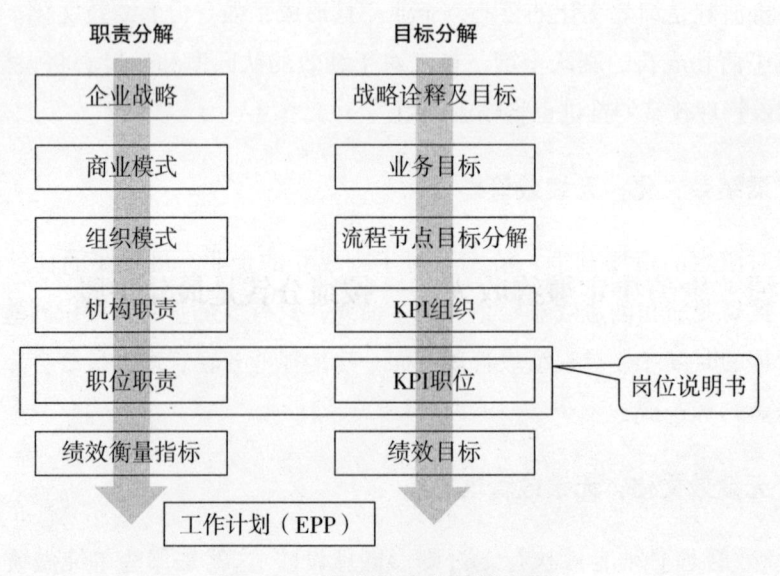

职责分解	目标分解	
企业战略	战略诠释及目标	
商业模式	业务目标	
组织模式	流程节点目标分解	
机构职责	KPI组织	
职位职责	KPI职位	岗位说明书
绩效衡量指标	绩效目标	
工作计划(EPP)		

图 7-2 职位职责分解流程图

2. 坚决取消无价值组织和职位

对于无法识别价值、评价价值的组织坚决整合或取消，低价值或无价值的职位坚决优化和取消，不能体现价值贡献度，替代性高的组织／职位等属于鸡肋岗位／职位，需要果断优化和调整，通过组织合并或者撤岗等方式，优化资源配置，提高人岗配置。

7.3 只有创造的价值代表能力——无价和低价员工应剔除

给你职位即给了你平台，能在平台上久居不被挤下或者能再上新平台，能力是最重要的因素，而能力水平如何来评价？关键要看它是否创造绩效。

绩效价值评估，从某种意义上来说，就是评判员工是否被放在了正确的位置上、他的能力是否匹配工作、他是否可以创造岗位应有的绩效。根据"工作产出价值倒逼员工评价标准"，这意味着评价员工，不仅要看他是否掌握知识技能、工作的态度和激情，更重要的是考察他的工作质量和价值，考察他是否会干活、是否能干好活、干在正点上、干出应有的绩效。只有当员工的能力和知识技能被充分应用、创造职位上应有的绩效时，才能说他的能力达标胜任，他才能为企所用。否则，即使员工有再好的能力，也不代表他就能胜任目前岗位、不能代表他能创造优秀的绩效。

7.4 绩效价值决定最终收入——按绩分钱是最佳手段

企业目标达成，企业就"挣"钱了。企业"挣"了钱，如何科学合理地分配给管理者和员工？绩效就是最好的工具。职位价值决定企业在岗员工应是什么价，而绩效管理评价员工可以拿到多少钱。绩效价值决定了员工的最终收入，同一级别的员工，高绩效高工资，低绩效低工资。这就是价值分配的绩效文化。

7.5 培训让绩效价值倍增——培训的最终目标是提升绩效

培训基于企业战略方向、业务能力"瓶颈"、新技术方法、岗位任职资格标准等，识别员工能力差距及培训需求，从而制订一系列促进企业、组织、员工绩效提升的方案。培训不单单是为了提高员工素质，更重要的是解决企业能力"瓶颈"，是提高企业效率的一种管理方式。

1. 统一企业文化，提升公司凝聚力

企业通过组织系列培训，可以有效统一公司内部的管理术语、提高工作效率。同时，对于企业文化、理念等企业核心价值观的宣贯培训，还可以提高员工的企业归属感、荣誉感、自豪感。

2. 解决绩效问题，提高业绩和效益

培训最重要的目的就是改善绩效。HR通过对企业、组织、部门和员工绩效痛点的诊断梳理培训方向和要点，并进行有针对性的培养和提高，可有效解决绩效问题，提升企业及员工的业绩和效益。

3. 提高综合素养，促进员工人才发展

培训是员工快速成长、提升岗位胜任力重要的途径和方式，培训为企业的人才队伍搭建、员工的全面提升提供有力抓手。通过培训，企业可以有效识别人才、培养人才、输出人才，提升企业的持续绩效。

7.6 双"高"的才是最有价值的——评判员工的最佳准则

不同的人对企业带来的贡献是不同的，有的还会带来负贡献，因此，只有具有高绩效、高潜力的员工才能为企业的持续发展带来永久动力。对员工进行绩效评价正是以激励优秀职工和淘汰低价值、不称职员工为目的的，它的评价

结果是选人、用人、育人、留人的依据，因才施职，才能盘活人力资源，激发员工最大活力。通过九宫格图（如图7-3）可以看到，对于高绩效高潜力的员工需要大力提拔，对于高绩效中潜力/中绩效高潜力的员工需要重点培养，对于绩效合格的员工需要关注提升，对于潜力合格的员工需要不断激发潜力提升绩效，对于绩效差潜力低的员工则需要调岗、降级或者淘汰。

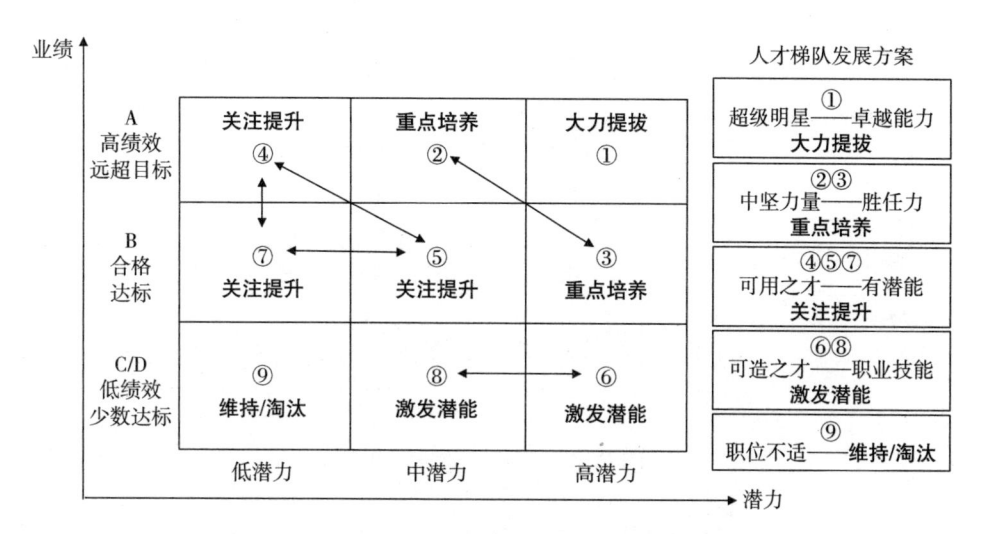

```
业绩
 ↑
 │        关注提升    重点培养    大力提拔         人才梯队发展方案
 │  A                                          ┌─────────────────────┐
 │ 高绩效      ④          ②          ①       │ 超级明星——卓越能力 ①│
 │ 远超目标                                     │     大力提拔         │
 │                                              ├─────────────────────┤
 │                                              │ 中坚力量——胜任力 ②③│
 │  B        关注提升    关注提升    重点培养   │     重点培养         │
 │ 合格达标   ⑦          ⑤          ③        ├─────────────────────┤
 │                                              │ 可用之才——有潜能 ④⑤⑦│
 │                                              │     关注提升         │
 │                                              ├─────────────────────┤
 │  C/D      维持/淘汰   激发潜能    激发潜能   │ 可造之才——职业技能 ⑥⑧│
 │ 低绩效     ⑨          ⑧          ⑥        │     激发潜能         │
 │ 少数达标                                     ├─────────────────────┤
 │                                              │ 职位不适——维持/淘汰 ⑨│
 │         低潜力      中潜力      高潜力       └─────────────────────┘
 └─────────────────────────────────────────→ 潜力
```

图7-3 绩效—潜力人才发展九宫格

7.7 人力资源战略绩效地图——如何构建HR绩效体系

如果一个旅行者手中没有地图，那他的旅程将无法完成。试想，如果连自己要去往哪里、该走何种路线、搭乘何种交通工具都没有搞清楚，怎么可能保证旅途顺利呢？而战略绩效地图正是公司在前进旅程上的路线规划和指南针，是企业在市场竞争中获胜的法器之一。它以平衡计分卡的四个层面目标（财务层面、客户层面、内部流程层面、学习与成长层面）为核心，通过分析这四个层面目标的相互关系绘制企业战略因果关系图。绘制战略绩效地图主要包括六个步骤（如图7-4）。

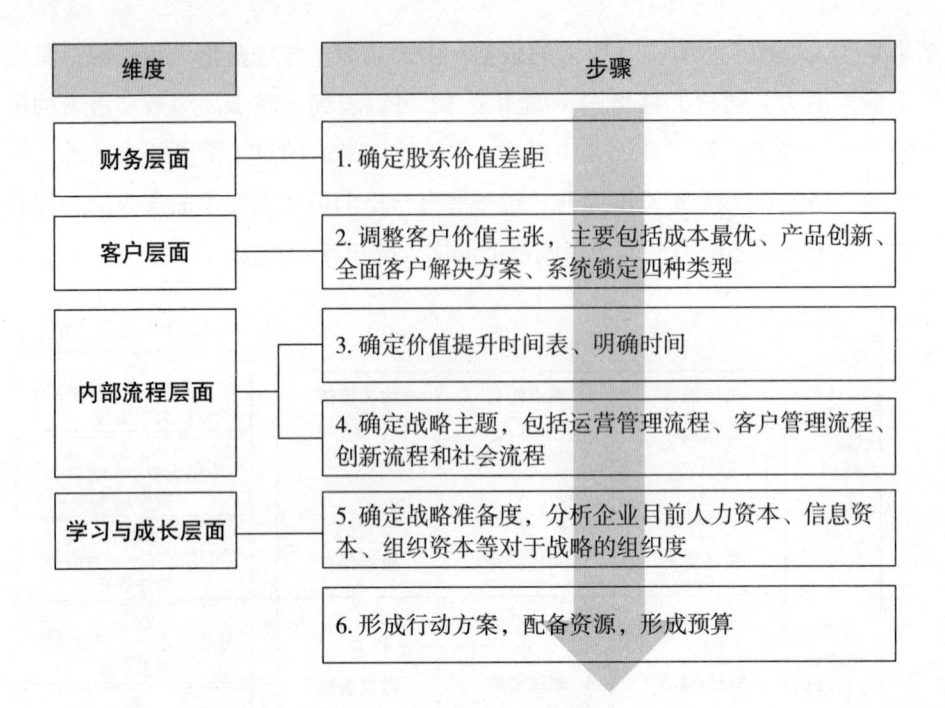

维度	步骤
财务层面	1. 确定股东价值差距
客户层面	2. 调整客户价值主张,主要包括成本最优、产品创新、全面客户解决方案、系统锁定四种类型
内部流程层面	3. 确定价值提升时间表、明确时间
	4. 确定战略主题,包括运营管理流程、客户管理流程、创新流程和社会流程
学习与成长层面	5. 确定战略准备度,分析企业目前人力资本、信息资本、组织资本等对于战略的组织度
	6. 形成行动方案,配备资源,形成预算

图 7-4 绩效战略地图步骤

一个科学合理的绩效战略地图关于财务、客户、内部流程、学习与成长四个维度的 KPI 分布要符合"2242"原则,即财务指标 20%、客户指标 20%、内部流程指标 40%、学习和成长指标 20%;同时指标性质比例要符合"四高"分布,即定量指标高于定性指标、非财务指标高于财务指标、长期指标高于短期指标、成长性指标高于维持性指标。

实战案例

某大型集团公司人力资源战略绩效地图

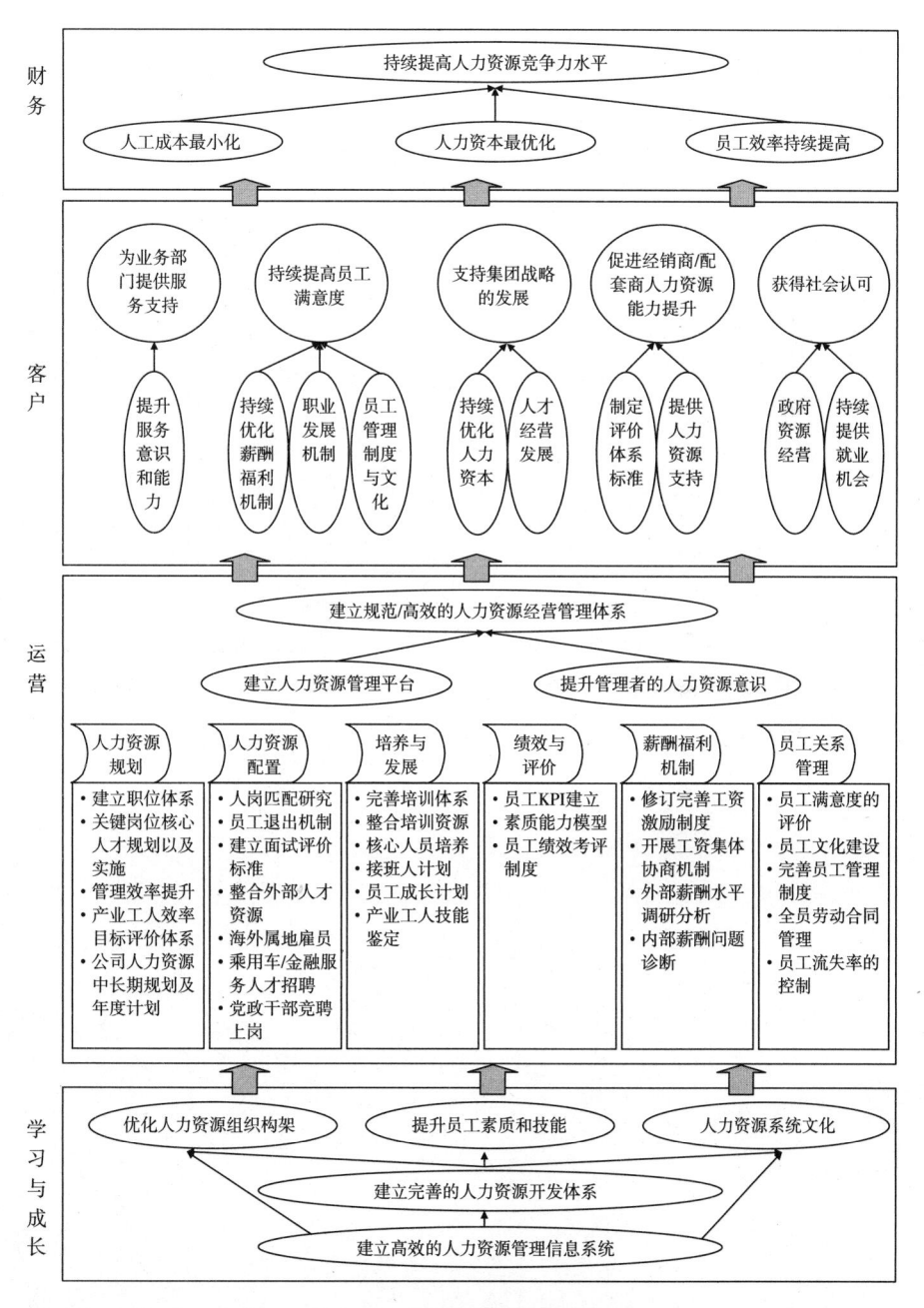

财务
- 持续提高人力资源竞争力水平
- 人工成本最小化
- 人力资本最优化
- 员工效率持续提高

客户
- 为业务部门提供服务支持
- 持续提高员工满意度
- 支持集团战略的发展
- 促进经销商/配套商人力资源能力提升
- 获得社会认可
- 提升服务意识和能力
- 持续优化薪酬福利机制
- 职业发展机制
- 员工管理制度与文化
- 持续优化人力资本
- 人才经营发展
- 制定评价体系标准
- 提供人力资源支持
- 政府资源经营
- 持续提供就业机会

运营
- 建立规范/高效的人力资源经营管理体系
- 建立人力资源管理平台
- 提升管理者的人力资源意识

人力资源规划	人力资源配置	培养与发展	绩效与评价	薪酬福利机制	员工关系管理
·建立职位体系 ·关键岗位核心人才规划以及实施 ·管理效率提升 ·产业工人效率目标评价体系 ·公司人力资源中长期规划及年度计划	·人岗匹配研究 ·员工退出机制 ·建立面试评价标准 ·整合外部人才资源 ·海外属地雇员 ·乘用车/金融服务人才招聘 ·党政干部竞聘上岗	·完善培训体系 ·整合培训资源 ·核心人员培养 ·接班人计划 ·员工成长计划 ·产业工人技能鉴定	·员工KPI建立 ·素质能力模型 ·员工绩效考评制度	·修订完善工资激励制度 ·开展工资集体协商机制 ·外部薪酬水平调研分析 ·内部薪酬问题诊断	·员工满意度的评价 ·员工文化建设 ·完善员工管理制度 ·全员劳动合同管理 ·员工流失率的控制

学习与成长
- 优化人力资源组织构架
- 提升员工素质和技能
- 人力资源系统文化
- 建立完善的人力资源开发体系
- 建立高效的人力资源管理信息系统

图 7-5 人力资源战略地图

第八章
如何牵引业务目标实现
——构建业务导向的绩效体系

8.1 如何构造经营业务绩效

8.1.1 什么是业务绩效体系

业务绩效体系指组织在某一时期内的绩效指标、目标以及实际达成的情况，具体为一把手（正职）在任期的个人绩效：量、利润、质量、效率等。它是从公司战略目标出发，通过各项关键举措的落实，客观真实地衡量和反映公司整体经营业绩的绩效管理体系，是保障公司年度各项经营目标的实现、促进各层级组织绩效不断提升和改善的直接体现。

8.1.2 业务绩效体系的建立原则

业务绩效从战略目标出发的天然属性要求有如下几点。

1. 承接战略：自上而下地分解公司经营目标、明确子公司业绩 KPI，以保证公司战略落地；自下而上的绩效指标及目标承接，支持公司战略和经营目标的实现；

2. 聚焦价值：业绩就是企业管理的价值，所以对于业务绩效要紧紧围绕"价值创造—价值评价—价值分配"的主线来进行管理；客户是价值实现的最终环节，直接面向一线的部门/员工就是价值创造的核心，各部门的管理活动要以客户为导向开展；

3. 数据为先：绩效考核应该围绕考核期初双方承诺的目标进行评价，客观独立的第三方数据对于最终考核结果的公正性非常重要，它一方面可以避免自己考核自己的不公正，另一方面也可以引导各单位将精力放在实现目标，而不是核对数据的烦琐任务中；

4. 激励导向：绩效激励就是论功行赏、价值分配，导向上向直接的价值创造单位倾斜，高价值高绩效，高绩效高激励，会在全公司范围内形成将资源集中在最需要炮火的一线部门、各部门要想方设法为一线部门服务的氛围，大家都是为价值创造能力，奋斗目标一致。

8.1.3 业务绩效的指标设计体系

业务绩效管理架构包括指标设计、目标及标准制定、实施及过程监控、结果应用四个维度。

业务绩效指标设计全面衡量业务，从战略地图财务、客户、内部流程及学习与成长四个维度进行绩效评价指标设计，保证评价指标的全面性；同时聚焦、选取考核指标，绩效考核重点关注组织的经营结果；

业务绩效目标及标准制定将改善（原则上不低于同期水平）设置为基本值，采用改善+确保目标作为绩效管理的标准；

业务绩效实施及过程控制通过绩效指标完成情况回顾、指标分析及改善措施制定，对重点项目实施跟踪：借助会议平台，通过质询+承诺，达到绩效改善的目的；同时以月为周期输出业务绩效评价结果、为个人绩效提供业务绩效的输入；

业务绩效结果应用于人员岗位调整、月度绩效工资、年度奖金、年度干部考评。

8.1.4 业务绩效指标、目标的设计原则

1. 指标要层层承接：由公司战略规划与业务目标层层向下分解到组织绩效、再到个人绩效，这样才能保证公司上下统一一个声音、一个战略方向；

2. 指标设计要抓关键、少而精：在指标设计时重点抓与公司战略强相关的关键绩效指标，不要面面俱到，原则上每个职位设置3-5个指标，单个指标权重不低于10%（如表8-1）；

3. 指标量化可衡量：定量指标有具体数据，可用公式计算；

4. 目标可实现：绩效目标原则上以同期指标完成为基础建立增量及改善目标；

5. 动态管理：当业务重点发生重大变化时，要及时对指标进行动态调整。

表 8-1　某公司业务绩效指标（以利润为导向）

绩效指标	权　　重
利润	30%
市场占有率	30%
销量	10%
劳动效率	10%
资金占用	10%
质量指标	10%
重伤及以上安全事故	否决项
严重环境污染事故	否决项

8.2　如何构建职能业务绩效

8.2.1　什么是业务绩效体系

职能部门指组织中对下属单位具有计划、组织、指挥权力的部门。对于职能业务的绩效评价是绩效管理实践的普遍难题。这些部门所承担的职责通常对公司核心业务流程起辅助和支持作用，其绩效目标难以量化，业绩结果也很难评价。

关于职能部门的绩效管理，大多数企业采用绩效指标考核与综合方式，即以"年度目标 KPI + 月度工作计划 + 月度经营例会"的模式开展。

8.2.2　职能业务绩效体系的建立

方法一：对于职能部门进行分类识别。

指标评价类：对于可以找到明确衡量价值指标的单位，由第三方平台提供客观数据进行核算，同时邀请业务单位进行价值评价，应用于最终的年度绩效评价；项目管理类：主要以重点工作项目推进与完成情况作为日常工作评价的主要形式，由主管副总根据各部门的资源投入与项目产出情况进行主观评分，且强制分布。

这种方法简单有效地区分了参与价值运营的部门与单纯的职能管理部门，节省了大量花在职能管理部门绩效指标核算上的劳动，因为此类部门的 KPI 往往有数据只能由自己提供的共性。但与此同时，此类方法对于主管副总的绩效领导力要求很高，还会对与指标核算部门的平衡造成挑战。

方法二：综合方式。年初根据公司目标，分解形成各职能部门的绩效考核指标，作为年度 KPI。

将 KPI 分解落实到月度的工作计划，一般包括重点工作项目、时间节点、输出物、责任人、目标要求、主要贡献等。同时制定具体的考核标准，在工作成果得到确认的前提下，按照完成时间进行检查考核，按月度进行评价。工作计划主要来源于：战略举措分解、年度重点工作、上级领导要求、重点工作职责及各类会议或部门在协调过程中提出的需求。

一般安排季度/半年度会议，对部门工作计划完成情况进行阶段性回顾，安排述职与总结，给予评价。

8.3 如何构建员工岗位绩效

8.3.1 什么是岗位绩效

岗位绩效又称员工个人绩效，是将企业战略目标分解到各个员工后，企业与员工之间在责任目标与如何实现目标上达成共识、并定期对员工绩效进行评价的过程。对个人绩效而言，投入更多的指向个人所具备的素质以及相关知识和技能，个人在组织中的行为模式作为一种转换，最终带来个体的绩效。

组织一般通过员工绩效计划/个人绩效承诺对员工个人绩效进行管理。员工绩效计划指员工个人绩效的目标及计划，指在组织范围内，自上而下签订个人绩效计划，将工作目标逐级分解到每一位员工身上，实现业务绩效与个人绩效的有机联结。

8.3.2 岗位绩效分类

岗位绩效一般按照人员层次分为高管层、经理团队、一般人员；按照人员类别分为管理技术人员、研发人员、营销人员、生产人员等,针对不同人员层次、不同人员类别,绩效管理的重点与绩效指标和目标的设计均会有所区别,此处重点对经理团队的绩效管理进行说明。

经理团队绩效指标设计原则有如下几点。

承接企业战略指标与目标,对经营绩效指标的承接权重要大于60%,且目标值不得低于一把手的目标值,从而保证目标的落实;

设置1–2个关键核心指标,且关键核心指标源自上级岗位绩效指标以及集团职能系统下发的核心指标,并建立关键核心指标否决制;

经理团队的岗位绩效要与组织的组织绩效结果基本一致,同时团队内要有区分,避免干多干少都一样;

各系统,如营销、生产、财务、人力、质量、采购系统,由组织提出核心KPI指标。

第九章
如何构建科学绩效体系
——绩效 COSO 管理体系

一些企业谈起绩效管理，就简单地理解为 PDCA 管理循环，简单地认为绩效管理就是绩效考核、兑现奖惩。然而在现实中，经常出现绩效管理各要素环节都实施了，绩效管理的结果却没有大改变的情况，甚至有些企业和员工的业绩不升反降，员工抱怨率大幅增加，这些在很大程度上是因为没有把绩效管理作为一个整体系统来看待。绩效管理不应只是简单直观的闭环，它应是上承战略，下接业务，直面员工的。它具体又由绩效文化、组织体系、制度流程体系和运行体系组成，环环相连，并由信息化管理平台来支撑。借助这个生态闭环的管理体系和激励体系来促进组织绩效和个人绩效的双达成，这样绩效管理才能有效承接战略、支撑业务、提升能力，才能为公司创造更高的价值。那么一个有效的绩效管理体系应该是什么样的呢？经本人研究，提出了绩效管理体系的绩效 COSO 管理体系模型（如图 9-1）。

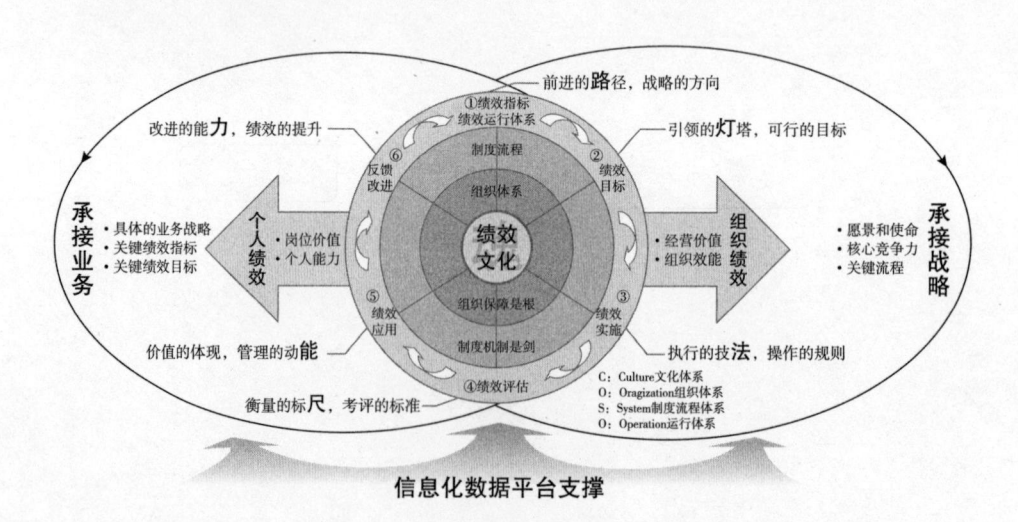

图 9-1　绩效 COSO 管理体系模型

9.1 绩效管理的文化体系——绩效管理之灵魂

GE 前 CEO 杰克·韦尔奇曾说过:"我们的活力曲线之所以能有效发挥作用,是因为我们花了十年时间在我们的企业里建立起了一种绩效文化。"没有绩效文化,企业的绩效管理就无法推进。离开绩效文化的绩效管理既不会被认同,也无法落地,它会流于形式、形同虚设。

9.2 绩效管理的组织体系——绩效管理之根本

没有组织保障的绩效管理体系如同没有根的树,既无法向上发展,也无法向下扎根。因此,要想绩效管理能上承战略,下接业务,直面员工,就必须通过绩效组织管理来进行,才能将企业的组织使命、愿景与战略目标清晰地传递给员工,保证组织目标和个人发展目标的一致性。

那么企业绩效组织管理如何来构建?以下就是某企业的绩效组织管理体系(如图 9-2)。

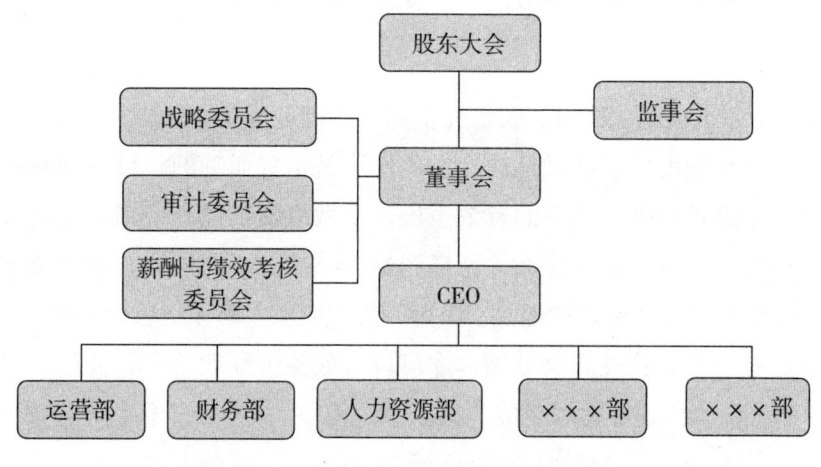

图 9-2 某上市公司绩效管理组织图

1. 绩效考核管理委员会

绩效文化谁去制定、绩效目标谁去确定、绩效争议谁去评判等，都需要以组织的形式，而不能以个人名义来管理，这个组织就是绩效管理工作的组织管理机构。它一般由管理层组成，主要负责审批绩效管理制度，审批年度绩效指标目标，批准绩效奖金分配方案，处理员工绩效的重大申诉等。

2. 绩效管理办公室

绩效管理办公室是绩效管理工作的执行机构，一般设在人力资源部门，有的企业设立有独立的绩效管理办公室，由人力资源部、财务部、运营部门等共同组成。其主要职责是构建绩效管理体系相关管理制度、操作流程，设置绩效指标，制定与分解目标，组织实施绩效考核，将绩效结果应用落地。

3. 绩效考核单元

这是承担绩效指标的相关部门，它们根据自己管辖的绩效管理职能的不同和大小，可以设置专职或兼职职位来参与管理。

9.3 绩效管理的制度体系——绩效管理之利器

绩效管理能否真正推进，关键在于剑锋所指是否能所向披靡，那么绩效之剑是什么？是制度。制度就是法，它的作用是不言而喻的。没有规则不成方圆，制度是维护公平、公正的有效手段，是做事的准绳和依据，它让大家知道应该做什么、不应该做什么，惩懒扬勤、维护公平。同样，对于绩效管理而言，流程制度也是绩效管理的"法律"和"宝剑"，有了"法律"和"宝剑"，才能保证企业绩效管理有章可循，才可以有效保证绩效公平、公正。一般而言，一个完整的绩效管理制度应包括十个大模块、二十个子模块（如图9-3）。

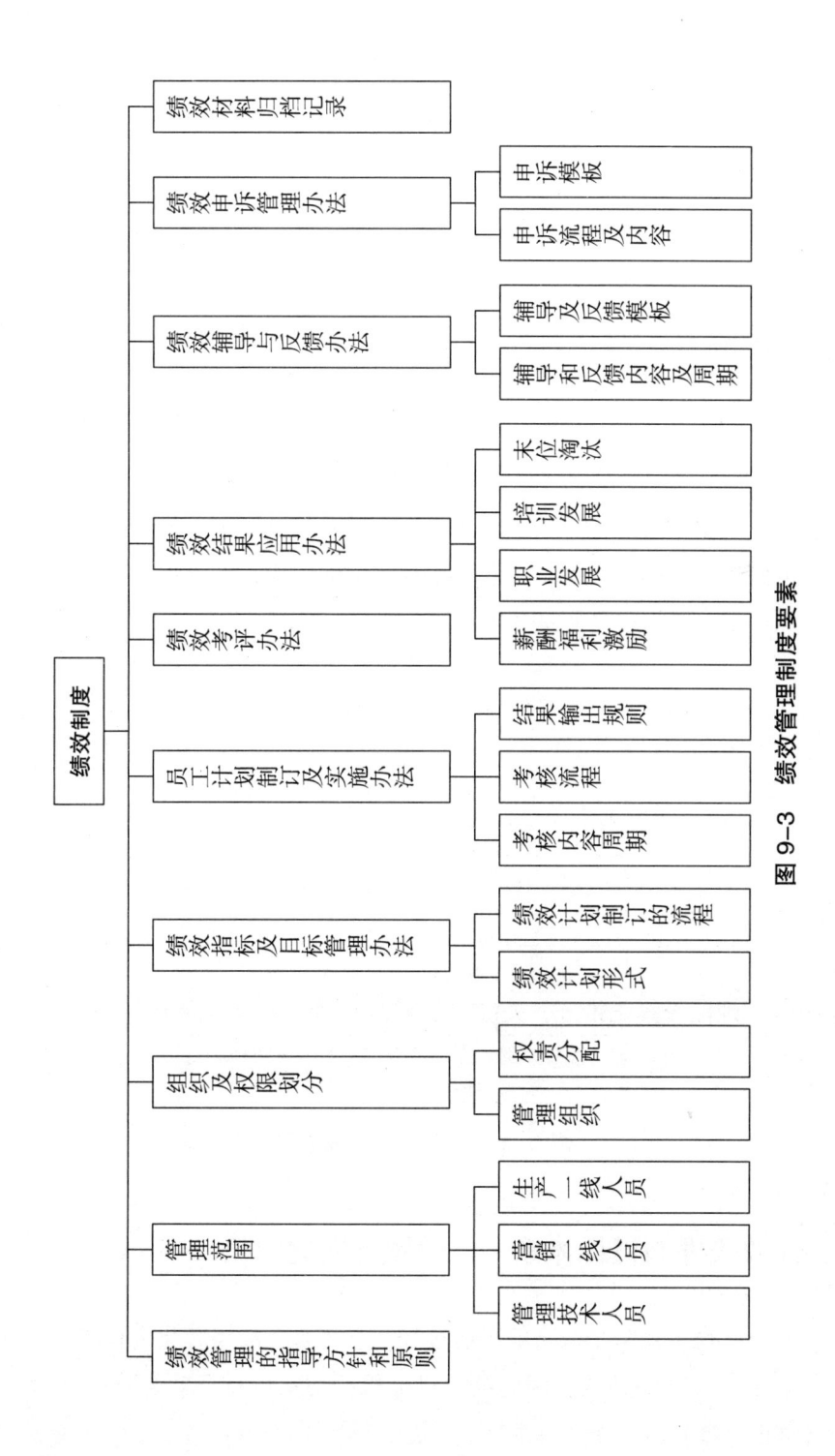

第九章 如何构建科学绩效体系——绩效 COSO 管理体系

绩效制度
- 绩效管理的指导方针和原则
- 管理范围
  - 生产一线人员
  - 营销一线人员
  - 管理技术人员
- 组织及权限划分
  - 权责分配
  - 管理组织
- 绩效指标及目标管理办法
  - 绩效计划制订的流程
  - 绩效计划形式
- 员工计划制订及实施办法
  - 结果输出规则
  - 考核流程
  - 考核内容周期
- 绩效考评办法
- 绩效结果应用办法
  - 末位淘汰
  - 培训发展
  - 职业发展
  - 薪酬福利激励
- 绩效辅导与反馈办法
  - 辅导及反馈模板
  - 辅导和反馈内容及周期
- 绩效申诉管理办法
  - 申诉模板
  - 申诉流程及内容
- 绩效材料归档记录

图 9-3 绩效管理制度要素

9.4 绩效管理的指标体系——战略行进之路径

"想要什么,就管理什么"是一般企业的常规做法,这样的做法是对的。"想要什么"就是目标和指标,战略目标是企业想要的,它自然有相应的指标构成,比如说要规模,就要有量的指标,想要市场突破,就必须有市场占有率等指标,企业围绕这些目标、指标去整合资源并达成它们。因此,建立绩效计划是绩效管理的第一步,也是至关重要的一步。指标的制定是否科学、目标计划的制订是否合理,直接决定了战略管理目标的达成和绩效管理运行的效率。

绩效计划制订的过程基于上承战略、下接业务、对企业战略的分解。企业战略自上而下分解的过程也是企业战略具体化的过程,是管理者和员工共同参与沟通并达成共识的过程(如图9-4)。

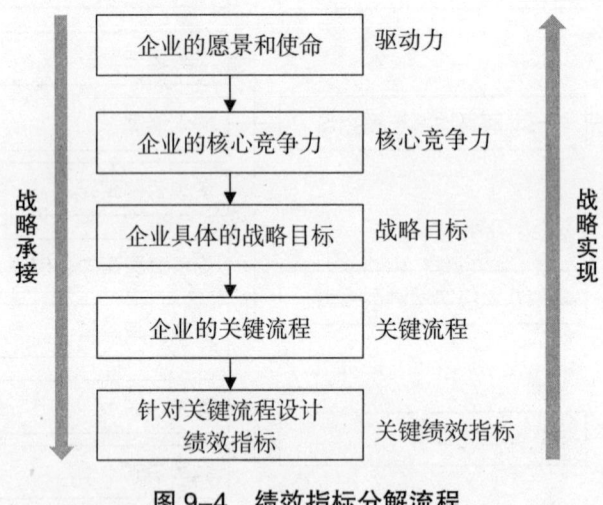

图9-4 绩效指标分解流程

9.5 绩效管理的目标体系——引领方向之灯塔

绩效目标设定是一个战略解码的过程,它将企业战略转化为切实可行的目标,促进企业价值的达成,因此绩效目标想要切实可行,就需要符合SMART原则(如图9-5)。

绩效目标制定 SMART 原则

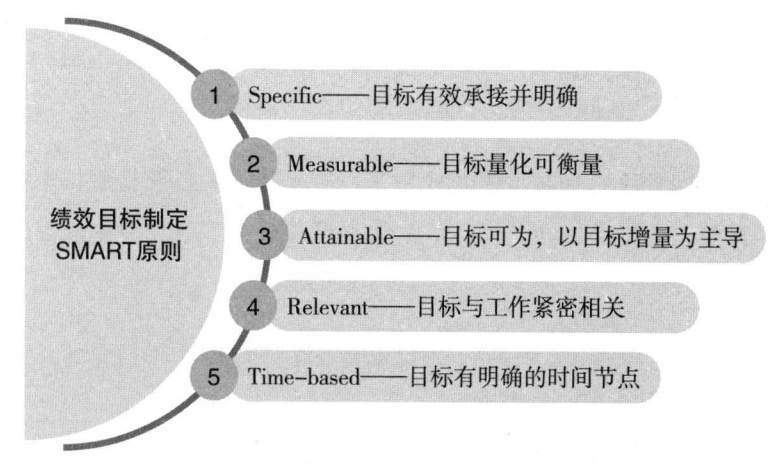

1. Specific——目标有效承接并明确
2. Measurable——目标量化可衡量
3. Attainable——目标可为，以目标增量为主导
4. Relevant——目标与工作紧密相关
5. Time-based——目标有明确的时间节点

图 9-5 绩效目标制定 SMART 原则

9.6 绩效管理的实施体系——操作规则之技法

如何让绩效管理实施高效且符合企业发展方向？要掌握绩效管理的技法，需要做好以下四个方面。

建立标准统一的绩效指标库，并进行动态管理；

建立统一的数据平台，保证绩效评价的客观、真实、有效；

明确绩效管理流程，让员工能够清楚知道处于绩效管理的哪个阶段（如图 9-6）；

借助信息化系统，提高绩效管理的效率。

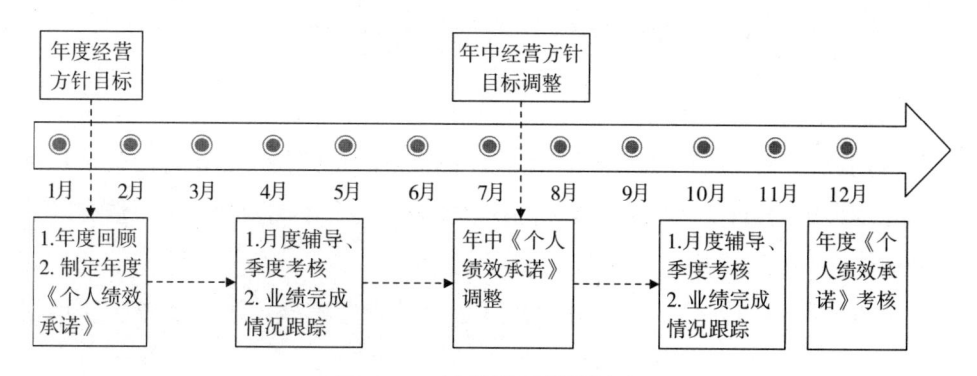

图 9-6 绩效管理具体流程

小贴士

对于采取成本领先战略型的企业来说,要对企业的经营措施、企业人员和人工成本每季度进行绩增计划的盘点,通过精细化的管理,有效管控人事费用率,提高劳动效率(如表9-1)。

表9-1 人力资源绩增计划模板

年度	合计											分类			
	人员情况			工资发放情况		人工成本情况							管理人员	研发人员	技能人员	营销人员
	月末人数	增加	减少	工资标准	与标准差额	发工资人数	人工成本总额	定员性工资	生产变动人员加班费	补贴	奖金	福利费	社保费用	公积金费用	……
小计	-	-	-	-	-										
季度																
环比																

9.7 绩效评估的管理体系——考评衡量之标准

"对镜知美丑,对标知差异",绩效评估,自然是评估实际运行的结果和目标与之前设定的目标、标准之间的差距。根据不同企业类型特点,评估有以下几种形式。

从考核周期的划分,可以分为月度考核、季度考核、半年度考核和年度考核;

从里程碑长短划分,可以分为短期绩效评估和中长期(三年)绩效评估;

从人员类型划分，可以分为社会人才试用期考评、校园人才转正考评、管理技术人才考评、营销一线考评、生产一线考评等；

从导向类型划分，可以分为以利润为导向的评估、以利润和市场占有率为双导向的评估；

绩效评估结果的输出可以是绩效等级、也可以是绩效分数，企业可以根据自己的经营特点自行选择（如表9-2）。

表 9-2　绩效等级对应关系

绩效等级	绩效描述	绩效分数
A	优秀/优	$X \geq 100$
B	合格/良	$85 \leq X < 100$
C	有差距/中	$80 \leq X < 85$
D	不胜任/差	$X < 80$

9.8　绩效应用的管理体系——管理能量之体现

绩效结果应用是保证绩效管理有效的永动机，也是管理价值最直接的体现，一般可以运用在薪酬福利激励、职业发展和培训需求有效甄别等方面。绩效应用一般遵循以下几个原则（如图9-7）。

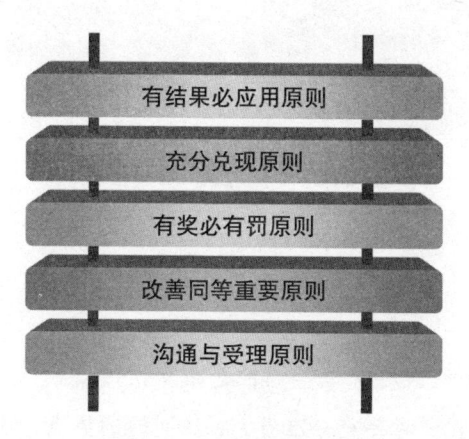

- 有结果必应用原则
- 充分兑现原则
- 有奖必有罚原则
- 改善同等重要原则
- 沟通与受理原则

图 9-7　绩效应用原则

9.9 绩效反馈的管理体系——能力改进的支点

绩效管理追求员工能力的不断提升。事实上，一个绩效管理的过程，就是绩效沟通的过程，良好的绩效沟通既有助于绩效管理体系在组织中的广泛传播、打消员工的疑虑和困惑，又能让员工充分了解、认同、接受目标和任务，从而进一步保证企业战略的落地。同时，绩效沟通也是一个发现人才、辨别人才的过程，管理者可以根据员工表现出来的优点和弱点，有针对性地制定员工培训和个人职业生涯发展规划。

绩效反馈是绩效沟通的一种具体体现，主要包括四个环节，分别为事前承诺定目标、事中沟通定调整、事后反馈定兑现、辅导改进定发展（如图9-8）。

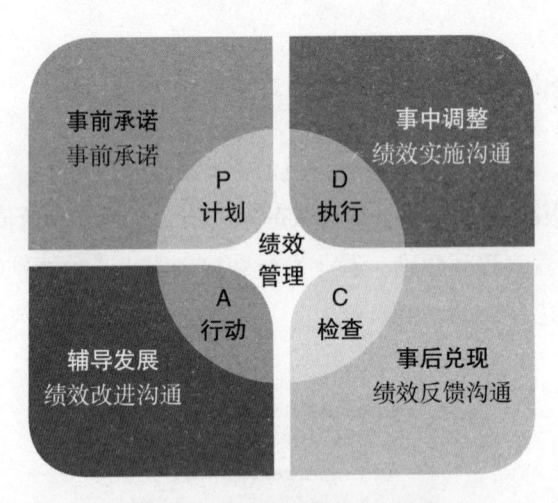

图 9-8 绩效反馈沟通步骤

小贴士

首先，绩效沟通反馈要选取恰当的时机，反馈要及时，这样才能及时发现并解决问题；其次，管理者要充分准备，明确问题的重点，做到有的放矢。最后，绩效反馈要掌握以下6个原则。

经常性原则：反馈是经常性的，不应该一年才一次；

对事不对人原则：谈论事实，不讨论员工个性特点；

多问少讲原则：28法则，80%用来发问，20%用来指导和建议；

着眼未来的原则：核心目的就是制订未来发展的计划；

正面引导的原则：多给员工一些鼓励，培育员工正能量；

制度化原则：只有将沟通反馈制度化，才能保证效果的持久。

9.10 绩效运行的管理体系——绩效管理的生态

企业要想绩效管理体系切实可行，就必须首先评估现有的绩效管理体系是否符合COSO模型，同时清楚地知道在哪些环节还需要持续改进和完善。因此，为了帮助企业更好地进行绩效管理体系的自我评价，本人依据COSO模型要点，设计了一张绩效管理自我评价表（如表9-3），企业可依据绩效管理体系评价表进行自我预判，以便更加有的放矢。

请认真阅读每一项内容，如果觉得句子中描述的情况基本符合自己企业的现状，就可以在表中"具备选项"中打"√"，没有就可以打"×"，如果符合项达80%以上，那说明目前的绩效管理体系较好，基本满足企业发展需求；如果低于50%，那企业的绩效管理就需要进一步打磨和完善。

表9-3 绩效自检模板

序号	模块	分类	自查内容	具备选项
1	绩效体系及范围（有没有）	绩效体系	具备绩效文化	
2			有专门的组织机构	
3			有可落地的制度和流程	
4			有信息数据平台	
5		覆盖范围	覆盖管理技术人员	
6			覆盖营销从业人员	
7			覆盖生产变动人员	

续表

序号	模块	分类	自查内容	具备选项
8	绩效执行质量（用不用）	绩效指标及目标	符合指标完备性	
9			符合数据源客观性	
10		绩效结构	明确个人绩效结构	
11			明确组织绩效结构	
12		绩效核算规则	明确单个指标的核算规则	
13		绩效核算结果	客观反映组织绩效水平	
14			绩效结果有区分	
15		绩效结果兑现	是否严格按照个人绩效结果兑现	
16			应用于人才发展、任职资格	
17	绩效激励（好不好）	绩效辅导及反馈	有事前沟通	
18			有事中辅导	
19			有绩效结果反馈	

第十章
如何构建绩效指标体系
——绩效指标提取最佳方法

10.1 如何分类设计绩效指标

绩效指标是指通过对组织的战略目标、业务目标进行诠释，并借助组织内部流程投入产出的数据进行分析后，设置并提取的量化管理的指标。组织以此来衡量工作人员工作绩效表现，是绩效管理的重要组织部分。企业的发展方向是什么、追求什么结果，就应该设计什么指标。对绩效指标的管理可以从不同的维度进行管理（如图 10-1）。

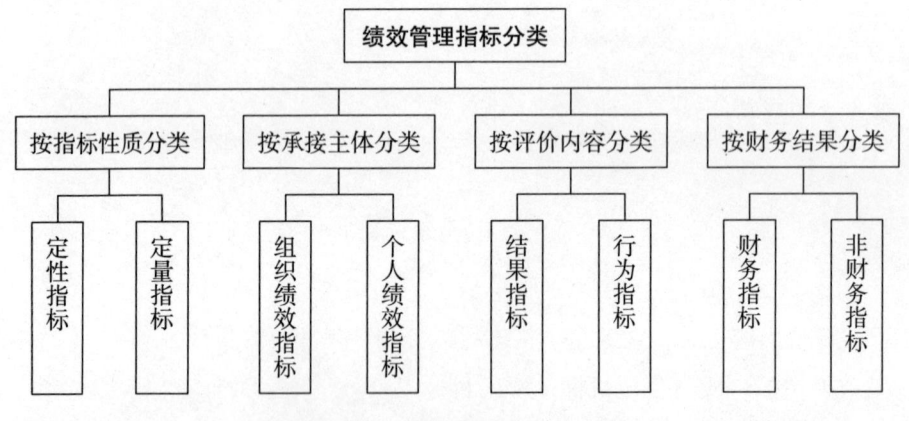

图 10-1 绩效管理指标分类

10.1.1 按指标性质分类

根据指标性质分类，绩效结果指标可以分为定量指标和定性指标。

定量指标指可以以统计数据为依据、把统计数据作为主要评价信息，并以数量表示评价结果的评价指标。它可以有效避免个人经验和主观意识的影响，具有相当的客观性和可靠性，可以有效提高评价的可行性和效率。但是，当评价所依据的数据不够可靠时，评价结果的客观性和准确性就大打折扣了；同时，定量指标相对死板，缺乏灵活性。

定性指标主要通过人的主观评价，给评价对象进行打分或作出模糊判断（如很好、好、一般、不太好、不好等）得出评价结果。这类指标依赖评价者的知识和经验，容易受到主观因素的影响，而它的优点则在于这类指标不受统计数据的限制，可以充分发挥人的智慧和经验。

小贴士

为了有效保证绩效客观、真实地反映价值，可以通过建立第三方数据平台或者信息平台，实现"运动员"和"裁判员"分离。由第三方数据平台担任裁判员，为运动员设计评价指标及目标，并提供是否达标的数据，客观反映"运动员"的真正水平和实际价值。

10.1.2 按承接主体分类

根据承接的主体不同，绩效结果指标可以分为组织绩效和个人绩效指标。

以绩效管理组织与责任体系为支撑，纵向通过业务重点与KPI设计层层分解集团战略目标，横向通过目标体系将组织绩效和个人绩效相结合，建立分层、分级的绩效管理体系。

10.1.3 按评价内容分类

按评价内容区分，绩效结果指标可以分为结果和行为指标。

结果指标一般与公司目标、部门目标以及员工的个人指标相对应，如人工成本降低500万元，销售收入提升900万元。行为指标一般与工作态度、协调能力、合作能力、知识文化、发展潜力等指标相对应。

企业中高层的员工和基层员工在选取结果和行为指标考评时需要注意，因为中高层员工能够直接对企业的关键绩效产生影响，所以越是高层，结果评价指标越多，行为指标越少，越是基层，行为指标越多，结果指标越少（如图10-2）。

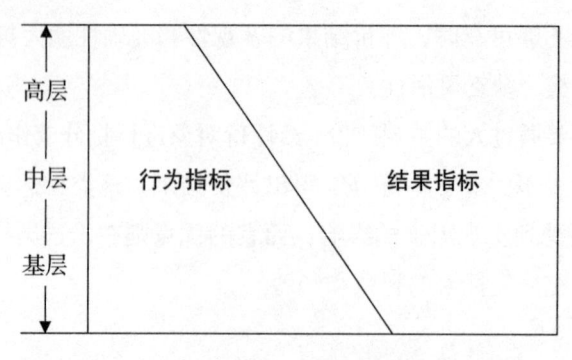

图 10-2　行为指标和结果指标变化示意图

10.1.4　按财务结果分类

根据财务相关性分类，绩效结果指标可以分为财务指标和非财务指标。

绩效管理指标早期就是从财务指标分析、以财务成果指标为核心，衡量公司财务稳健性和综合支付能力的。通过财务相关类的指标可以直接看出企业目前的经营状况和盈利水平，结果客观高效，可有效为经营者提供决策依据。但是，财务指标往往只能反映过去的绩效，而且不能发现企业在工作流程中的管理问题，也不能保证企业正向着自己的战略目标健康发展。

很多企业在绩效管理时会用平衡计分卡（如图 10-3）将财务指标和非财务指标有效结合，兼顾财务问题和业务流程水平，既能保证短期目标的实现，又能保障可持续的长期发展。

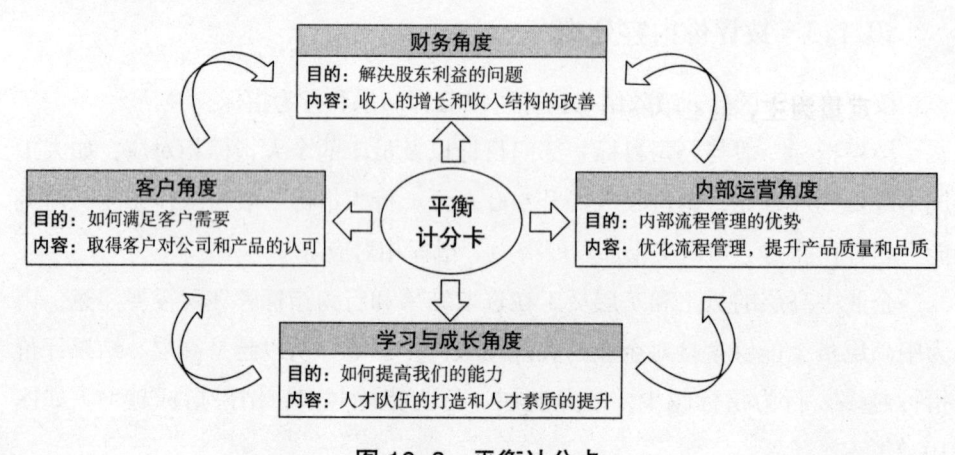

图 10-3　平衡计分卡

10.2 如何建立绩效指标体系

10.2.1 绩效指标体系建立的原则

要建立一个科学的绩效指标体系，需要遵循以下 6 项原则（如图 10-4）。

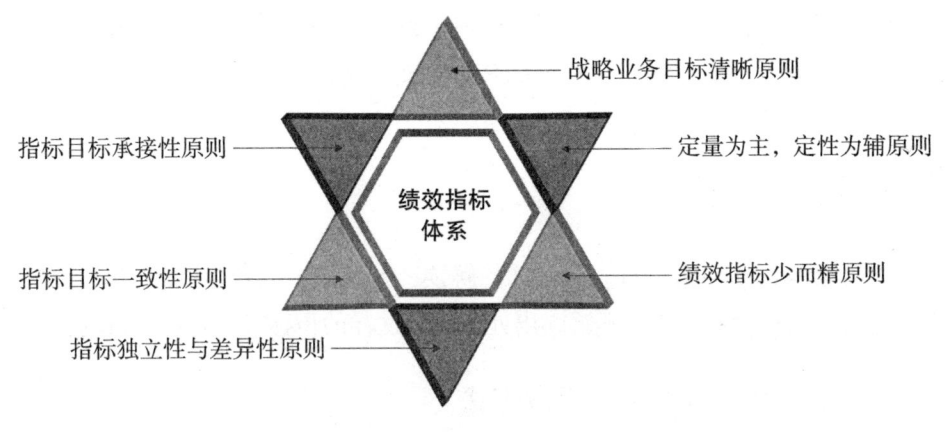

图 10-4 绩效指标体系建立的原则

1. 战略业务目标清晰原则

只有明确战略发展路径，才能按照这个方向设计绩效指标，因此在建立绩效指标时，必须将对战略目标路径分析清楚，在此基础上提取指标。

2. 定量为主，定性为辅原则

能定量的指标尽量不要去定性评价，因为定量指标以数据为依据，评价较为真实和客观，且易于提供决策依据，在实践中被广泛使用。但是这个原则不能适用于所有的职位，它只是告诉大家尽量将指标进行量化。

3. 绩效指标少而精原则

绩效指标要聚焦战略、聚焦业务价值、聚焦关键职能职责、聚焦关键工作任务，因此在选取指标时应遵循少而精的原则。绩效指标数量尽量控制在 3-5

个,最多不超过7个,这样既能抓住绩效重点,也利于大家理解和接受。

4. 指标独立性与差异性原则

独立性原则指评价指标之间界限应该清晰不重复;差异性原则指评价指标需要在内涵上有明显的差异,能够区分它们之间的不同。

5. 指标目标一致性原则

绩效评价的指标应与总绩效目标具有一致性,同时,绩效指标应能够完整地反映评价对象在系统运行总目标的各个方面的情况,这样才能保证总目标的顺利实现。

6. 指标目标承接性原则

所有绩效目标均来自对战略目标的解读、分解。因此各指标之间应有承接性,否则,指标的设计来源不清、出处不明,这样的指标设计是不可行的。

10.2.2 绩效指标体系提取方法

1. 绩效指标的提取依据

(1) 绩效评价目的清晰

评价员工、部门、企业的绩效指标有很多,而面面俱到的评价不是绩效管理。因此,明确绩效评价目的,对绩效指标提取有很重要的意义。

```
                    绩效指标设计目的
                   ┌──────┴──────┐
            以奖惩为目的      以客观真实反映企业经营为目的
                │                      │
            管理重点              管理重点
         以罚代管,机械管理    甄别价值环节,评估价值创造,价值管理
                │                      │
            常用的企业            常用的企业
         创业初期的企业/民营小企业  转型期企业/大中型企业
```

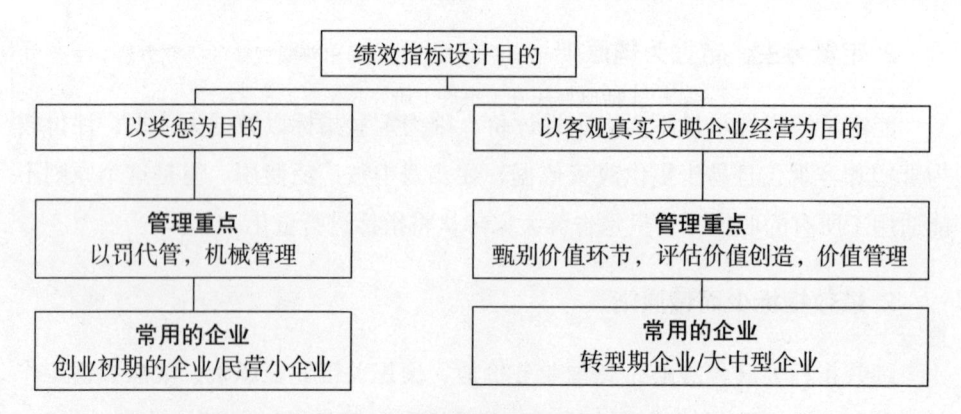

图 10-5 绩效指标设计的目的

绩效管理的目的不同，会导致绩效指标的选取不同。以目的划分，目前行业中主要存在两种绩效指标，一是以奖惩为目的的绩效指标，使用者通常为创业初期的企业、民营小企业，二是以客观反映企业经营状况为目的的绩效指标，使用者通常为转型期企业、大中型企业（如图10-5）。

（2）承担的工作内容和绩效标准

每一名被评价人员的工作内容和绩效标准，都是通过将企业的总目标分解成分目标落实到各个部门、再进行分解而确定的。每个员工都应该有明确的工作内容和绩效指标标准，这样才能既对员工有行为约束，又能有效牵引员工的行为，让员工的行为和组织的目标相一致。

（3）获取绩效信息的便利程度

为了保证绩效评价工作能够顺利开展，评价结果真实客观，绩效信息的数据来源就必须稳定可靠，获取信息的方式应简单可行。

2. 绩效指标的提取方法

提取评价指标的方法主要有以下六种：工作分析法、个案研究法、业务流程分析法、专题访谈法、经验总结法和问卷调查法（如表10-1）。

表10-1　绩效指标提取方法

序号	提取绩效指标方法	特　点
1	工作分析法	在以提取绩效评价指标为目的的工作分析中，需要有明确的行为依据和能力标准，然后明确职位的绩效评价指标
2	个案研究法	对某一个体、群体或者某一组织在较长时间里连续进行调查研究，并从典型个案中推导出普遍规律的研究方法，主要包括典型任务（事件）研究与资料研究两大类
3	业务流程分析法	通过分析考评人员在业务流程中承担的角色、责任以及与上下级、同级的关系衡量工作的绩效指标
4	专题访谈法	通过面对面访谈，直接获取有关信息的研究方法，一般包括个别访谈和群体访谈
5	经验总结法	众多专家通过总结经验，提炼出规律性的研究方法
6	问卷调查法	采用问卷形式收集和征求不同人员意见的方法

小贴士

企业在经营的过程中，随着市场环境和企业内部状况的变化，经营者、管理者在不同的时期会设定不同的战略目标，管理者在不同时期的关注重点也是会有所区别的，这种变化必须通过绩效指标的变化和调整来体现，以引导员工将注意力集中于企业当期的经营重点。我们将企业所有不同时期绩效指标体系的集合称为绩效指标库，企业必须建立动态开放的绩效指标库，通过不断地完善和积累，形成企业的资源库，根据战略的调整从指标库直接选取合适的KPI指标进行考核和评价。

10.2.3 提取绩效指标的步骤

建立企业绩效指标体系包含四个基本步骤（如图10-6）。

1. 通过工作分析与业务流程分析确定绩效评价指标

2. 粗略划分绩效指标的权重

3. 通过多方面反复沟通，确定绩效指标评价体系

4. 确保指标更趋合理，要及时修订

图10-6 建立绩效指标体系的基本步骤

1. 通过工作分析与业务流程分析确定绩效评价指标

进行工作分析和业务流程分析是建立健全绩效指标体系的有效方法，但这个方法需要较多的资料，对操作者的专业素质要求较高、执行成本比较高，一般适用于规模较大、发展趋于稳定，又亟待建立系统的绩效指标体系的企业。

2. 粗略划分绩效指标的权重

根据企业的战略目标和各层次的绩效目标与其对绩效目标的影响程度对绩效指标权重进行粗略分档。

3. 通过多方面反复沟通，确定绩效指标评价体系

多次反复沟通，是绩效指标确立的重要保证。让绩效评价的利益相关各方参与确定的绩效评价指标体系，可以增强企业员工对绩效指标及绩效评价的认可，有利于绩效管理的展开。

4. 确保指标更趋合理，要及时修订

通过考评及对考评结果的应用等进行修订，使考评指标体系更加理想和完善。

小贴士

企业在不同发展阶段，其战略重点、文化导向、管理方式、组织模式均存在较大的差异。因此，企业在不同发展阶段选取的绩效指标也会有所差异（如表10-2）。

表10-2　不同时期的企业绩效指标选择

类别	创业期企业	成长期企业	成熟期企业
企业定位	企业生存	快速成长，扩大市场份额，提升收入规模	发展逐步趋于平稳，企业战略相对系统、完善，并建立了可复制的业务模式
绩效管理目标	用简洁的方式实现对战略目标的牵引	制度规范，最大限度发挥目标和激励协同效应以吸引和激励优秀人才	全面推进绩效管理循环的深入实施
绩效指标选取	聚焦反映经营结果的财务指标、市场指标	聚焦市场份额与收入增长、销售渠道建设、产品管理、销售队伍建设、核心管理团队建设等几个领域的结果性指标	聚焦利润增长、成本控制、运营管理、研发管理、人才队伍建设等几个领域，指标设置由阶段性地侧重某一方面向系统性、平衡性发展；在成熟期的中后期，创新和变革类的指标需要重点加强

第十一章
如何挖掘关键绩效指标
——抓住绩效管理的牛鼻子

11.1 如何选择关键绩效指标

关键绩效指标（Key Performance Indicators，即 KPI），指企业宏观战略目标决策经过层层分解产生的可操作的战术目标，是宏观战略决策执行效果的监测指针。通过 KPI 将企业战略转化为内部过程和活动，可以不断增强企业的核心竞争力并持续取得高收益，使得考核体系不仅成为激励约束手段，更成为战略实施工具。

通常我们通过三种方法来选择 KPI 指标，分别为对标基准法、成功关键分解法以及基于策略目标的价值动因分解法。

1. 对标基准法

对标基准法是企业将自身的关键业绩行为与最强的竞争企业或那些在行业中领先的、优秀企业的关键业绩行为进行评价与比较，分析这些绩效的形成原

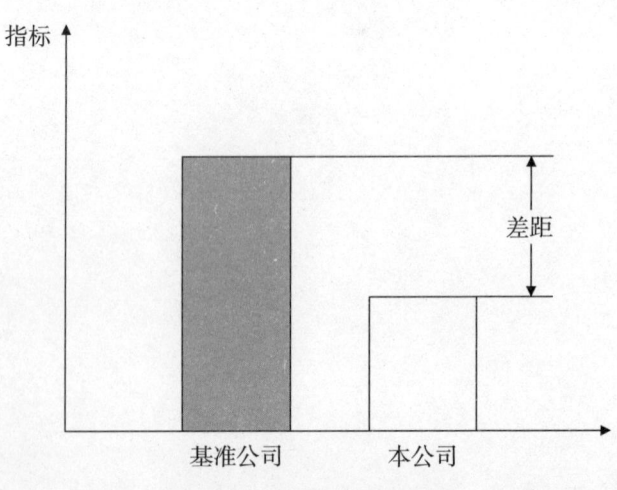

图 11-1 对标基准法示例

因，并在此基础上建立与自己企业相匹配的关键业绩指标及绩效改进的最优策略的程序与方法（如图11-1）。

成功使用对标基准法的关键在于寻找业界最佳KPI作为参照（如客户满意度、劳动生产率、资金周转速度等），确定最优绩效标准后，企业需以最优业绩标准为牵引，确定关键领域，通过各部门及员工持续不断地推进与绩效改进，缩小与最优KPI的差距。

对标基准法选择指标的步骤主要包括四步。

（1）知己找"瓶颈"：详细了解本企业关键业务流程与管理策略，从构成这些流程的关键节点切入，找出企业运营的"瓶颈"；

（2）知彼找共性：选择与研究行业中几家领先企业的业绩行为，剖析行业领先者的共性特征，构建行业标杆的基本框架；

（3）总结找关键：深入分析标杆企业的经营模式，从系统的角度剖析与归纳其竞争优势的来源（包括个体行为标杆、职能标杆、流程标杆与系统标杆），总结其成功的关键要领；

（4）对比定基准：将标杆企业与本企业的业绩行为进行比较与分析，找出存在的差异，借鉴其成功经验，确定适合本企业的、能够使本企业赶上甚至超越标杆企业的关键业绩指标。

2. 成功关键分解法

关键成功要点分析，就是要寻找一个企业成功的关键要点，并对企业成功的关键要点进行重点监控。通过寻找企业成功的关键，层层分解，选择考核的KPI指标（如图11-2）。

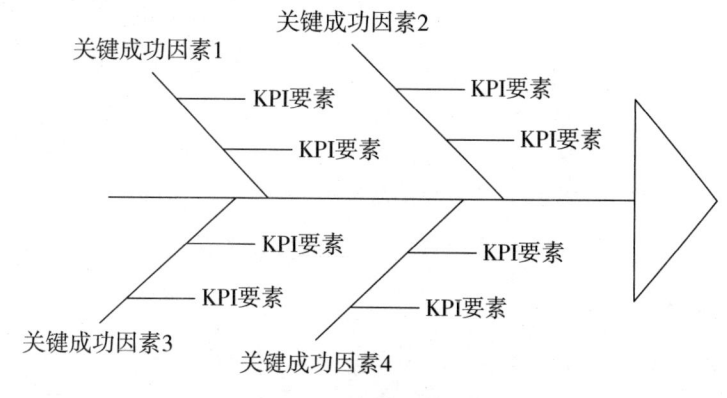

图11-2 成功关键分解法

通过成功关键分析法选择 KPI 指标,可以分为三个步骤(如表 11-1)。

表 11-1　成功关键分析法步骤

序号	步　　骤	要　　点
1	寻找企业成功关键点	通过鱼骨图,明确获得优秀的业绩所必需的条件和要实现的目标
2	确定 KPI 要素	对模块进行解析和细化,提供一种"描述性"的工作要求,对维度目标进行细化
3	确定 KPI 指标	在反应要素的众多指标中进行筛选,最终确定 KPI 指标

实战案例

成功关键分析法示例

××公司是一家知名制造公司,要确定其一级组织 KPI。

1. 寻找企业成功关键点

经过公司高层反复沟通,借助鱼骨图最终确定企业的关键要素一共有四项,第一项是市场领先、第二项是盈利能力、第三项是客户满意、第四项是组织效能(如图 11-3)。

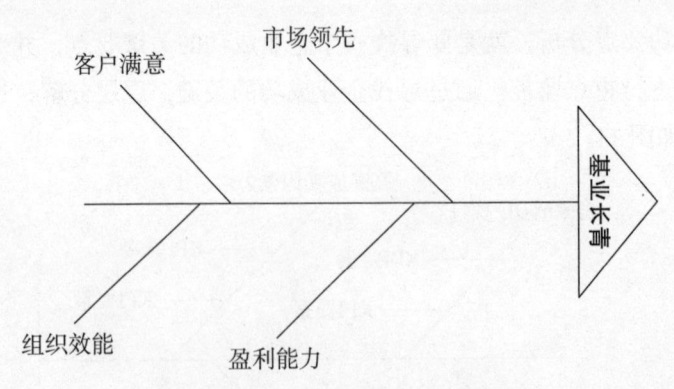

图 11-3　××企业成功关键点

2. 确定 KPI 要素

当成功关键点确定之后,我们需要进一步思考 3 个问题。

每个维度的内容是什么?

实现目标的关键措施和手段是什么？

维度实现的标准是什么？

我们将××公司进行进一步解析（如图11-4）。

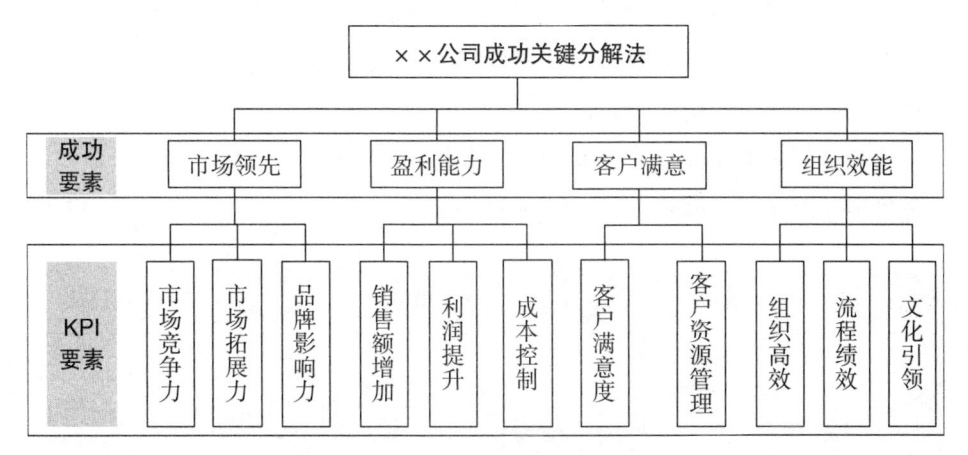

```
                    ××公司成功关键分解法
                            |
   ┌────────────┬───────────┼───────────┬────────────┐
成功 市场领先      盈利能力     客户满意      组织效能
要素
   ┌──┬──┬──┐  ┌──┬──┬──┐  ┌──┬──┐    ┌──┬──┬──┐
KPI 市 市 品   销 利 成   客 客     组 流 文
要素 场 场 牌   售 润 本   户 户     织 程 化
    竞 拓 影   额 提 控   满 资     高 绩 引
    争 展 响   增 升 制   意 源     效 效 领
    力 力 力   加         度 管
                              理
```

图11-4　××公司成功关键分解法

3. 确定KPI指标

将要素进一步细化，就是KPI指标的设计和选择，选择指标一定要尽量选择可量化、可衡量的指标。可能一个KPI要素，衡量指标有5项或9项，那么就应该选择聚焦战略、测算数据较为客观，且容易获取的指标。

以盈利能力要素为例（如图11-5）。

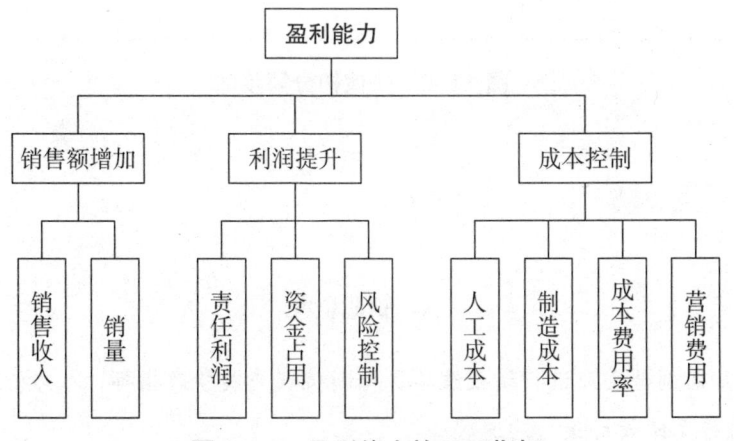

```
                  盈利能力
                      |
        ┌─────────────┼─────────────┐
     销售额增加      利润提升        成本控制
        |              |              |
     ┌──┬──┐      ┌──┬──┬──┐     ┌──┬──┬──┐
     销 销       责 资 风      人 制 成 营
     售 量       任 金 险      工 造 本 销
     收           利 占 控      成 成 费 费
     入           润 用 制      本 本 用 用
                    率             率
```

图11-5　盈利能力的KPI指标

3. 基于策略目标的价值动因分解法

通过找准经营重点、借助价值树分析，辨识完整价值链中各个业务环节的价值创造点，从上而下地将企业战略目标有效分解成各层面的关键绩效指标，保证企业、部门和个人目标一致，最终达到企业绩效实现的目的。它是许多企业最常用的一种绩效指标分解方法。

采用价值树推导关键绩效指标，主要包括三个步骤，分别是梳理价值动因、优先价值动因和辨识绩效指标（如图11-6）。

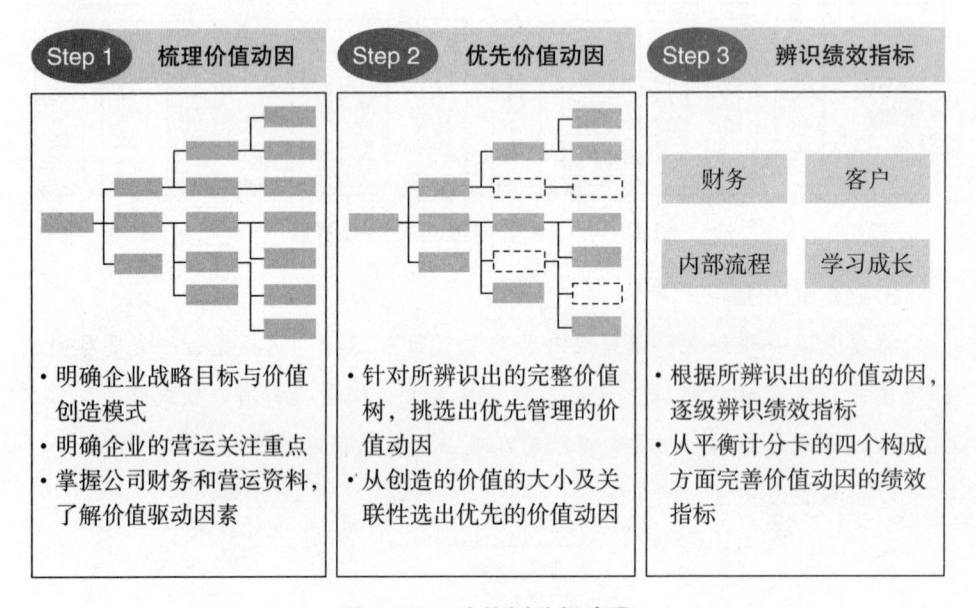

Step 1 梳理价值动因	Step 2 优先价值动因	Step 3 辨识绩效指标
· 明确企业战略目标与价值创造模式 · 明确企业的营运关注重点 · 掌握公司财务和营运资料，了解价值驱动因素	· 针对所辨识出的完整价值树，挑选出优先管理的价值动因 · 从创造的价值的大小及关联性选出优先的价值动因	财务　客户 内部流程　学习成长 · 根据所辨识出的价值动因，逐级辨识绩效指标 · 从平衡计分卡的四个构成方面完善价值动因的绩效指标

图11-6　价值树分解步骤

实战案例

××制造企业

××知名制造企业进行绩效改革，重新梳理关键绩效指标，人力资源部与各级领导进行了绩效访谈与沟通。

1. 梳理价值动因

通过价值树动因梳理企业战略，得到一级价值动因3个，分别是利润、资产负债及管理能力，再细分为8个二级价值动因（如图11-7）。

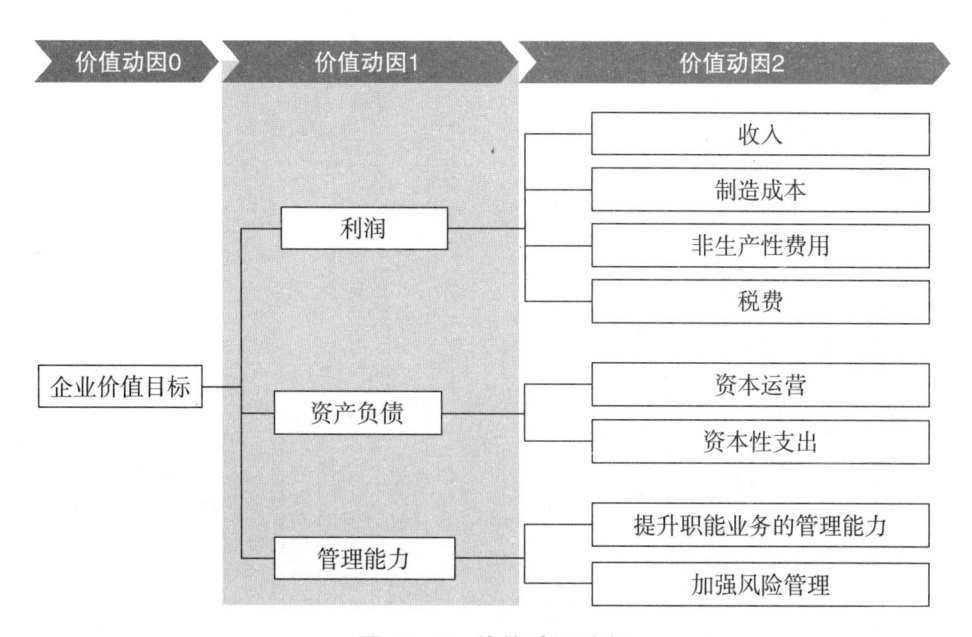

```
价值动因0            价值动因1              价值动因2
                                          ┌─ 收入
                    ┌─ 利润 ──────────────┼─ 制造成本
                    │                     ├─ 非生产性费用
                    │                     └─ 税费
企业价值目标 ───────┼─ 资产负债 ──────────┬─ 资本运营
                    │                     └─ 资本性支出
                    └─ 管理能力 ──────────┬─ 提升职能业务的管理能力
                                          └─ 加强风险管理
```

图 11-7　价值动因分析

2. 优先价值动因

以"提高人力保障能力（价值动因4）"（如图11-8）为例。

从战略目标对应的动因库中筛选出对应支持的价值动因及指标，通过筛选关键指标，编制绩效指标词典（如表11-2）。

表 11-2　绩效指标词典模板

序号	单位	岗位	姓名	指标要素															指标数据源	
				指标名称	指标权重	指标定义/计算公式	计量单位	绩效考核标准	分月目标值										
									年度	1月	2月	3月	4月	5月	6月	7月	8月	9月	10月	12月	考核周期	已有/新增	指标性质	评价/核算主体

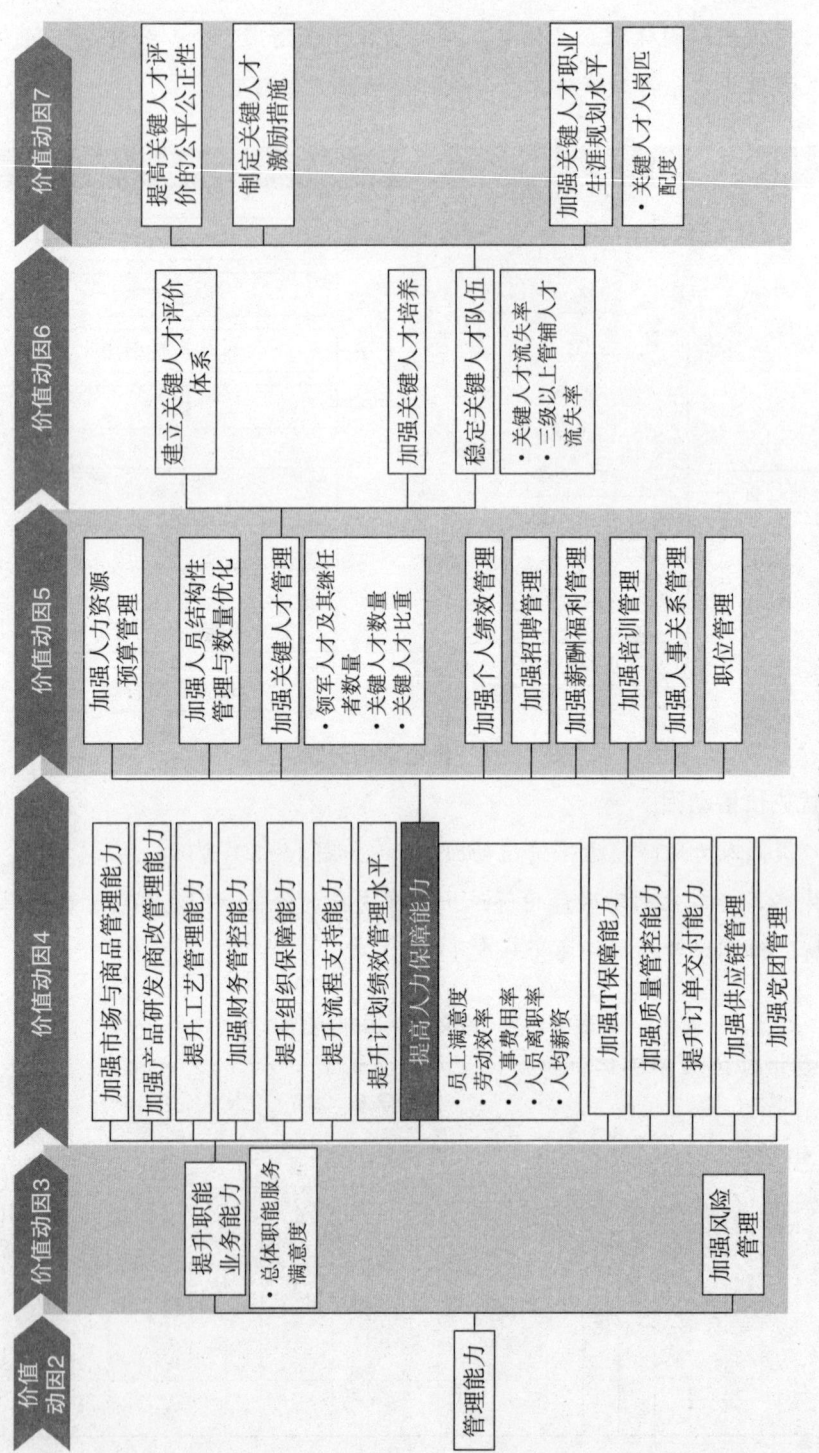

图 11-8 提高人力保障能力动因分析

11.2 关键绩效指标的权重设计

关键绩效指标权重能反映企业重视的绩效领域，对员工的行为有明显的引导作用，而且直接影响评价的结果，因此对于员工既有约束作用，又有牵引功能。

设置指标权重的主要方法有两种（如表 11-3），分别为主观经验法和权值因子判断表法。

表 11-3 指标权重设计方法

序号	方法	要点
1	主观经验法	主要依据历史数据和专家的直观判断确定权重的简单方法，此种方法优点在于决策效率高、成本低，容易为人所接受；缺点在于获得的数据的信度和效度都不高，有一定的片面性，目前多数企业采用这种方式
2	权值因子判断表法	组建专家评价小组，通过制定评价权值因子进行判断，它的优点在于较为系统和客观，缺点在于对于评价小组的专业要求较高，成本较高

其中，权值因子判断法具体如下。

1. 组成专家评价小组

专家评价小组根据评价对象和目的的不同，可以由不同的人员配比构成，成员包括人力资源专家、评价专家和相关的其他人员。

2. 制定评价权重因子判断表

表 11-4 权值因子判断表

评价指标	指标 1	指标 2	指标 3	指标 4	指标 5	评分值
指标 1	×	4	4	3	2	13
指标 2	0	×	3	4	4	10
指标 3	0	2	×	3	3	8
指标 4	1	3	3	×	2	9
指标 5	1	1	1	1	×	4

3. 由各专家分别填写评价权值因子判断表

填写方法：将行因子和列因子进行比较，如果采取的是 4 分值，那么非常重要的指标为 4 分，比较重要的指标为 3 分，重要的指标为 2 分，不太重要的指标为 1 分，不重要的指标为 0 分。对各专家所填的判断表进行统计，将统计结果折算成权重（如表 11-5）。

表 11-5 权值统计结果表

评价指标	考评人员								评分总计	平均评分	权重	调整后权重
	1	2	3	4	5	6	7	8				
指标 1	15	14	16	14	16	16	15	16	122	15.25	0.22	0.2
指标 2	13	13	15	8	15	8	9	15	97	12.13	0.18	0.19
指标 3	9	12	14	6	9	9	13	14	91	10.38	0.17	0.18
指标 4	7.7	10	13	9	8	12	15	9	87	9.83	0.16	0.17
指标 5	5.2	9	12	12	9	13	9	9	81	9.15	0.15	0.1
指标 6	2.7	9	10	14	7	14	8	8	74	9.21	0.13	0.16

11.3 关键绩效指标的标准设计

一般来说，关键绩效指标是指企业要从哪些方面对工作产出进行衡量或评估；而绩效标准是指企业在各个指标上应该分别达到什么样的水平，二者缺一不可，也就是说，指标主要解决企业需要评价"什么"才能实现其战略目标，而标准关注的是被评价的对象需要在各个指标上做得"怎样"或完成"多少"。

我们一般把关键绩效指标标准分为两种，分别为描述性标准和量化标准（如表 11-6）。

表 11-6　关键绩效指标标准分类

序号	绩效类型	要　　点
1	描述性标准	用来区分被评价者能力或者特质差异的行为标准，需要借助行为指标和相应的描述性标准来区分优劣，但因为有效行为标准的建立需要长期跟踪观察和总结典型性行为，建立难度相对较大
2	量化标准	量化标准能够精准描述指标需要达到的各种状态，被广泛用于生产、营销、成本控制、质量管理等领域，在绝大多数企业中被广泛运用

1. 描述性标准

描述性标准往往基于实际发生的事情或者鼓励的行为，因此需要企业对日常发生的工作行为或时间有清晰的了解，并运用凝练明了的陈述句，对筛选出的一系列行为进行详细、客观的描述，最后对各个行为指标下的行为分等分级，建立具有参照性的行为标准。

实战案例

××公司价值观评价示例

表 11-7　核心价值观评分表

评价指标	定义	等级	评价标准
文化认同	作为"××人"，热爱本职工作，接受、认同××的文化，将个人发展与公司利益紧密结合在一起	优秀 （2<X≤3）	・高度认同××文化，为成为"××人"感到由衷的自豪 ・经常审视自己的行为是否符合"××文化"，并主动进行调整 ・对违背"××文化"的不良行为表示强烈的反对，对外维护"××"形象，维护公司利益
		合格 （1<X≤2）	・待人接物的方式或工作行为符合"××文化"所倡导的行为准则 ・对违背"××文化"的不良行为表示不满
		有差距 （0≤X≤1）	・待人接物的方式或工作行为经常偏离"××文化"所倡导的行为 ・对违背"××文化"的不良行为予以纵容

续表

评价指标	定义	等级	评价标准
敢于担当	敢于承担并负起责任，在职责和角色需要的时候毫不犹豫，挺身而出，全力履行自己的义务	优秀 （2<X≤3）	·敢于正确决策，勇于承担风险，不怕失败，宠辱不惊 ·坚持原则、认真负责，面对矛盾敢于迎难而上，面对危机敢于挺身而出，面对失误敢于承担责任 ·对工作任劳任怨、尽心竭力、善始善终
		合格 （1<X≤2）	·能在自己职责范围内认真完成自己的本职工作 ·面对困难和危机会进行相应的处理，能承担自己职责范围内的责任
		有差距 （0≤X≤1）	·遇到矛盾绕着走，推诿扯皮、敷衍塞责，工作拈轻怕重，出了问题上推下卸 ·遇到困难和瓶颈退缩，不愿变革，只顾自己或自己小集团的利益 ·不敢批评、不愿批评、不敢负责、不愿负责的"好人主义"
持续学习	树立终身学习、持续创新的观念，积极学习新的知识和技能，发挥创造性思维，不断提高工作质量和效率	优秀 （2<X≤3）	·具有强烈的学习愿望与动机，对新知具有高度的敏感性，持续主动地进行学习 ·利用学习成果或采用创新的方法持续改进工作，同时影响和带动他人
		合格 （1<X≤2）	·理解新知识对自身工作的价值，持续主动地进行学习 ·能够依据具体工作需求主动寻求相关的知识、技术 ·利用学习成果或采用创新的方法不断改进工作
		有差距 （0≤X≤1）	·不主动学习，缺乏明确的学习目的和方向，在组织或他人要求学习时予以抵制

2. 量化标准

在设计量化标准时，需要考虑两个方面的问题：一是标准的基准点，二是等级间的差距。

（1）标准的基准点

基准点的本质是企业为被评价对象设定的预期其能实现的基本标准。其准点的位置就是基础标准的位置,当一个人的绩效水平达到基准点,才能说明这个人称职。一般,考核尺度分为五级尺度或者七级尺度,基准点多处于考核尺度的最高等级和最低等级之前的某个位置,向上和向下均有调整的空间。当然也有部分指标,如否决项指标,所对应的基准点就是最高等级,因为企业对这类事情的期望就是"根本不要发生"。

(2)等级间的差距

绩效标准的等级差距包括两方面,分别为标准尺度以及尺度之间的绩效差距。标准尺度指衡量指标的上下限,绩效差距指基于基准点上下浮动的激励,一般,是把这两个差距结合在一起来描述状态水平的。

通常,为了提高员工绩效、增加他们达到基准点的压力,我们会把基准点以上的绩效差距拉大,而把基准点以下的差距缩小。

实战案例

以销售完成率指标示例

表 11-8　销量完成率指标标准

量化标准	分析
指标名称:销量完成率 目标值:900 台 核算规则:超 1%,正激励 6%,欠 1%,负激励 5%,指标核算上下不封顶	基准点:900 台 标准尺度:指标上下核算不封顶 绩效差距:高于基准点的正激励>低于基准点的负激励绝对值,鼓励高绩高薪,低绩低薪

第十二章
如何确定绩效管理目标
——量化绩效管理的最佳方法

什么是绩效目标？就是指给评估者和被评估者提供所需要的评价标准，体现被考核者对企业的贡献及贡献的程度。通过绩效目标可以引导员工和企业的目标保持一致、明确行为标准和要求并可以作为评价能力、贡献的依据使用。

12.1　有价目标才是绩效目标

什么样的目标是有价值的？这是一个管理者的难题。一种观念认为，可量化的目标就是有价值，这不全对，因为价值有大小之分，岗位有职责之分，对岗位的日常工作算不算绩效目标？如报表准确率、工资发放及时准确率等。这些指标目标其实是工作职能职责所在，虽然量化程度不够，但还是有价值的。另一种观念认为，可实现的目标就是绩效目标，这也不全对，可实现的可以理解为只要实现了就有价值，那么这里面的关键就是实现后的结果是什么。如今年你的市场销量目标实现了，但市场占有率在下降、竞争力在减弱，这就说明你的绩效目标价值性不强。还有一种观念是项目完成的主观性评价，自己去评估完成度、以项目的多少来评判价值的大小，从而导致一些人员将项目细分再细分，以项目数量来争取本岗位的绩效最大化、夸大价值，这些做法都是不可取的。

12.2　如何识别定性和定量目标

一般而言，绩效目标根据评价的依据可分为两大类，分别为定量目标和定性目标，两种目标方式各有优劣（如表 12-1）。

表 12-1 定量目标和定性目标的差异

序号	类别	定 义	优点	缺点	举例
1	定量目标	可以用数字明确下来的目标,它是依据统计数据,建立数学模型,并用数学模型计算出分析对象的各项指标及其数值的一种方法	直观、量化、清晰,便于监督考核	对信息资料的质量和数量要求较高	销售额增长15%市场份额增长20%
2	定性目标	一般指用文字语言进行相关描述的目标,凭分析者的直觉、经验,凭分析对象过去和现在的延续状况及最新的信息资料,对分析对象的性质、特点、发展变化规律作出判断的一种方法	有较大灵活性,能够充分发挥人的主观能动作用,简单而省时省费用	易受主观因素的影响,不容易衡量	可持续性发展实现共赢

12.3　对比两种定性指标方法

有人谈"定性"色变,认为无法定量就不能有效衡量。事实上,不能量化不等于不能衡量。对于某些工作标准及考核,定性目标反而比定量目标更好衡量,如行政部门的经理在下属制定工作目标时,就可以不提或少提要完成工作的数量,但必须提出定性的工作标准。定性化的工作标准同样会起到指导下属工作方向、激发下属工作积极性、创造性的目的。定性目标管理主要有两个方法,分别为 QQCT 法和 PDCA 法。

12.3.1　QQCT 法

QQCT 法指从完成质量（Q）、完成数量（Q）、完成工作所投入的成本（C）、完成工作的时间（T）以及工作开展过程中出现的风险项目方面进行目标设置及评价。在质量（Q）、数量（Q）、成本（C）、时间（T）、风险等方面可以选取以下维度设定标准（如表 12-2）。

表 12-2　QQCT 法下的标准

质量 Q	数量 Q	成本 C	时间 T	风险
关键成果评价结果、检查结果、投诉情况、满意度、准确性、达成率、完成情况、合格率、周转次数、比率、效果等	个数、时数、次数、人数、项数、额度等	费用额、预算达成率	计划完成率、时限、批准时间、开始时间、结束时间等	出错率、失误次数等

小贴士

在操作层面更多的是将质量、数量、成本、时间、风险中的相关指标整合起来作为评价定性指标达成的标准。以"提升绩效考评规范性"为例，借助QQCT 维度，确定目标（如表 12-3）。

表 12-3　"提升绩效考评规划性"定性目标设置（QQCT 法）

定性指标	QQCT 维度选择		最终确定目标
提升绩效考评规范性	质量	以绩效考评表与 SMART 原则相符合作为质量方面的目标	3 月（时间）完成所有人员（数量）考评表的修订，考评表 SMART 原则符合率达到 80%（质量），并不得出现经查属实的绩效考评投诉
	数量	以考评覆盖的人数作为数量方面的目标	
	时间	可以设置"3月完成所有人员考评表的修订"等类似目标	
	风险	可以设置"不得出现经查属实的绩效考评投诉"	

12.3.2　PDCA 法

PDCA 法指可从工作策划计划（P）、工作过程执行（D）、工作检核结果（C）、工作改善行动（A）等方面进行目标设置及评价，PDCA 的闭环其实就是一项工作实现管理期望的全过程（如表 12-4）。

表 12-4　PDCA 标准

Plan	Do	Check	Action
工作策划计划	工作过程执行	工作复核结果	改善行为

12.4 定量指标设计的六大步骤

企业战略自上而下分解到组织、部门和个人的可实现、可衡量的关键指标，我们称为 KPI 指标，KPI 的目标一般都是定量目标，通过对它的有效管理，可促成企业战略目标的有效达成。

KPI 指标的定量目标制定及管理要从以下六个步骤着手（如图 12-1）。

1. 明确目标的方向
2. 符合 SMART 原则
3. 确定目标设置结构
4. 选取合适的分解方法
5. 完善激励联动机制
6. 定期回检，复盘管理

图 12-1　定量目标设置步骤

12.4.1　明确目标的方向

目标是照亮前行路径的灯塔，只有目标方向明确，才能到达成功的彼岸，才能有效保证最终的绩效结果是期望的，否则目标不仅形同虚设，结果也会南辕北辙。要想做到目标方向明确，就要综合考虑以下 4 个方面（如图 12-2）。

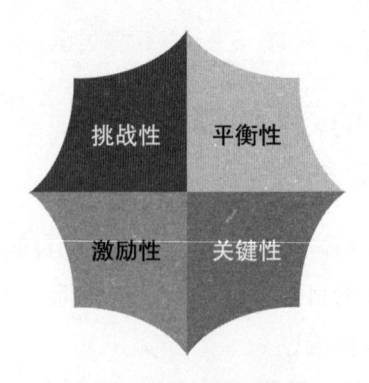

图 12-2　目标方向

1. 挑战性：根据公司战略，通过对标历史绩效、对标公司内部不同单位的绩效、对标行业绩效，设计一个"跳起来够得着"的目标，将不可能的目标变成可能的目标，把可能的目标变成现实的结果。

2. 平衡性：目标不是一成不变的，要根据企业发展的不同阶段以及各个阶段的战略去设计，这是一个围绕股东、客户、员工、内部管理多个维度的动态平衡系统。

3. 激励性：目标是员工的努力方向和标准，如果完成目标却没有激励措施，员工就不会为目标而努力，所以设计目标时一定要有相应的措施来激励员工与团队，予正激励以符合企业期待结果的行为，予负激励以与企业期待不相符的行为。

4. 关键性：必须按照重要程度对目标进行分类，选取关键的、当前追求的目标作为核心考核目标，而其他目标可以转化为分析性、参考性、评价性的指标。

12.4.2　符合 SMART 原则

目标的具体制定要符合 SMART 原则，即目标的选定必须满足明确具体的、可衡量的、可实现的、有关联的、有时限的必要条件，如果满足不了这些条件，这项目标就缺乏考核的必要性与可操作性。

12.4.3　确定目标设置结构

简单来说，目标就是有方向、有计划、有行动，必须全力以赴达到的、重要的结果，它是超越现在的成就。设置目标时一般采用以下三种模式（如表12-5）。

表 12-5 目标设置类型

序号	目标类别	定 义	优点	缺点
1	单一目标	只有一个目标值,唯一且专一	简单明了,好操作	激励性不足,不能有效调动员工的能动性
2	双目标	设立基础目标和冲刺目标,前者通过努力才能达成,后者要非常努力方可实现	激励性较好	牵引性不足,非常难达成的调整型目标只会打击员工的积极性
3	三线目标	按基础目标、激励目标、挑战目标三条线建目标,赋予与薪酬激励匹配的激励模式	激励性好,能有效调动员工积极性	操作较为复杂,需要较为系统完善的薪酬激励方案

12.4.4 选取合适的分解方法

一个企业要做强,就要善于分割目标、责任与利润。目标来源于战略,并支撑战略的达成,因此必须对战略进行有效分解,不同的分解方式对最终达成的效果的影响也不同。

归纳起来,一般有以下三个分解方法。

从未来到现在进行分解;

从上到下进行分解;

按时间周期进行分解。

实战案例

某企业的战略目标是 2020 年实现利润 1 亿元,2018 年达成利润额 8000 万元

分解一:从未来到现在分解

2018 年实现利润目标为 8000 万元,2020 年实现利润目标 1 亿元(如图 12-3)。

```
    ┌─────────────────────┐
    │ 2020年利润目标1亿元  │
    └─────────────────────┘
    ┌─────────────────────┐
    │ 2019年利润目标9000万元│
    └─────────────────────┘
    ┌─────────────────────┐
    │ 2018年利润目标8000万元│
    └─────────────────────┘
              ⬇
```

图 12-3　从未来到现在进行分解

分解二：从上到下进行分解

2018年，集团公司的利润目标为8000万元，其中分解为分公司A利润目标4000万元，B公司利润目标3000万元，C公司目标利润1000万元（如图12-4）。

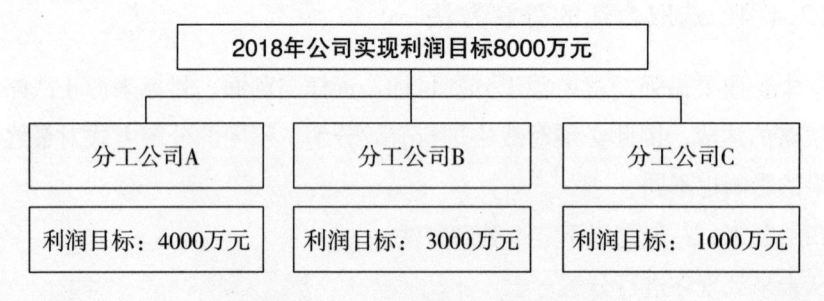

```
        ┌──────────────────────────────┐
        │ 2018年公司实现利润目标8000万元 │
        └──────────────────────────────┘
           │            │            │
      ┌────────┐   ┌────────┐   ┌────────┐
      │分工公司A│   │分工公司B│   │分工公司C│
      └────────┘   └────────┘   └────────┘
      ┌──────────┐ ┌──────────┐ ┌──────────┐
      │利润目标： │ │利润目标： │ │利润目标： │
      │4000万元  │ │3000万元  │ │1000万元  │
      └──────────┘ └──────────┘ └──────────┘
```

图 12-4　从上到下进行分解

分解三：按时间周期进行分解

2018年的利润目标为8000万元，其中分目标必须将利润目标分解到每个月、每个季度、每半年（如表12-6）。

表 12-6　按时间周期分解　　　　　　　　　　单位（万元）

指标名称	全年目标	1月	2月	3月	1季度	4月	5月	6月	2季度	7月	8月	9月	3季度	10月	11月	12月	4季度
利润	8000	200	400	400	1000	600	600	800	2000	600	600	800	2000	1000	1000	1000	3000

12.4.5　完善激励联动机制

一个好的激励计划，应以业务创造价值为出发点，以考核的方式驱动员工去完成目标，激励是对考核结果的兑现，是满足员工需要的。公司需要什么就要向这方面来引导，通过对员工的激励让员工认可，实现共赢。企业的激励机制应注意以下要点。

1. 抓住员工的激励要素：员工渴望得到的，对员工最有激励性。在设计激励时，要考虑精神、物质等多方面的激励。

2. 激励模式的多样化组合：将各种目标成果细化，细化到不同方向与阶段的成果与标准，并进行一定的组合，从过程到结果，从小目标到大目标，都有激励设计，使激励无处不在。

3. 短期激励与长期激励有效结合：只有将短期激励与长期激励有效结合，才能充分调动员工的积极性，这样既能尝到眼前的甜头，又能为获得未来更大的长期激励更有效地工作。

12.4.6 定期回检，复盘管理

在目标制定环节，要沿着组织结构的层级关系和业务流程的横向联系将企业的目标分解为公司级目标、部门目标、岗位目标，并在此基础上形成高层管理者目标、中层管理者目标和基层员工目标，形成一个上下支撑、左右联系的目标系统。那么，经过一个绩效周期之后，企业的目标到底是否完成了呢？有哪些成功经验和失败教训？应该采取什么样的办法改进呢？这就需要进行定期的回检，借助复盘的模板（如表12-7）通过与多种标准进行对比分析发现差距，找出原因并进行改进。

表12-7 回检复盘模板

序号	维	度	自检分析
1	回顾目标	预期目标	
2		实际目标	
3	评估结果	预期结果	
4		实际结果	
5	分析原因	成功经验	
6		失败教训	
7	总结规律	总结规律	
8		下一步改进计划	

12.5 绩效指标优化设计技巧

量化的目标因较客观、易衡量、易评价，被大多数企业选择和使用。因此在进行绩效设计的过程中，设计绩效指标及目标时应该尽量少定性、多定量。

如何设计少定性多定量的目标呢？有以下几点技巧。

明确企业战略目标，进行有效分解；

对指标科学评估、分类管理：根据组织、部门的性质，评估指标的可量化程度，可量化指标的目标制定必须符合 SMART 原则，对于无法量化的指标，借助 QQCT/PDCA 的方式明确行为和考评标准；

考核方式多样化：对于无法用定量指标衡量的部门或者员工，我们要结合项目评价的方式，使用主管领导评分的方式进行有效的绩效评估。

第十三章

绩效目标如何承上启下
——业务、组织、个人三位一体

"人人心中有目标，人人肩上有任务"，员工各司其职又紧密配合。无论是战略地图还是项目管理等都是对目标进行设计并逐级分解的管理过程。通过对战略目标层层解码，将集团目标分解细化成最小的目标单元，从而达到有战略、有组织、有流程、有职位、有指标和目标（如图13-1）。如果一个企业的战略

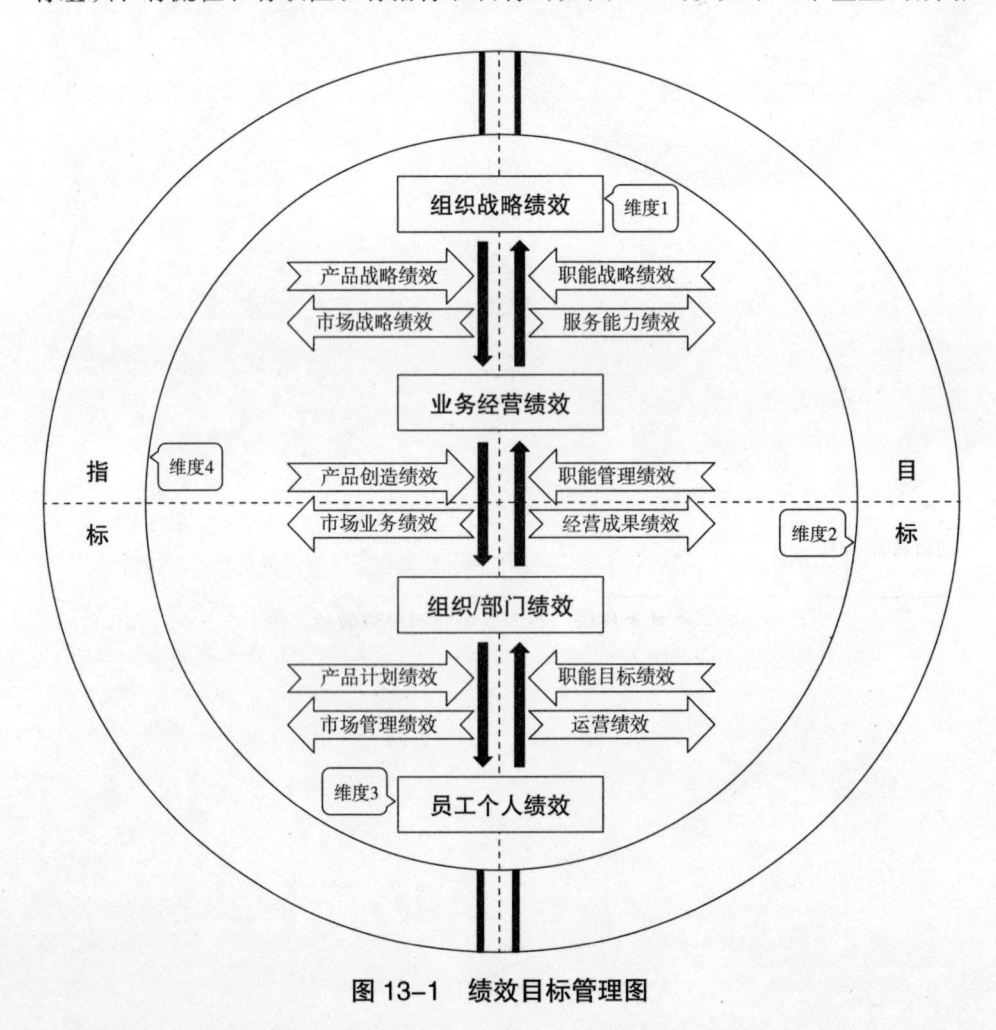

图13-1　绩效目标管理图

绩效目标没有组织流程和职位去承接，就说明这样的目标是无效目标；如果一个组织流程或职位没有绩效目标，这个组织职位就不应存在。因此一个有效的组织，其目标应是明确的，这也是做好绩效目标管理的前提。为保证公司战略目标顺利达成并持续运营，就需将战略目标层层分解和承接，从而牵引全员努力工作、协同发展，促使战略转化为具体行动。

13.1　业务目标要承接战略目标

战略目标是对企业战略经营活动预期取得的主要成果的期望值。战略目标是在企业宗旨中确认企业的经营目的、对社会责任的进一步阐明和界定，也是企业对在既定的战略经营领域展开战略经营活动所要达到的水平的具体规定。企业战略目标包含市场目标、创新目标、盈利目标、社会目标和竞争力目标（如表13-1）。

表 13-1　战略目标分类表

目标类别	概　　述
市场目标	企业在制定战略目标时最重要的决策是企业在市场上的相对地位，它常常反映了企业的竞争地位
创新目标	创新作为企业的战略目标之一，使企业获得生存和发展的生机和活力。在每一个企业中，基本上存在着三种创新：技术创新、制度创新和管理创新
盈利目标	这是企业的一个基本目标，企业必须获得经济效益。作为企业生存和发展的必要条件和限制因素的利润，既是对企业经营成果的检验，又是企业的风险报酬，也是整个企业乃至整个社会发展的资金来源，可通过销售收入和毛利及增长率、新业务在销售中所占比例、人均毛利及增长率和非薪酬包费用占比降低率等指标反映
社会目标	现代企业越来越多地认识到自己对用户及社会的责任，一方面，企业必须对本组织造成的社会影响负责；另一方面，企业还必须承担解决社会问题的部分责任。企业日益关心并注意良好的社会形象，既为自己的产品或服务争得信誉，又促进组织本身获得认同

续表

目标类别	概　　述
竞争力目标	企业核心竞争力目标是为了有效保障企业可持续性发展，通过对公司产品是否聚焦战略，客户是否可持续增长，地域是否聚焦重点、成长型区域，员工能力是否有效匹配等维度进行综合分析，通过核心产品收入占比、优质客户收入占比、重点区域和战略区域的收入占比、员工结构和任职资格能力合理性等指标反映。

如何顺利实现这些目标？首先需要将战略目标分解为业务目标。与此相呼应，绩效管理在这个层面上的任务就是从战略中解读路径、从路径中提取目标（如图13-2）。

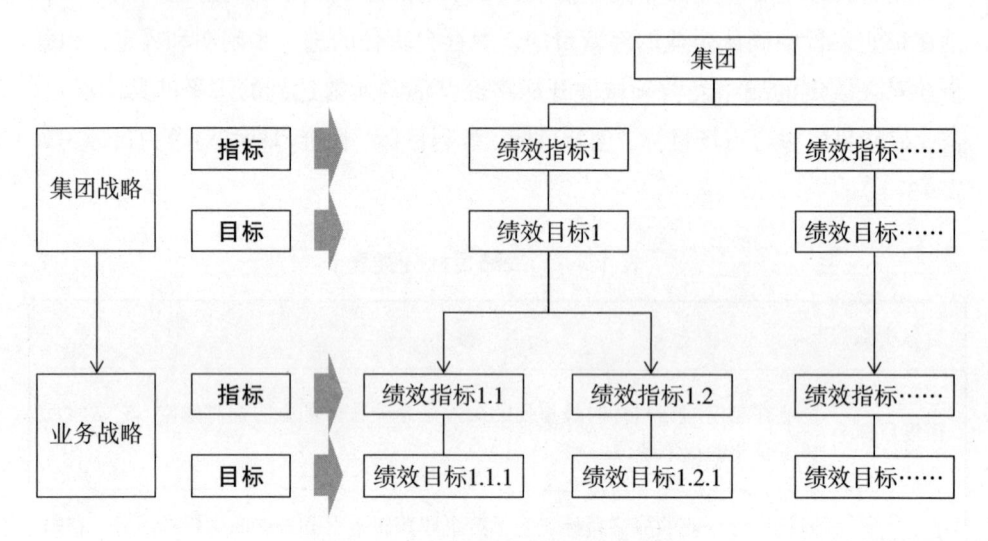

图13-2　业务目标承接战略目标

13.2　组织目标要承接业务目标

前面提到组织绩效必须具备的条件就是要有业务绩效。业务的性质、规模等决定了组织的价值，同时，业务指标必须由相应的组织来完成，反之，组织要存在就必须负担业务指标。企业的目标一般包括以下内容。

1. 盈利能力： 用利润、投资收益率、每股平均受益、销售利润等来表示；

2. **市场目标**：用市场占有率、销售额或销售量来表示；

3. **效率目标**：用投入产出比或单位产品成本来表示；

4. **产品创新目标**：用产品线或产品的销售额和盈利能力、开发新产品的完成期来表示；

5. **成本**：用资本构成、新增普通股、现金流量、流动资本、回收期来表示；

6. **生产目标**：用工作面积、固定费用或生产量来表示；

7. **研究与开发**：用花费的货币量或完成的项目来表示；

8. **组织目标**：用将实行变革或将承担的项目来表示；

9. **人均目标**：用人才的数量及质量等来表示；

10. **社会责任**：用活动的类型、服务天数或财政资助来表示。

很明显，业务目标的这十个方面的内容分属不同的职能组织，要实现这些目标，就需要将这些目标层层分解至不同的组织及部门中。目标分解路径为"业务目标—组织目标—部门目标"。通过目标分解，各部门获得了明确的绩效目标，也就有了明确的奋斗方向（如图13-3）。

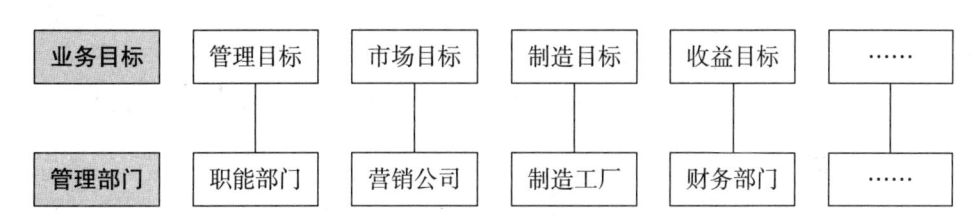

业务目标	管理目标	市场目标	制造目标	收益目标	……
管理部门	职能部门	营销公司	制造工厂	财务部门	……

图 13-3　业务目标至组织目标的分解

13.3　个人目标要承接组织目标

13.3.1　有职位存在就必有指标

职位是指组织中执行一定任务的位置，即只要是企业的员工就应有其"入座"位置。它在一个特定的企业组织中、在一个特定的时间内、由一个特定的人所担负的一个或数个任务所组成，绩效指标是这些任务的具体体现。

因此，任何职位都要有相应的绩效指标，没有绩效指标的职位就是无效职位。将职位的职能职责分解成一系列绩效指标，这些指标中又分为关键绩效指标和一般绩效指标。通过职能职责转化为绩效指标和目标，每个职位就有了明确的努力方向。

实战案例

表13-2 某企业人力资源总监职位的关键绩效指标分解

职位	职能职责	绩效指标	关键绩效指标
人力资源总监	负责人力资源计划管理	人事费用率 劳动效率 外报及时性 ……	人事费用率 劳动效率
	负责招聘管理	关键人才招聘到位率 校园人才招聘计划完成率 招聘渠道资源有效性 ……	人才招聘到位率
	负责培训管理	培训计划完成率 讲师培养计划完成率 课程开发计划完成率 ……	培训计划完成率
	负责薪酬绩效管理	薪酬改革项目计划完成率 全员绩效项目计划完成率 员工绩效考核申诉处理及时率 当期薪酬福利运营差错率 ……	薪酬改革项目计划完成率 员工绩效考核申诉处理及时率
	负责人才管理	关键人才流失率 干部优化淘汰计划完成率 任职资格认证计划完成率 ……	关键人才流失率
	负责员工关系管理	档案整改计划完成率 人才档案的完整性 关键人才流失统计分析及时性和准确性 ……	人才档案的完整性

13.3.2 有指标目标应量化可达

指标与目标的承接关系是绩效管理中非常重要的内容。这个内容如何来指导呢？比如，用 GDP 来衡量一个国家或地区经济发展的状况，是全世界共同认可的统计做法。它就像是一把"尺子"，只有用这把尺子去比量，才能知道当地经济发展的状况。这种具有可衡量的属性的"尺子"，就是"指标"。一个经济发展阶段开始以前，国家或地方政府一般都会设定一个具体的期望值，比如，年 GDP 增长率不小于 6%，这个 6%，实际上就是"目标"。

简单讲，指标是一种可以衡量的属性，一般表现为一个计算公式或衡量标准；目标是期望达到的状态或数值。这也是"有指标必有目标"的准确内涵，在明确努力方向的基础上，必须明确努力程度，以及最终要实现的绩效目标。以下为某企业人力总监绩效指标目标承接图。

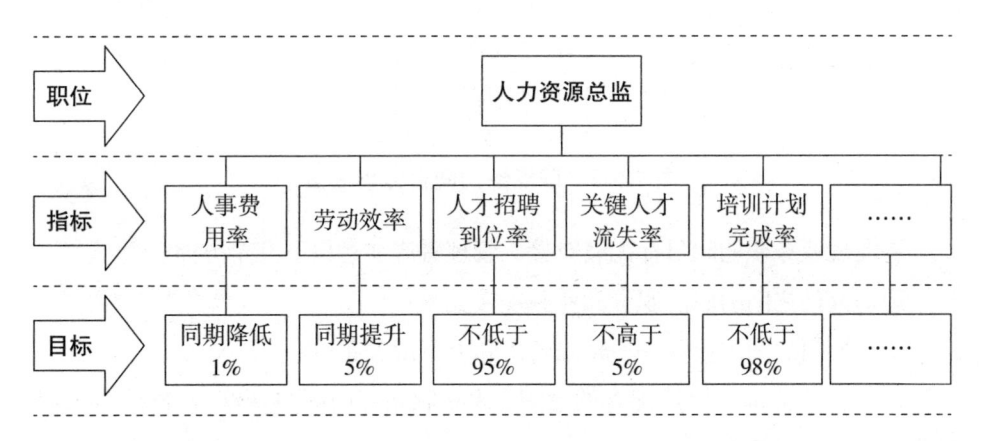

实战案例

职位	人力资源总监				
指标	人事费用率	劳动效率	人才招聘到位率	关键人才流失率	培训计划完成率	……
目标	同期降低1%	同期提升5%	不低于95%	不高于5%	不低于98%	……

图 13-4　某企业人力资源总监职位的绩效指标目标承接

13.4　业务与业务的目标要相互承接

任何一个企业中的各个职能部门都不是孤立存在的，同一个业务目标往往需要不同的职能部门协同实现（如图 13-5）。这是因为实现目标需要一定的资源，包括人力、物力、财力等，但在目标实施过程中，往往会涉及业务转入转出之间的关系以及资源匹配等问题，这就需要其他职能部门给予必要的配合，否则将导致业务目标无法实现。

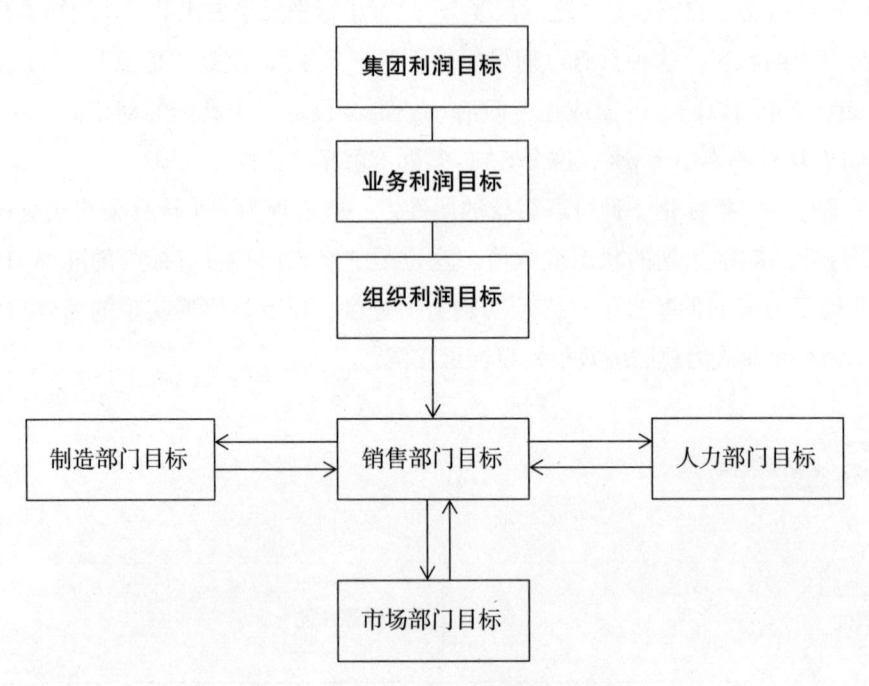

图 13-5 职能部门间目标承接图

要实现业务职能间目标无缝对接，管理者应注意以下几个方面。

厘清部门之间的职能职责和业务连接关系；

梳理部门之间的业务——转入转出和上下游关系；

增强各职能部门协调配合的意识：建立职能部门间协调配合制度，目的是加强协调、形成工作合力；

加强职能部门间的联系与沟通：职能部门在处理问题时，如涉及其他职能部门职责范围内的事项，要由主管领导牵头，主动征求有关部门的意见，认真协商、积极配合；

规范职能部门间的协调配合管理：坚持一件事情原则上由一个职能部门负责，确需多个职能部门管理的事项，要明确牵头部门，分清主次责任。

第十四章

绩效沟通反馈三部曲
——聚焦问题，提升效用

绩效沟通在绩效管理中发挥的作用是格外关键的。沟通好则绩效管理轻松易行，反之则会引起大家的抵触，甚至绩效管理的失败。绩效沟通的目的及希望达成的目标总结起来有以下三个方面。

一是形成认识，共同遵守。通过绩效沟通，设定管理者和员工共同认可的绩效目标；

二是提高效率，快速推进。通过绩效沟通，促进绩效目标的履行顺利进行；

三是持续提升，共创佳绩。通过绩效辅导及绩效改进，使员工能力得到提升，进而促进组织绩效的达成。

如何做好绩效沟通？应从以下三部曲来进行，各阶段沟通好了，整个绩效管理的推进才能畅通有效。

14.1 事前沟通的内容及技法

14.1.1 沟通文化—全面认同绩效管理

1. 管理者认同并推行绩效管理

绩效管理的推行意识和力度，关键取决于管理者的认同和行动。管理者想推，则专业部门就有办法和手段去推进，反之则无法谈推进。企业在推行绩效管理前应成立相应的组织，即绩效管理项目领导小组或委员会，并由总裁亲自挂帅，各部门经理和业务一把手都是领导小组成员，真正把绩效管理作为一个提升企业整体管理水平的一个重大项目。实行总裁和部门一把手责任制，分工明确、角色清晰、各司其职、各尽所能，同时制订绩效工作计划并推进。

2. 员工认同并接受绩效管理

绩效管理不是考核而是提升，是企业提升业绩和能力的目标方向。如何围绕这一方向去努力工作并达成目标？我们要将企业的文化价值观、绩效管理和激励制度体系等与员工讲清楚，告诉他们推行绩效管理的好处，并取得大家的认同和认可。员工接受了，绩效管理就是水到渠成。

14.1.2 沟通制度—管理规则全员熟知

绩效管理制度是对绩效管理的制度体系规范。管理者、管理部门、全体员工都要对企业的绩效制度全部了解，这样才能去遵守。企业可通过宣贯、培训等方式与大家沟通，给大家讲清楚、讲明白制度规则、讲清利弊——绩效好有奖励，反之要受到处罚，以此求得全员认同。以下是企业应建立员工应知晓的制度（如图14-1）。

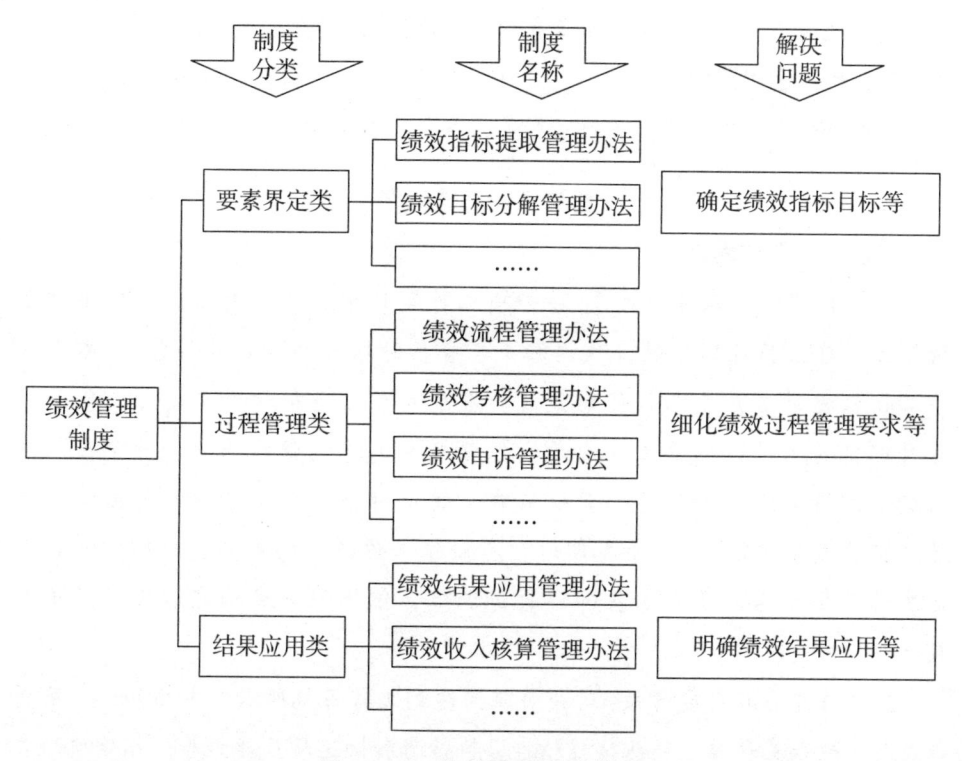

制度分类	制度名称	解决问题
要素界定类	绩效指标提取管理办法 绩效目标分解管理办法 ……	确定绩效指标目标等
过程管理类	绩效流程管理办法 绩效考核管理办法 绩效申诉管理办法 ……	细化绩效过程管理要求等
结果应用类	绩效结果应用管理办法 绩效收入核算管理办法 ……	明确绩效结果应用等

图14-1 绩效管理制度体系

> **实战案例**

某企业员工绩效考核管理办法

第一章 总则

第一条 目的

1. 公平、公正、科学地评价员工工作绩效，完善激励与约束机制，突出对优秀员工的激励，充分调动员工的工作积极性，有效地促进工作绩效改进，合理配置人力资源。

2. 创建规范的考核平台，进一步规范、统一、完善工厂考评体系，更好地指引各部门开展考评工作。

第二条 原则

严格遵循"公平、公正、公开、科学"原则，真实反映被考核人员的实际情况，避免因个人和其他主观因素影响绩效考核的结果。

第三条 适用范围

本办法适用于本部工厂各科室人员及各分厂、车间办公室人员。

第二章 考核体系

第四条 考核内容

1. 工作业绩（权重80%）：分专项工作和日常工作两大项。专项工作是指员工月度工作计划中的工作内容（包含临时增加的计划外工作），专项工作考核根据员工月度工作计划完成的进度和质量进行评价。日常工作是指每月例行的工作，日常工作的考核根据日常工作完成的质量、进度及相关指标达成情况进行考核（如考核采购员的及时供货率、考核质量主管的质量指标达成情况等）。由于各部门、各岗位工作性质的差异，专项工作和日常工作考核所占的比重由各部门自行调节，但比例一旦确定后应在半年内锁定。

2. 工作能力和态度考核：考核员工为达到工作目标所需的各项知识、技能以及员工的敬业精神、团队协作精神、执行力和快速反应能力等，各分项的考核权重由各部门自行确定。

3.加分项：考核员工创新、自主学习和特殊贡献等方面。

考核内容		权　　重	综合考核得分
工作业绩	专项工作	80分 两项比例由各部门灵活掌握，但总和为80分不变	得分＝专项工作＋日常工作＋工作能力和态度＋加分项
	日常工作		
工作能力和态度		20分	
加分项		3分	

第五条　考核方式

采用逐项打分、三级考核的方式，先由员工自主考核，再由直接主管评分，最后由部门主管考核。员工自主考核为参考分，以部门主管考核评分作为最终考核结果。

第六条　考核细则

由于各部门工作性质与工作内容存在差异，工厂不制定统一的考核细则，只规范考核的主要内容及各部分内容所占的比重，考核细则由各部门自行制定，报管理部会审后执行。

第七条　考核周期

每月考核一次。各部门于每月3日前将考核结果报管理部。

第八条　考核流程

下发考核表—员工自主考核—直接主管考核、签名—部门主管考核、签名—员工签名确认。

第九条　考核档案管理

各部门考核结果由本部门自行存档，并将副本上报管理部，由管理部将考核结果汇总、分析后存档。考核档案的保存期为两年。

第三章　考核结果的应用

第十条　考核结果等级分布

等级	A	B	C
参考分数段	85以上	80-85	80以下
意义	优	中	差

续表

等级	A	B	C
分布比例	2	7	1
分值 Pi	1.5	1.0	0

注：考评结果分 A、B、C 三个等级，分数段仅供评级参考。

1. 考核结果分为 A、B、C 三个等级。

2. 为表扬先进、激励后进，考核结果应拉开一定的档次，各部门考核结果 A：B：C 的比例应控制在 2：7：1 以内，建议在计算各级别人数时采取四舍五入的方法。

3. 为提高员工绩效考核的透明度，要求各部门于每月 9 日前在部门内部公布考核结果。

第十一条 绩效提升

1. 员工应根据自身考核情况，发现工作中的不足，提出绩效改进计划，并采取培训或自主学习的方式，努力提高自身素质、提升工作绩效。

2. 对考核成绩为 C 者，须填写《员工绩效改进计划表》（附表三），制订书面改进计划。《员工绩效改进计划表》由所在部门保留，必要时管理部抽查。

第十二条 末位淘汰

员工绩效考核的评定结果将作为员工晋升或岗位轮换的重要参考依据，连续两个月考核结果为 C 或半年内 3 次考核结果为 C 的员工将被淘汰。

第十三条 员工绩效工资

员工绩效工资 = 部门绩效工资总额 × 分配比例

分配比例 =（Mi×Pi）/ ∑（Mi×Pi）

Mi = 某员工绩效工资标准额度（基本工资的 20%）

Pi = 考核结果对应分值

第十四条 提薪与升职

1—12 月考核结果有六次以上（含六次）为 A，且一年中未出现过 C 者，工资提升一级，8 次以上（含 8 次）为 A，且一年中未出现过 C 者，工资提升两级。另外，考核结果是员工升职的重要参考依据，一年内月度绩效考核出现过两次

C者，本年度内不能晋升。

第四章　考核面谈

第十五条　考核面谈必须及时进行，并贯穿考核的全过程。通过面谈让被考核者了解自身工作的优、缺点，并对下一阶段工作的期望达成一致意见。

第十六条　考核面谈主要由直接主管进行。直接主管每月必须对所有属下员工进行面谈；部门主管必须每月与A级及C级员工面谈。

第十七条　部门主管应指导绩效考核结果为C的员工编制《绩效改进计划》，并监督执行。

第五章　考核申诉

第十八条　如员工对考核结果有异议，可向直接主管提出，若不能达成共识，可向部门主管提出，部门主管应从公平、公正、科学的角度，在三天内给予合理的答复。

第十九条　若员工对部门主管的答复仍有异议，则可向管理部提出申诉，管理部在详细了解情况的基础上，在一周内给予答复。

第六章　附则

第二十条　考核结果上报和公布的及时性、比例分布的合理性、考核档案管理及面谈等将列入基础管理对所在部门进行考核，每出现一项不符合的则扣减基础管理考核分5分，对有时间要求的项目每延期1天扣5分。

第二十一条　本办法由本部工厂管理部负责制定、解释及修订。

第二十二条　本办法自3月1日起开始实施。

14.1.3　沟通指标—员工知道评价内涵

绩效指标是用来评判员工工作业绩内容的。一般而言，企业当期和长期想要什么、重视什么，就会设置什么样的考核指标。通过与各级员工沟通这些指标，让员工知道自己应承担什么指标，知道要完成这些指标自己应获得什么样的资源、支持和帮助，并了解完成后的输出物是什么并获得双方认可。以下是根据战略地图的逻辑来呈现的指标示例（如图14-2）。

```
        结
        果
        指
        标

        过
        程
        指
        标
```

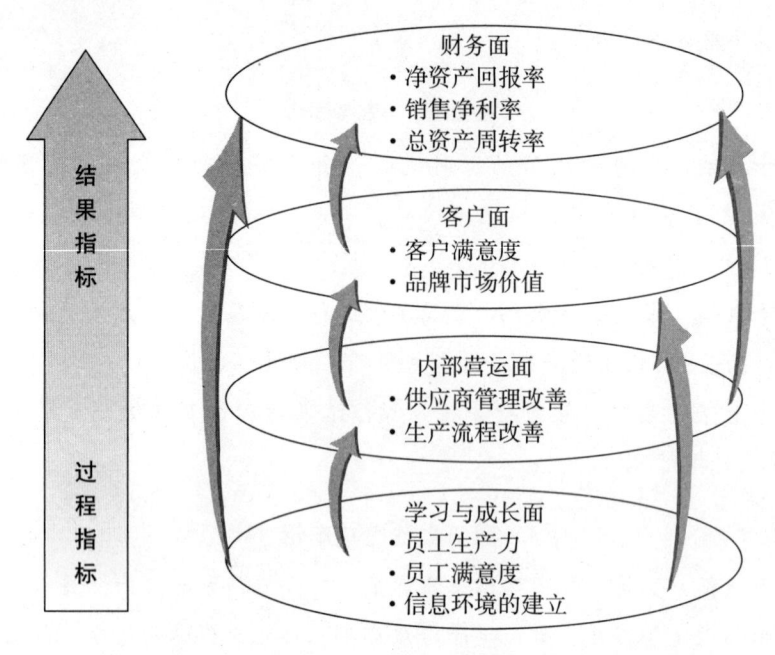

财务面
- 净资产回报率
- 销售净利率
- 总资产周转率

客户面
- 客户满意度
- 品牌市场价值

内部营运面
- 供应商管理改善
- 生产流程改善

学习与成长面
- 员工生产力
- 员工满意度
- 信息环境的建立

图 14-2　指标示例图

14.1.4　沟通目标—双方互认绩效任务

绩效目标是绩效评价标准，它必须是具体的、可量化的、可定性的，最关键的是，它必须是可执行的。不同岗位的目标因岗位差异而有所不同；即使许多员工的工作职责描述相同，然而在设定目标时也应有所差异。

实战案例

表 14-1　某企业人力资源总监绩效目标沟通结果

职位	指标分类	绩效指标	绩效目标	目标核算方法
人力资源总监	人力资源效率目标	劳动效率	同期提升 5%	当期目标－同期目标
		人事费用率	同期降低 1%	当期目标－同期目标
	人才招聘计划	关键人才招聘到位率	不低于 85%	关键人才实际到位人数／计划招聘人数
		校园人才招聘计划完成率	不低于 88%	校园人才实际到位人数／计划招聘人数

续表

职位	指标分类	绩效指标	绩效目标	目标核算方法
	培训管理	培训计划完成率	不低于88%	培训实际完成数/培训计划数
		讲师培训计划完成率	不低于86%	讲师实际培养人数/计划培养人数
		课程开发计划完成率	不低于86%	课程实际开发数/计划开发数
	薪酬绩效管理	年度人工成本总额预算	不超预算	预算－实发≥0
	人才发展管理	关键人才流失率	不超过9%	关键人才流失人数/（期末人数＋离职人数）
		后备人才储备率	不低于计划的80%	后备人才储备数/计划数
		……	……	……

14.1.5　沟通承诺—双方签订绩效目标承诺书

以上沟通结束后，管理者和员工双方就绩效的相关内容达成一致，但口说无凭，要签字画押。对此，双方要签订绩效目标承诺书，在承诺书中明确双方的相关责任及权利。

14.2　事中沟通的内容及技法

14.2.1　沟通管理方法——提高工作效率

管理方法技术沟通的目的是掌握现有管理工作方法及技术存在的问题并及时解决，最终是保证绩效工作的顺利进行，具体从以下几个方面来开展。

1. 事前充分准备

（1）仔细阅读下属的KPI目标及其完成的情况；

（2）多方收集下属的工作表现、工作成果并给予相应的评分；

（3）与下属确认沟通的具体时间并让其做好准备；

（4）面谈时最好安排一个轻松的、没有压力的环境。

2. 沟通方法因人而异

由于员工各自的差异，绩效沟通的侧重点也不同（如表14-2）。

表14-2 绩效沟通侧重点

员工类型	表现形式	沟通侧重点
贡献型	好的工作业绩，好的工作态度	要提出更高的目标和要求，因为这类员工是创造良好团队业绩的主力军，是最需要维护和保留的
冲锋型	好的工作业绩，差的工作态度	要与其保持经常的沟通、辅导、关注与交流。因为这类员工容易在工作情绪上忽冷忽热，态度上时好时坏
安分型	差的工作业绩，好的工作态度	要把制订明确严格的绩效改进计划作为面谈重点，态度好不能代替工作业绩不好，这类员工虽然态度不错、工作兢兢业业，但工作业绩上不去
堕落型	差的工作业绩，差的工作态度	要重申工作目标，澄清下属对工作成果的看法

3. 沟通运用技术减少障碍

流程模板是规范管理、提高效率的重要工具之一，运用科学的工作流程与合理的方法模板可以做到事半功倍。

14.2.2 沟通克服绩效障碍

绩效障碍是指绩效管理过程中出现的难题。"确认绩效障碍"是顺利推行实施绩效管理的必要前提，而"克服绩效障碍"是针对发现的绩效管理的障碍而采取的相应行动（如表14-3）。

表14-3 绩效障碍及相应行动

确认绩效障碍	克服绩效障碍
公司部门和各分支机构的组织架构尚未整合调整完成，部分业务流程尚未理顺，某些部门和分支机构的职责不够明确	重组公司和各分支机构的组织架构，调整理顺业务流程，明确各部门和分支机构的职责

续表

确认绩效障碍	克服绩效障碍
各部门、分支机构和员工对绩效管理的概念、内容和措施缺少了解，尚未接受、认同绩效管理	加强对各部门、分支机构和员工关于绩效管理的培训，建立各种正式/非正式的沟通渠道，让各部门、分支机构和员工通过了解绩效管理的内容和具体措施，接受认同、绩效管理
公司目前的分配制度未能与部门全面的绩效表现出紧密的联系	调整公司的分配制度，建立与绩效管理相配套的激励制度
……	……

14.2.3 沟通调动协调资源

绩效管理的资源主要包括三大类，具体包括硬性支持系统即制度与流程保障、软性支持系统即知识与技术支持，与人力资源支持系统即调整考核指标。通过有效沟通，可以充分发挥其对绩效管理保驾护航的作用。

14.2.4 沟通协调周期进度

绩效沟通应遵循一定的周期，这种沟通应有计划、有规律地逐步进行（如表14-4）。

表14-4 绩效沟通周期及内容

周期	方式	内　　容
定期	回顾辅导	月度业绩回顾辅导 年度中期绩效回顾辅导
季度	业绩评价	季度业务目标完成情况
年度	绩效考核	员工经理的业务目标、员工管理目标、个人发展目标年度完成情况
		一般员工的业务目标、个人发展目标年度完成情况

14.2.5　通过辅导提升能力

帮助员工努力达成工作目标同时提升个人能力是绩效管理的真正目的。明知员工无能力完成工作目标却不去辅导，这样的管理就是失败的；相反，如果管理能够帮助员工克服困难、解决问题，让员工感觉到上司对他们的关注，员工就会心怀感激，为实现目标而努力工作（如图14-3）。

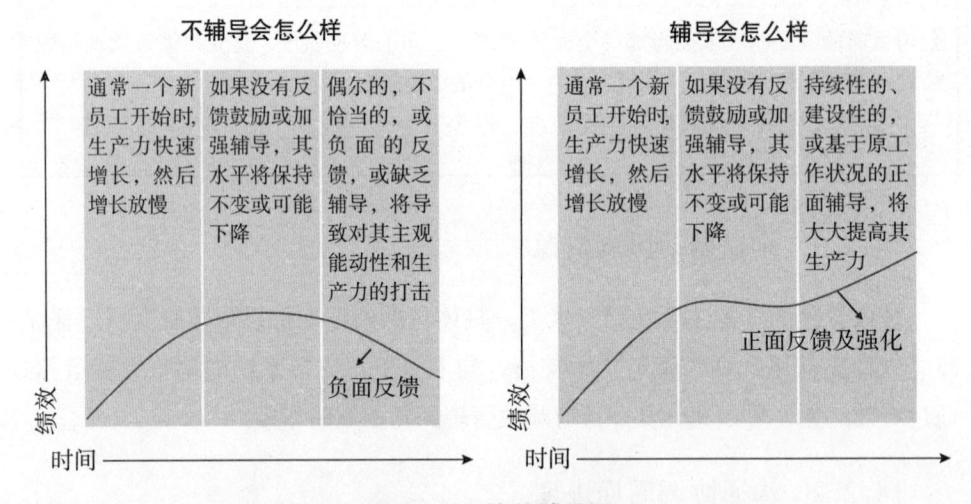

图 14-3　绩效辅导图

14.3　事后沟通的内容及技法

14.3.1　及时反馈绩效结果

一个考评周期结束后，管理者需及时向员工反馈绩效结果（如表14-5）。

表 14-5　绩效等级含义

绩效等级	定义	描　述	结果确认
PBC=A	非常出色的年度顶级贡献者	取得杰出的成果，业绩明显高于其他（同级别/工作性质）的人；超出或有时远远超出绩效目标；为他人提供极大的支持和帮助并表现出其职能岗位所需的各项能力素质	直线经理评估 二线经理审核

续表

绩效等级	定义	描述	结果确认
PBC=B+	出色的、高于平均的贡献者	工作范围和影响力超越其工作职责，绩效表现超过大多数同事，有发展的眼光及影响力；总是能达到或有时超出绩效目标，为他人提供有力的支持和帮助并表现出其职能岗位所需的各项能力素质	直线经理评估 二线经理审核
PBC=B	胜任的、扎实的贡献者	始终如一地实现工作职责，具有适当的知识、技能、有效性和积极性水平；基本能达到或有时超出绩效目标，为他人提供相应的支持和帮助并表现出其职能岗位所需的各项能力素质	直线经理评估 二线经理审核
PBC=C	需要改进提高的最低贡献者	与他人相比，不能充分执行所有的工作职责，或者虽执行了职责但水平较低或成果较差，并且/或者不能证明具有一定水平的知识、技能、有效性和积极性；连续的 PBC=C 绩效是不可接受的，需要提高	直线经理评估 二线经理审核
PBC=D	不能令人满意的	不能证明其具备所需的知识和技能，或不能利用所需的知识和技能；不能执行其工作职责，在连续被定级为 PBC=C 之后仍未显示出提高	直线经理评估 二线经理审核

绩效评价关注点（如表 14-6）。

表 14-6　绩效评价关注点

以往的关注点	现在的关注点
评判是非	计划未来
评估表格	管理流程
挑毛病	发现问题、提升管理
赢—输的观念	双赢的理念
结果、结果、结果	结果＋行为
人力资源管理流程	业务管理流程
威胁	激励

14.3.2 及时处理绩效申诉

被考评者如对绩效考评结果存有异议，应首先通过与直接上级沟通的方式谋求解决。如解决不了，员工有权在得知考评结果后的一定期限内向人力资源部提出申诉、填写绩效申诉表，超过期限则不予受理。人力资源部在接到员工的申诉后，要及时进行调查，并就调查结果给予答复。人力资源部应根据了解到的实际情况，结合公司制度出具第三方解决意见、与被考核人面谈、解释原因，并在员工申诉表上签署意见。如果员工的申诉成立，就必须改正申诉者的绩效考评结果。人力资源部应当与被考评者的上级协商，报绩效管理委员会批准后，调整该被考评者的绩效考评结果。

14.3.3 帮助对方分析原因

得到反馈后，员工与管理者应进行有针对性的沟通。

如何让绩优员工持续保持业绩，并在部门、公司内分享成功经验，让绩劣员工学习进步提高绩效，是管理者和管理团队非常重要的事。因此，对于绩效为 A（绩优）、C/D（绩劣）的员工，需进行隔级面谈——由主管领导参与面谈，如果有需求，人力资源部门相关领导也可介入与这两类员工的面谈。

对于没有完成的目标，直管领导要跟员工进行复盘，分析是由客观原因还是主观原因造成的，是由企业内部管理还是外部环境发生了变化引起的，还是员工的胜任能力不足或经验不够。最后是对于不理想的目标的下一步改进计划的沟通与制订，通过制订一个明确有效的下一阶段改进计划实现员工业绩和能力的提升，是保证绩效持续改进的一个关键步骤。对于顺利甚至超前完成目标的员工，直管领导也要引导员工萃取成功经验，将员工采取的有效方法和措施在内部进行分享，使大家共同进步。

管理者与员工沟通完毕之后，须固化交流成果，就在传承与创新、差距项目及分析、提升方向及建议上达成的共识签订"绩效护照"，清晰、准确地牵引员工改善绩效、不断进步。通过这个形式，也可以将绩效反馈仪式化，有效增强员工的责任意识和主人翁意识。

14.3.4 及时纠偏

管理者在做绩效沟通的时候遇到对抗并不是罕见的事情。当遇到对抗时，非常重要的一点是聆听员工提出的问题，并且判定他们的问题是否有根据。如果有根据，就要找到方法去帮助员工解决这些问题；如果没有根据，管理者就要解决这种对抗（如表 14-7）。

表 14-7 对抗类型

对抗类型	你能做什么
转移 "我做这个的原因是"	倾听和考虑他们的观点 如果原因是合理的，加以思考 如果原因不合理，将关注点返回到行为上并且保持反馈 保持关注需要的行为变化和变化理由
谴责其他人 如"但是其他的团队不买账""××需要先干他那块"	倾听和考虑他们的观点 如果原因是合理的，加以思考 如果原因不合理，将关注点返回到行为上并且保持反馈 不要揶揄其他员工 保持关注需要的行为变化和变化理由
个人情况	倾听和领会 如果有需要请提供帮助 如果需要可以从你的经理或人力资源合作伙伴处得到建议 保持关注需要的行为变化和变化理由 保持参与和监控这一情况
情绪反应 • 愤怒 • 哭泣 • 沉默/撤退	预料到这些—写下你的反馈要点，使得你不会漏掉关注点 如果有人愤怒—给员工一点时间平静下来，不要让情况恶化 如果有人哭泣—使会谈的步调慢下来，给这个人机会去恢复他自己 如果有人沉默或撤退—提问开放式的问题使员工参与对话

14.3.5 制订绩效改进计划

计划是根据员工有待发展提高的方面所制订的在一定时期内完成有关工作和工作能力改进与提高的系统计划。绩效改进计划应该有明确清晰的目标，因此在制订员工绩效改进计划时要指出需要提高项目的目前表现水平是怎样的，期望达到的水平又是怎样的。

第十五章

绩效结果如何用于激励
——有奖有惩,激励组合巧用

评价企业绩效管理的好坏、是否真正发挥了作用，不仅仅要看绩效体系是否健全、过程评价是否符合流程规则，更要看绩效评价结果是否被合理应用以及应用后产生的激励效果是否产生了积极的作用。

15.1 绩效结果的应用原则

对绩效结果的应用一般遵循以下三个原则。

1. 有效沟通、反馈及时

绩效管理的过程是不断沟通反馈的过程，如果沟通反馈不恰当、不及时，员工不了解自己的行为是否符合公司的标准，就不利于员工的绩效改善和经验分享，同时也不利于营造公司良好的绩效文化。因此，主管最好在绩效结果出来的三天内跟下属员工进行反馈，并进行沟通确认。主管反馈时需提前掌握员工的工作状态，避免反馈时员工不认可结果却无法说服他认同。

2. 有果必用、奖惩有规

奖对是基础，罚准是水平。对绩效结果的应用最直接的体现就是奖惩分明、严格执行，公司可以从物质、精神两个维度来激励员工为达到企业目标而努力工作，同时对管理中出现的问题进行纠正。

如何让奖惩发挥最大效用？奖惩的时效性是非常重要的，时效性决定有效性，管理者应在规定的考核周期内及时兑现承诺。

3. 改善为本、双赢为上

将员工和组织的绩效紧密联系起来，促进二者共同成长是绩效管理的最终目的。因此，根据绩效结果制订辅导提升方案，有针对性地辅导员工、提升员工的能力和绩效、促进员工成长、让员工看到有希望和发展，是管理者必须具备的意识和能力，也是必要承担的职责。

15.2 绩效结果的应用范围

对绩效结果的应用简单归纳起来就是用在分钱和个人发展的参考上。分钱，就是基于员工的绩效表现去进行有效的薪酬激励；发展，就是对于绩效优秀又具有高潜力的员工进行重点培养，提拔使用，让其发挥更大价值。

实战案例

表 15-1 绩效结果应用实例

绩效应用	等级比例	A ≤ 20%	B ≤ 70%	C ≥ 7%	D ≥ 3%	备注
薪酬激励	工资发放	按绩效系数兑现工资				
	奖金发放	高于平均系数的奖金发放	按平均系数发放	低于平均系数的奖金发放	不予发放或视政策发放	
	调薪	高于平均调整幅度的调薪	按平均调整幅度调薪	低于平均调整幅度的调薪	不予调薪	
职业发展	晋升	B级及以上是晋升的必备条件；同等条件下，A级优先提拔、晋升		不允许晋升	不允许晋升	
	调动	可内部流动	可内部流动	有条件流动	降级降薪后可流动	
	任职资格	可跨级认证	常规认证	不可晋级认证	不可认证	
	末位优化	/	/	纳入末位库	直接优化	
	户口、居住证办理	按政策优先办理	按政策办理	不办理	不办理	
	荣誉	优先评先	/	不可评先	不可评先	

15.3　绩效结果的应用技巧

依据 1M3P 薪酬激励设计理念，设计薪酬时，首先应以市场因素为基础依据，依据市场确定本企业的薪酬战术；在确定薪酬策略后，要根据职位价值的区别确定职位工资薪级；在薪级中，根据个人能力的不同，确定所属薪档；最后根据个人的业绩表现情况来确定职位的最终工资收入。绩效激励是员工激励的最终体现：企业是否创造了相应业绩？是否付出了与之相匹配的薪酬？员工是否创造出应有的价值？是否获得了起到激励效果的收入？

不同公司的薪酬政策存在许多差异，但薪酬政策中的薪酬项目基本可分为两大部分，即固定部分和变动部分。职位级别和能力等级决定了员工薪酬中的固定部分，绩效激励则决定了薪酬中的变动部分，绩效结果主要用在对员工的当期激励和中长期激励中。

15.3.1　绩效结果当期激励应用

绩效结果在当期激励中的应用主要体现在月度绩效工资、年度绩效奖金和绩效调薪三方面。月度工资可分为固定工资（每月固定发放）和绩效工资，绩效工资由个人月度绩效结果决定；年度绩效奖金由个人年度绩效来决定，个人年度绩效又由年度职位绩效和年度组织绩效共同决定；员工的薪酬调整受员工绩效结果影响。

1. 月度绩效工资

月度工资中的绩效工资由个人月度绩效结果决定，个人月度绩效结果又由月度职位绩效和月度组织绩效加权决定（如图 15-1）。

（1）绩效工资核算常用公式

绩效工资标准：一般以基本工资为基数，确定一个变动的绩效工资额度或比例；

绩效工资：根据员工个人的绩效评价结果，确定工资的发放标准及支付方式；

绩效工资 = 绩效工资标准 × 个人绩效系数

个人绩效系数 = 组织绩效系数 × d%+ 职位绩效系数 ×（1–d%）

```
组织绩效 × 权重 ＋ 岗位绩效 × 权重 ＝ 个人绩效
体现企业           体现岗位
发展价值           贡献价值
                            ——价值导向，共赢发展——
```

图 15-1　个人绩效示意图

其中，组织绩效系数根据部门组织绩效指标核算结果确定，职位绩效系数根据职位绩效等级或绩效分数确定（如表 15-2）。

表 15-2　个人绩效等级对应系数

个人绩效等级	A	B	C	D
兑现系数	1+n	1	1–n	≤ 1–m

注：（其中 m ＞ n ＞ 0）

（2）绩效工资的权重设计

绩效工资是变动薪酬中的一部分，不同企业的薪酬构成不同，变动薪酬中除了绩效工资外可能还会有其他构成形式，不同职位的变动薪酬构成也不尽相同。因此，绩效工资权重可以从企业发展阶段、职位属性、管理层级三方面综合考虑设计（如表 15-3）。

表 15-3　绩效工资权重设计

模式/占比	企业阶段		职位层级		职位特性	
	创业期发展期	稳定期衰退期	高层	中基层	职位激励弹性大，职位努力弹性大	职位激励弹性小，职位努力弹性小
绩效工资	40%–50%	20%–30%	40%–50%	20%–30%	40%–50%	20%–30%
固定工资	50%–60%	70%–80%	50%–60%	70%–80%	50%–60%	70%–80%

（3）组织和个人绩效的权重设计

一般而言，职位层级越高，对组织的绩效结果影响度就越大，与组织绩效挂钩的权重就越高；职位层级越低，对组织的绩效结果影响度就越小，与职位绩效挂钩的权重就越高。

实战案例

某公司组织绩效与个人绩效权重标准

某公司将管理层级分为高层和中基层。对于公司高层，其涉及的工作类型一般为职能和业务两类。分管业务的更多的是对管辖业务的业绩结果直接负责的，对他们的绩效设计即可以用组织绩效为职位绩效；分管职能业务的因职能业务经营结果衡量评价难，组织绩效权重可以少些，一般为30%-50%；而对于中基层领导，因其工作类型相对集中，职位绩效权重一般为60%-70%（如表15-4）。

表15-4　组织绩效和个人绩效权重设计

序号	层级	管辖业务	组织绩效比重（d）	职位绩效比重（1-d）
1	高层	职能	30%-50%	50%-70%
2		业务	90%	10%
3	中基层	职能/业务	10%-30%	70%-90%

2. 年度绩效奖金

年度绩效奖金是企业根据员工个人的绩效评价结果，确定奖金的发放标准并按绩效核算支付的奖金。表15-5是某公司绩效等级与年度绩效奖金发放的政策设计。

表15-5　绩效等级与年度绩效奖金兑现政策表

绩效等级	A（≤20%）	B（≤70%）	C（≥7%）	D（≥3%）
年度绩效奖金发放	高于平均系数的奖金发放	按平均系数的奖金发放	低于平均系数的奖金发放	不予发放

15.3.2 绩效结果长期激励应用设计

绩效结果在中长期激励中的应用是根据企业的中长期绩效目标考核结果来进行的相应激励。中长期激励主要针对企业的关键核心人才，也就是企业的高管。企业通过设计中长期激励政策，让高管人员的收入与企业当期效益和长远发展相挂钩，从而让他们既关注当下，又关注未来。以下是某企业设置的三年绩效目标奖励的案例。

实战案例

三年目标奖励案例

某企业以三年为绩效管理周期，高管团队与企业签订三年绩效合约，根据合约目标达成情况，按照相应规则进行激励。同时，三年绩效合约期满，如累计完成绩效超出目标，超额部分按照利润超额提成奖励。

该企业的三年目标奖励分为两部分，一部分是以三年期锁定目标，根据时间进度目标完成情况核算发放的阶段目标完成奖；另一部分是以三年累计目标为准，绩效合约期满根据利润超额部分兑现的超额利润奖。

1. 目标完成奖

根据锁定的三年经营业绩目标，达成目标则按照相应规则进行激励。以下（如表15-6）是某企业设计的目标完成奖政策。

表 15-6　某企业目标完成奖设计

要　素	内　容
奖励对象	企业高管
指标设计	市场占有率与利润导向型绩效指标为责任利润、市场占有率；利润导向型业务绩效指标为责任利润
激励目标设计	N+1年、N+2年目标采用三年增量目标的时间进度目标，N+3年目标为三年锁定目标
提取规则	在锁定三年期内，根据绩效指标完成情况，按规则提取奖金N+1年、N+2年绩效指标均完成年度激励目标提取奖金包的30%，N+3年绩效指标均完成三年锁定目标，提取奖金包的40%，若单项指标完成年度目标，另一个指标设定下限，予以部分兑现

2. 超额利润奖

为引导业务高管关注业务价值增长，创造更高利润，公司设立超额利润奖。3 年绩效合约到期，累计完成超出 N+3 年累计目标的，超额部分按照利润超额提成提取（如表 15-7）。

表 15-7　该企业超额利润奖设计

要　素	内　容
奖励对象	企业高管
利润超额提成提取	三年绩效合约期满，完成绩效指标的三年累计目标且有超额部分，按利润超额部分的 20% 提取激励基金

15.3.3　绩效结果在职业发展中的应用

绩效评价结果在员工职业发展中的应用主要包括晋升、轮岗、降级、优化等。对于绩优的员工，可以升职；对于绩差的员工则予以降级、调岗或者解聘等处理。本节重点介绍基于绩效调整专业等级调整以及末位优化的方法和技巧。

实战案例

某公司人才发展模型

某公司管理人才综合考评从业绩和领导力两个维度进行评价，结果分为优秀、合格、有差距。综合评价结果采用业绩导向原则，业绩不合格者，综合评价结果均为有差距，对于优秀的员工，一般采取管理晋升、专业加速认证、提供更富挑战性的工作等方式进行正激励，对于有差距的员工，一般采取管理降级、专业降级降等、培训/换岗/淘汰等方式进行负激励（如图 15-2）。

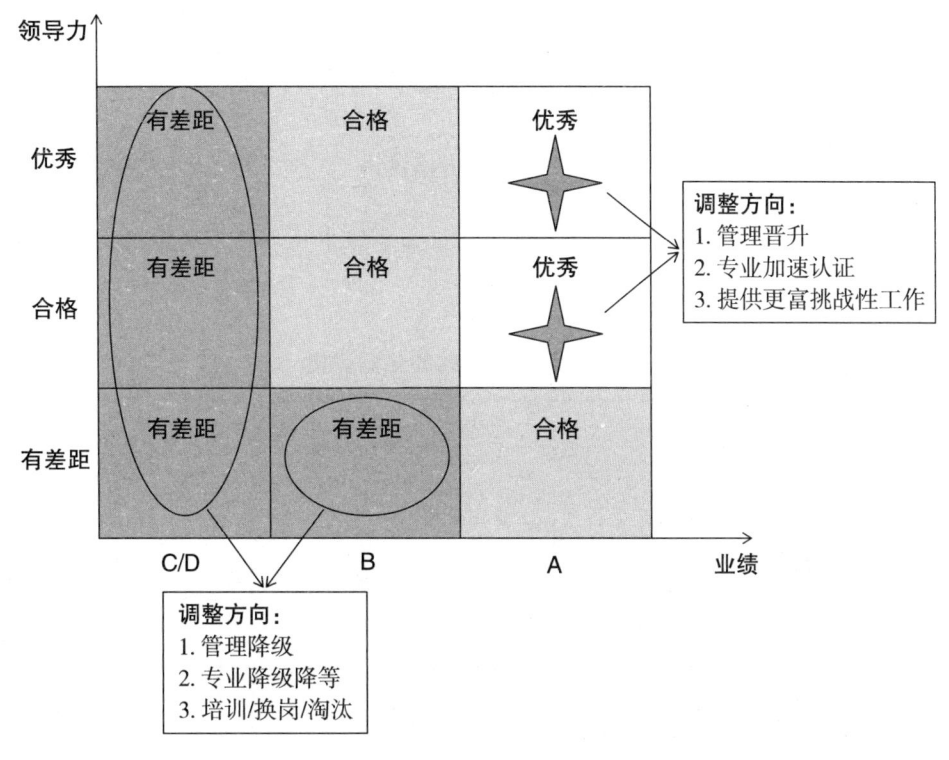

图 15-2　人才发展九宫格

1. 基于绩效的专业等级调整

如何让优秀员工脱颖而出、为员工提供更多发展机会？除了提供管理岗位之外，疏通专业技术发展通道也尤为重要。以华为等为典型代表的国内知名企业通过搭建科学、专业、系统的任职资格体系，设置相应级别，规范员工培养和选拔，建立了员工职业发展通道，牵引员工不断学习，为专业技术人员与管理人员的流动提供了依据和平台。

其中，绩效是符合任职资格认证的基本条件，在认证过程中，通过绩效等级的分层来为优秀员工提供更多发展进步的平台。

实战案例

某公司任职资格认证

某公司任职资格等级共设置8级，在认证等级申请环节有如下规定（如表15-8）。

表15-8 基于绩效的任职资格

认证层级	绩效等级			
	A	B	C	D
三级及以上	逐级逐等晋升（能力、业绩突出可跨等）		年度绩效结果为C/连续两个季度为C则降等降级	直接降级降等
二级及以下	跨等晋升	9%跨等晋升（需制定评选标准）		

2. 基于绩效的末位优化

末位优化是指企业为满足竞争需要，通过科学的评价手段对员工进行评价，并在一定的范围内奖优罚劣，对绩效较差的员工，以一定的比例予以降职、降薪、降岗、解除劳动合同的行为（如表15-9）。

以绩效为导向，先建立末位库，再锁定拟优化人员名单，同时根据拟优化人员各自的不同情况分别采取不同优化措施。当企业采取末位优化时，需要留存足够多的证据，证明员工确实无法符合企业的胜任要求，做到末位优化有据可依，规避法律风险。

表15-9 末位优化措施

序号	优化措施	具体内容
1	降职	指实施优化措施后，被优化人员行政级别低于原级别，或免去行政职务，适用于具有行政职务的管理人员
2	降岗	对于管理技术人员：将被优化员工调整至试制工人岗、生产强相关岗、营销业务岗、辅助人员岗、生产作业人员岗；对于营销业务人员：将被优化员工调整至生产强相关岗、辅助人员岗、生产作业人员岗

续表

序号	优化措施	具体内容
3	降薪	实施优化措施后，被优化员工岗级工资低于原岗级工资
4	解除劳动合同	降岗、降薪或培训后仍考评不合格的或者是严重违反公司规章制度的被优化员工，解除双方劳动合同

15.3.4 绩效结果在培训发展中的应用

基于职位任职资格标准，通过绩效考核，可以有效识别员工能力差距及培训需求，从而为员工制订有针对性的培养方案。通过识别最佳绩效行为和员工现有行为的差距，可以为培训明确目标和方向。最佳绩效行为一般包括行为动机、胜任标准、胜任技巧，针对员工的行为。对标最佳绩效标准，我们可以进行经典三问：针对某项任务/工作，愿不愿意做？会不会做？能否做好？这样就可以有效判断员工行为动机是否正确、是否知道任务目标和标准、是否掌握行动技巧，从而识别培训需求（如图15-3）。

图 15-3　甄别培训需求

实战案例

某公司绩效部新晋刘经理的培养计划

通过公司内部的职位任职资格标准，我们可以梳理出绩效经理应该具备的能力及行为（如表15-10）。

表 15-10 绩效经理对应的能力及行为标准

业务			绩效经理对应的能力及行为	
业务模块	业务分类	业务要素	核心关键能力（独立设计集团级管理政策、业务流程和管理标准，提出业务解决方案）	业务执行能力（能够进行问题分析及参与制订解决方案、对运营情况进行分析评价、具有一定的培训指导能力）
绩效管理体系	员工绩效体系	绩效管理体系		
		绩效指标与目标体系	分析并提出优化建议	
		绩效管理制度、方案制定	制订与优化集团绩效管理制度、方案	
绩效管理运营实施	绩效计划	绩效考核标准	制定系统评价标准	
		绩效计划组织实施		评审绩效计划
	绩效考核	集团高管		核算与评价
		中高层管理者		审核绩效核算结果
		人力资源系统绩效管理		制定管理政策、评价标准
	绩效结果及申诉	绩效结果反馈		
		绩效辅导		制定绩效反馈与辅导的规则转化事业部执行标准
		绩效申诉		处理绩效申诉
	绩效运行评估	业务运营分析报告	评价并制定绩效整体运营报告	编制单一环节/单位绩效运营报告
		绩效运行情况审计及纠偏		绩效执行审计

通过绩效考评和沟通反馈，发现刘经理在绩效指标与目标设计、绩效管理制定和方案制订、绩效考核和绩效申诉四个维度存在一定差距（如表 15-11、图 15-4）。

表 15-11 绩效经理岗位差距具体表现

业务模块	业务分类	业务要素	差距项	
			核心关键能力（独立设计集团级管理政策、业务流程和管理标准，提出业务解决方案）	业务执行能力（能够进行问题分析及参与制订解决方案、对运营情况进行分析评价、具有一定的培训指导能力）
绩效管理体系	员工绩效体系	绩效管理体系		
		绩效指标与目标体系	KPI 指标设计承接性较弱	
		绩效管理制度、方案制订	顶层设计能力较弱，方案缺乏指导性和可操作性	
绩效管理运营实施	绩效计划	绩效考核标准		
		绩效计划组织实施		
	绩效考核	集团高管		核算容易出错，准确率较低
		中高层管理者		
		人力资源系统绩效管理		
	绩效结果及申诉	绩效结果反馈		
		绩效辅导		
		绩效申诉		经常与员工因绩效申诉问题发生争执
	绩效运行评估	业务运营分析报告		
		绩效运行情况审计及纠偏		

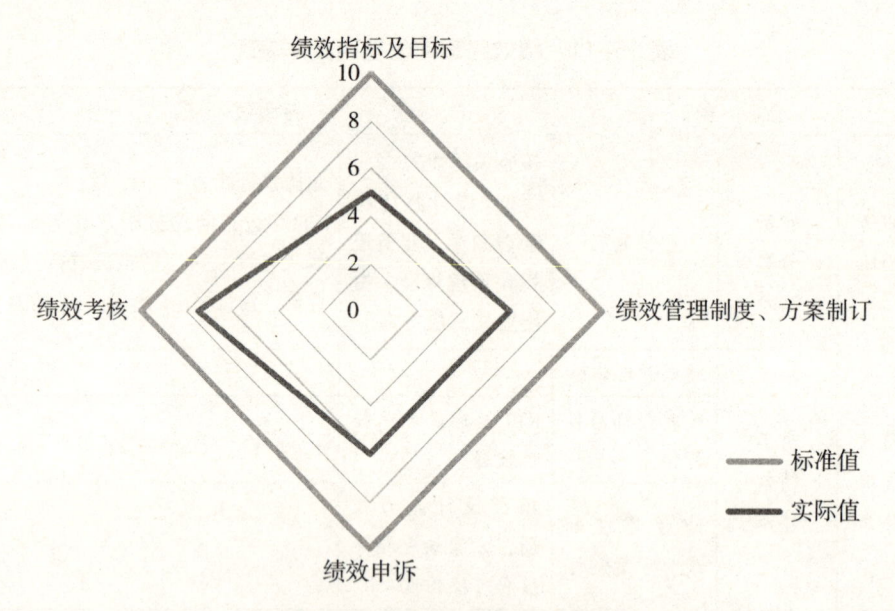

图 15-4　绩效经理岗位差距项

根据岗位能力差距项，对刘经理的培训需求进行分析，为其制订了以下培训计划，便于其后续的提升（如表 15-12）。

表 15-12　刘经理的培训计划

能力差距项	培训需求分析	培训内容	培训形式	培训次数	时间	培训验收
KPI 指标设计承接性较弱	1. 对于集团战略及业务不熟悉	集团战略业务架构及内容	自学	/	8月	考试
	2. 未掌握 KPI 的设计方法	KPI 方法设计	外培/头脑风暴/内部研讨	3次	8-12月	考试及答辩验收
顶层设计能力较弱，方案缺乏指导性和操作性	1. 对事业部的管理方式不熟悉	集团—事业部轮岗	轮岗	/	8-12月	答辩
	2. 系统思考能力有待提升	六项思考帽/思维导图	外培	2次	8月	答辩
核算容易出错，准确率较低	Excel 表公式计算不熟悉	Excel 高阶培训	自学	/	8月	现场演练
经常与员工因绩效申诉问题发生争执	沟通能力有待加强	有效沟通	内培、情景模拟	1次	8月	答辩

第十六章
高管人员的绩效设计管理
——"金手铐"是最好的激励工具

企业高管是指企业的高层管理人员，具体包括在企业管理层中担任重要职务、负责企业经营管理、掌握企业重要信息的人员，他们的重要职责是制定组织的总战略和总目标、掌握组织的大政方针、制定整个组织的绩效目标并对绩效结果进行评价。他们参与企业战略目标的制定、重大事项的决策，享有参谋和高管的双重身份，是组织的核心和中坚力量。他们既要懂战略、懂业务、懂用好资源，特别是人才资源，又要有团队融合力、推动力、执行力、系统能力。这些职责对高管人员的素质能力要求较高，因此高素质高管人员的激励与保留对企业来讲非常关键。对于高管的选用育留是任何企业都重要且头痛的问题。好的高管团队能引领一个企业持续健康地发展，反之则会将企业引向死亡。对于企业如何建立好的激励机制来激励和"拷"住高管人员、让他们持续创造卓越绩效、终身为企业工作，是业内共同探索的课题。本章就是基于这些难题，来讲述如何对高管人员进行绩效管理设计及有效激励。

16.1　高管人员的绩效指标设计

企业高管的使命是设计恰当的业务组合、选择正确的业务方向、剥离不良业务。他们基于企业战略框架，负责评估企业的当前业务和可能拓展的新业务，确定新的业务是否符合公司长期发展规划，在此基础上制订投资组合计划，再通过落实投资计划和继任者计划得以实施。

首先，他们要负责制订企业的投资组合战略，包括决定企业应该开展什么样的经营业务以及应该放弃哪些业务；其次，他们还必须为企业的事业部总经理层级建立继任者机制，以确保企业内有合格的人员储备去经营业务。最后，他们还要为企业层级的业绩负责：而财务业绩是企业的首要业绩。

基于此，对高管的绩效指标设计，主要围绕财务结果、战略牵引、领导能力三个方面展开。其中财务结果指标是反映公司财务状况的综合指标，由反映财务收益、财务运营效率、发展能力、偿债能力和现金流共五方面的指标构成；战略牵引指标是与公司战略定位相关的、反映公司未来一段时间战略发展方向的指标，主要体现在市场、客户、产品、技术等方面；领导能力指标则是对高管人员领导能力的综合评价（如图 16-1）。

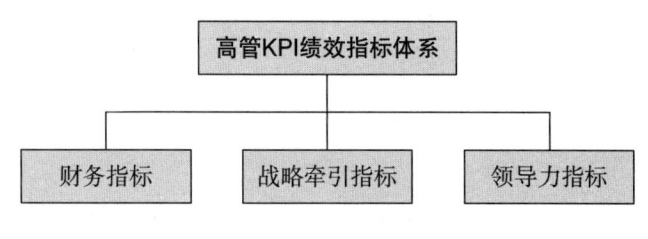

图 16-1　高管人员 KPI 绩效指标体系

1. 财务指标

绩效评价离不开相关财务指标，所以在设计高管人员的绩效指标时也要考虑财务绩效。财务指标是结果性指标，它涉及的不单纯是财务问题，更重要的是要通过这些财务指标评价给决策者提供相关信息，以便他们决策采取什么行动才能改进绩效、提高企业的经营业绩。

2. 战略牵引指标

如果单纯利用财务指标评价，高管人员就可能产生只关注利润的短期行为，而战略牵引指标是对未来发展进行规划的非财务指标，着力于企业发展。它从市场、客户、产品、技术等方面对企业战略目标和衡量方法进行评价，把企业的抽象使命和战略变为清晰的目标。高管人员既要达成财务目标，又要确保战略牵引各指标的实现。

3. 领导力指标

领导能力指标是评价高管人员领导能力的指标包括团队建设指标和员工发展指标。

16.2 高管人员的绩效目标设计

高管绩效目标的建立是将企业战略目标转化为可量化、可执行、可评价目标的过程，此目标不仅要紧紧契合企业战略目标，又要可落地执行、短期长期相结合，这样的目标设计才科学。以下是某企业的高管年度经营目标案例。

实战案例

某企业高管年度经营目标

该企业高管年度经营目标任务的考核指标包括财务指标和非财务指标两大类，财务指标包括利润总额、人均利润总额、销售回款率、销售收入净额四大指标；非财务指标包括风险系数指标、持续发展规划指标、个人能力素养指标、团队管理指标四大板块。

1. 财务指标

（1）利润总额：权重系数为××%，年度目标为××万元；

（2）人均利润总额：权重系数为××%，年度目标为××万元；

（3）销售回款率：权重系数为××%，年度目标为××%；

（4）销售收入净额：权重系数为××%，年度目标为××万元。

2. 非财务指标

（1）风险系数指标，权重系数为××%，包括：

➢ 重大决策失误次数为0；

➢ 重大安全责任事故为0；

➢ 班子上任以来，两年内形成的贷款无法回收金额小于×%；

➢ 高管人员和重要骨干人员非正常流失给公司造成损失的事故为0；

➢ 经营性合同失误率为0；

➢ 公司突发事项报告率××%，因乙方主观处理不当造成责任事故次数为0。

（2）持续发展规划指标，权重系数为××%，包括：

➢ 根据集团和公司要求，制订公司年度经营管理计划、财务预算，并切实执行；

➢ 根据集团和公司年度经营管理计划要求，按照"逐级签订、层层落实"原则，建立各层级责任体系，层层签订《年度经营管理目标责任书》，并切实执行考核；

➢ 执行集团战略发展规划，明确公司中长期发展目标，并切实推进。

（3）个人能力素养指标，权重系数为××%，包括：

➢ 带头执行公司制度，违规违纪率为0；

➢ 定期召开办公会议，会议制度落实××%，并有纪要；

➢ 班子成员一年中无重大投诉；

➢ 民意调查结果员工满意度××%。

（4）团队管理指标，权重系数为××%，包括：

➢ 团队成员团结协调，班子内相互诋毁、公开指责、多头指挥造成混乱事件为0；

➢ 班子定期有民主生活会制度，并有会议纪要；

➢ 员工培训制度健全，每年至少达到×次以上，并有完备的培训记录；

➢ 召开×次以上员工恳谈会，并有会议纪要；

➢ 后备干部队伍建设制度落实较好，有书面的建设规划和后备干部培养计划，并推进实施。

16.3　如何考核高管人员的绩效

16.3.1　高管绩效考核的周期

高管绩效考核一般分为短期考核和中长期考核，其中短期考核周期分季度考核和年度考核两类，中长期考核是以三年及以上为周期的考核。对高管的业绩要求，如战略牵引、领导能力、财务结果等，这些是无法在月度/季度周期内立刻看到业绩的，因此决定了对于高管的绩效考核周期更多应该关注中长期考核，通常考虑采用半年度述职、年度考核、制定三年期中长期目标等方式。

1. 季度考核

季度考核是按季度评价高管人员所在企业的经营业绩以及个人履职状况。在实际操作中，目前有些企业会采取不对四季度单独进行季度考核的方式，而是将第四季度与全年经营业绩完成情况结合起来，进行年度考核。

2. 年度考核

按一个财务年度评价高管人员所在企业的经营业绩以及个人履职状况。年度考核的目的是激励高管人员落实各项指标，同时对不胜任的人员予以调整。

3. 中长期考核

为了使高管人员的收入与企业当期效益和长远发展相挂钩，从而让他们既关注当下、又关注未来，很多企业会选择建立针对高管人员的中长期激励体系。一般中长期考核会选择三年至五年为一个周期，并设置周期目标予以考核。

16.3.2 高管绩效考核的具体内容及方式

高管的短期绩效考核可以包括对企业经营业绩的考核、对高管个人业绩的考核、高管个人的述职考核以及360度民主测评四部分。各部分所占权重不同，可根据各部分考核结果及权重，加权得出最终得分（如表16-1）。

由于企业高管对公司的经营目标完成情况负责，故对高管进行绩效考核设计时首先应对企业的经营业绩进行考核。每年年初，企业应与高管签订企业经营业绩考核责任书（包括绩效指标考核和重点工作考核），年中或年末分别对责任书中的指标完成情况进行考核。

其次，因各位高管分管业务不同，需根据其分管的业务和签订的绩效目标指标完成情况，对高管的个人绩效进行评价与考核。

再次，为更好地了解高管人员在考核周期内的工作完成情况、遇到的问题及改进策略，述职考核也是非常有效的考核方式，模板可参考案例。

最后，由高管人员的上级、平级和下级对高管的年度工作进行评价，从核心价值观和领导力等多方面进行评价。

表 16-1 高管绩效考核的不同类别的具体内容及权重

类别	具体内容	参考权重
企业经营业绩考核	企业的经营业绩指标和重点工作考核	××%
个人业绩考核	对高管人员个人分管业务的完成情况和取得的成果进行评价	××%
述职考核	对高管人员的年度履职情况进行评价	××%
民主测评	由上级、平级和下级360度对高管年度工作进行评价	××%

小贴士

根据企业战略目标，引导高管关注中长期的经营绩效，推动业务持续高速增长，一般企业在短期考核的基础之上会建立中长期考核激励机制，以三年至五年为周期，并与高管签订目标责任书，完成目标即按目标激励，超额完成目标额外增加激励。

16.3.3 高管绩效考核核算的兑现

年度考核得分＝企业经营业绩考核得分×权重＋个人业绩考核得分权重＋述职考核得分×权重＋民主测评得分×权重

根据得分及其对应的分数即可得出高管考核周期内等级结果（如表16-2）。

表 16-2 考核分数与绩效等级对应表

考核等级	优秀	称职	一般	不称职
等级代号	A	B	C	D
对应分数	≥100且<120	≥80且<120	≥60且<80	<60

16.4 如何应用高管人员的绩效

对高管绩效考核结果的应用主要体现在绩效奖金的分配发放和岗位调整等方面。如高管绩效评价不称职，部分企业会根据所规定的限制条件（如连续两年为C），对其进行降职或免职等。企业高管绩效考核的结果应与高管薪酬收入的实际兑现直接挂钩。本节将重点阐述高管绩效考核结果在薪酬激励方面的应用。

根据高管短期绩效考核的得分找出对应考核系数，考核系数乘以绩效奖金标准即为被考核人当期的绩效考核薪酬。

绩效考核最终得分对应等级和考核系数可参照表16-3。

表 16-3 该企业高管绩效等级及应用

等级	得分	考核系数范围	岗位调整
A（优秀）	120-150	1-1.6	/
B（称职）	80-120	0.6-1	/
C（一般）	60-80	0.3-0.6	连续2年C，变为D
D（不称职）	<60	0	年度为D无条件免职

绩效考核系数×绩效奖金激励标准即为高管当期绩效奖金发放额度。

16.5 打造"金手铐"

中长期绩效评估俗称黄金手铐，指通过有效的绩效激励，将高管的个人绩效激励与企业的中长期发展有效结合，有效规避个人的短视行为。一般企业会通过建立中长期激励体系，来激励高管不断追求卓越绩效。

中长期激励主要包括股权型激励与现金型激励，以及兼具股权型激励和现金型激励特色的混合型激励。现金型激励相对于股权型和混合型激励，对资本市场杠杆的利用较弱。

1. 股权型激励计划

股权型激励计划能充分利用资本市场的杠杆作用，主要包括股票期权、限制性股票和业绩股票三种模式。

（1）股票期权

股票期权指企业授予激励对象在未来一定期限内以预先约定的价格（即行权价格）和条件购买企业一定数量股票的权利（如图16-2）。通常，行权价格为授予时二级市场的市价，仅当股价上涨时方有收益；适用于初始资本投入较

第十六章 高管人员的绩效设计管理——"金手铐"是最好的激励工具 | 195

少、资本增值较快、在资本增值过程中人力资本增值效果明显的企业，如创业初期的高科技企业；通常用于高管和企业核心人员。

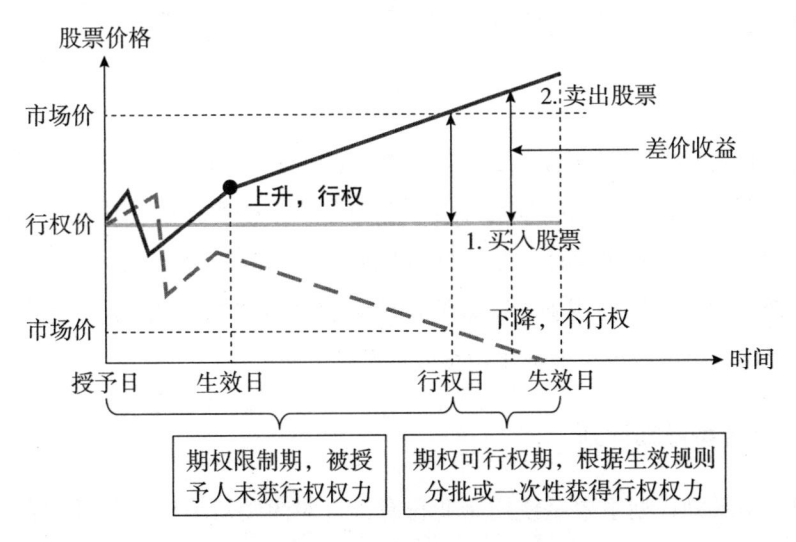

图 16-2 股票期权模式示意图

（2）限制性股票

限制性股票是指企业按照预先确定的条件授予激励对象一定数量的企业股票，激励对象只有在工作年限或业绩目标符合股权激励计划规定条件时，才可出售限制性股票并从中获益；激励对象在限制时期可收到股息并享有除转让权以外的股东权利；海外通常无偿授予员工，中国对员工的授予价格以 50%-

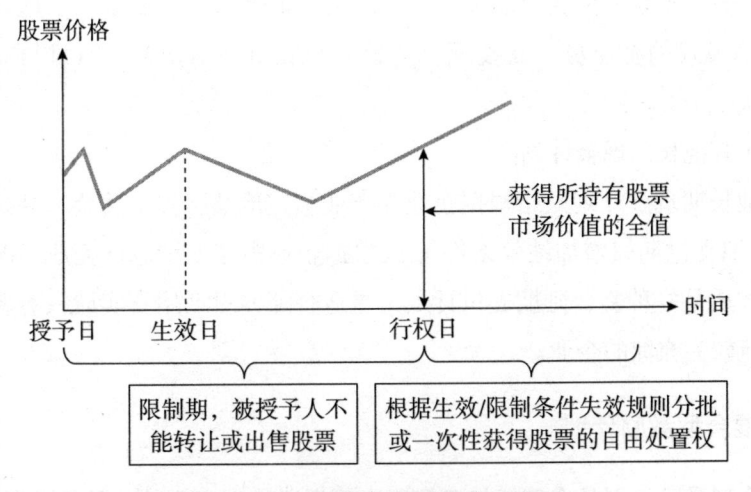

图 16-3 限制性股票模式示意图

100%市价为主（如图16-3）。限制性股票计划适合成长型及业绩比较稳定、股价市场波动不大、现金流比较充足且具有分红偏好的企业；通常适用于市场上较为稀缺、人才竞争激烈的人员，如高管、研发人员等，或公司需重点留用的人员。

（3）业绩股票

业绩股票是指按照激励对象达成长期绩效目标（通常是三年或者三年以上）的程度，授予激励对象相应数量的业绩股票。通常在业绩条件达成后对激励对象无偿授予。由于它对设计一个科学合理的长期绩效目标要求较高，因此比较适合长期绩效目标较为明确、绩效管理体系比较成熟的企业；通常适用于能够影响公司特定组织或特定业务单位绩效的关键人员。

2.现金型激励计划

现金型激励计划主要是使用企业自有资金对激励对象进行奖励的方式，几乎不使用资本市场的杠杆作用。

（1）业绩单位

业绩单位是指按照激励对象达成长期绩效目标（通常是三年或者三年以上）的程度，允许激励对象获得相应数量的现金。适合长期绩效目标较为明确、绩效管理体系比较成熟的企业，一般而言对企业现金支付能力要求较高，其模式与股权型激励计划中的业绩股票模式基本一致，区别主要在于受益员工获授的标的不一样：业绩单位获得现金，而业绩股票最终获得是股票。实施业绩单位长期激励模式的企业员工获授现金的数额与股市并不相关，而只与业绩完成情况有关。

（2）其他长期现金计划

其他长期现金计划是指根据企业当年业绩完成情况提取奖金，并延期支付（可在延期支付期间增加绩效条件）；或根据企业多年业绩总体完成情况提取奖金。其本质是一种奖金延期支付计划，更适合那些对动用真实股权有较大难度且现金流较为充沛的企业。

3.混合型激励计划

混合型激励计划是介于股权型和现金型激励计划之间的一种长期激励模式，

主要包括股票增值权和虚拟股票等方式。

（1）股票增值权

股票增值权是指向激励对象授予获得一定时期内一定数量企业股票市场价值增长的权利，被授予股票增值权的激励对象可获得增值权在发放日至行权日增值部分的价值。股票增值权是以现金方式实现的虚拟的股票期权（如图16-4）。它适合现金流比较充裕且具有较大成长空间的企业，方便跨境企业在不同国度的法律环境下实施跟踪上市企业股价的长期激励。

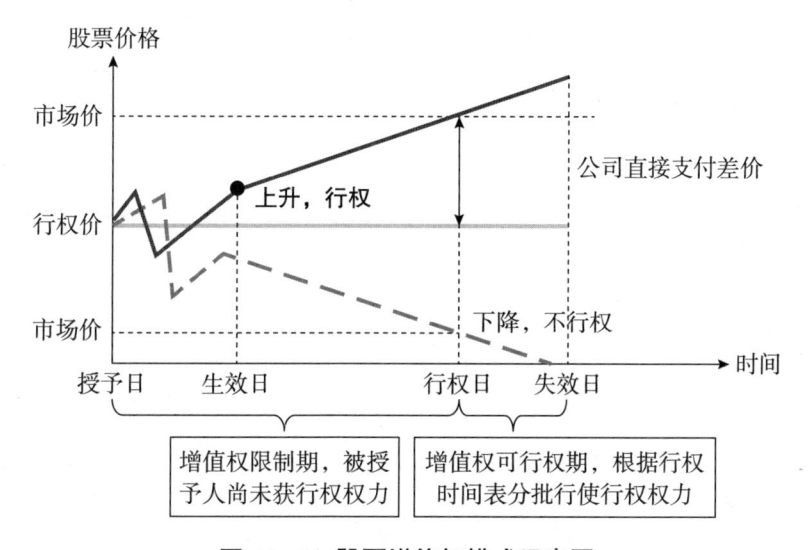

图 16-4　股票增值权模式示意图

（2）虚拟股票

虚拟股票是指企业向激励对象授予的与企业真实股权对应（虚拟股票）的单位，激励对象可以在一定时期以后获得与其对应的真实股权的全部价值或增值部分价值，并可根据计划设计享有分红收益，但没有实际所有权和表决权，也不能转让和出售，且在离开企业时自动失效。通常在既定条件达成后对激励对象无偿授予，少数企业要求个人出资（如图16-5）。

企业在选择长期激励模式工具后，也会充分考虑自身所处的生命周期。对于初步发展的企业，可能更适合股票增值权和长期现金计划；而对于处于高速发展阶段的企业来说，选择股票增值权和股票期权两种模式则更为利好；当企业发展处于成熟阶段时，则普遍会选择以业绩为基础的计划，包括业绩股票、业绩单位等；当企业处于衰退时期，则倾向使用限制性股票。

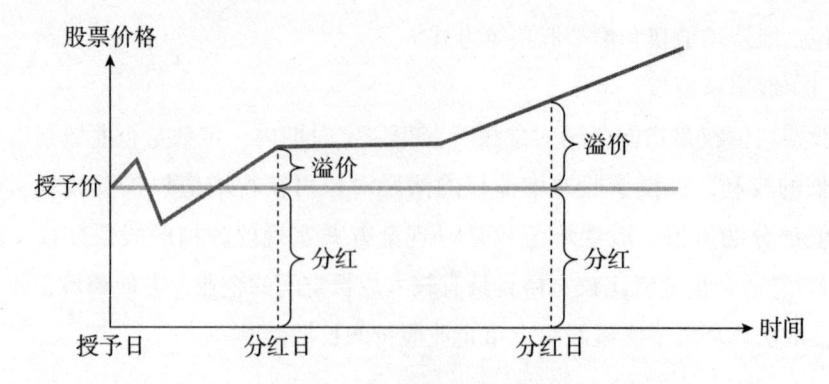

图 16-5　虚拟股票模式示意图

上述三种类型的长期激励计划，在理论层面上主要衍生为以上这些长期激励模式，但在实践层面，各企业将会在充分考虑和综合分析各模式工具的适用环境和本企业的自身情况要素后，作出最终选择，当然也会对长期激励模式工具进行创新性发展。

第十七章

职能管理人员的绩效管理

17.1　职能管理人员的分层分类管理

本章所指的职能管理人员，一般指企业中从事财务、采购、制造等职能及价值链运营管理的人员，通常纵向按管理角色从上到下分为决策层、管理层、执行层、操作层等不同层级（如表 17-1）；横向按管理职类分为研发类、制造类、营销类、财务类、法务类、人力类、党群类等不同职类（如表 17-2）。

表 17-1　纵向管理者分层表

管理角色分层	职责定位	对应人员
决策层	……	董事会成员
管理层	……	经理层人员
执行层	……	部门管理层人员
操作层	……	一般管理者

表 17-2　横向职类分类表

职位层次	职位职类						
决策层	董事会成员						
管理层	总经理						
管理层	副总经理		副总经理		副总经理		副总经理
执行层	财务类	法务类	人力类	党群类	研发类	制造类	营销类
执行层	部门总监	部门总监	部门总监	部门总监	部门总监	部门总监	部门总监
执行层	部门副总监	部门副总监	部门副总监	部门副总监	部门副总监	部门副总监	部门副总监
操作层	主管	主管	主管	主管	主管	主管	主管
操作层	助理	助理	助理	助理	助理	助理	助理

17.2 职能管理人员的绩效关注点

1. 责权利如何统一

责权利是责任、权力、利益的简称。作为一个管理者，他们都希望有自己明确的职责以及应承担的义务，都希望能在个人职责范围内展现自己的力量，而利就是利益，是自己应得到的好处。这些正是企业建立目标责任管理制度以及绩效评价机制的根本，只有让管理者有清晰的工作方向、目标和职权，同时给予相应回报，才能让他去努力工作。

2. 高绩效是否会获得高激励回报

如果绩效管理最终不能体现企业和个人的价值、不能聚焦到业务发展上，那么绩效就只会成为"管理者责难、直线经理推诿、员工抱怨"的触发器，员工努力了、奉献了并创造了好的价值，但这一价值与员工本人无关，员工自然不会再努力去关注绩效、创造绩效。

3. 绩效目标是否可达成

"跳起来够得着"的目标才是真正有效的绩效目标，如果一味追求高目标而忽视目标是否可达成，就只会打击员工的积极性和信心。因此，对他制定的绩效目标要既有挑战性，又要有可实现性，这样他才会去努力达成。

4. 绩效结果是否真实透明

绩效管理是集公平性、公开性和竞争性三者于一体的管理机制，只有员工们认可绩效结果，绩效管理的权威性、有效性、激励性才会充分体现，员工才会真正重视绩效。

5. 绩效评价不仅是用来考核的，更重要的是否能让员工能力获得提升

职业发展是管理人员最为关心的事。员工满意度敬业度调查报告数据显示，

职业发展和薪酬一般都排在前两位，因为员工能力提升了，在企业内部自然有机会提职加薪。如果企业不给机会，他就会去其他企业，这也是员工流出的要因之一，而绩效管理最重要的目的之一就是不断帮助员工提升能力、获得发展。

6. 尊重而不是嫉妒绩效好的员工

一个在科学绩效管理体系下评估出来的绩优员工肯定是付出了汗水的，他们付出了努力，就应该得到认可和回报。企业应建立好的绩效文化，去倡导绩优员工的优秀行为和做法；公司其他员工应调整好心态，努力向他们看齐，而不能以嫉妒的心态对待绩优员工。

对于实施两级管理的企业，集团会通过系统绩效实现对各事业部/二级单位的绩效管理，下面列举某公司制造、人力资源等职能系统的绩效管理案例。

17.3 职能绩效指标设计实例

17.3.1 制造管理类绩效指标

制造管理部门的职能是根据企业的经营目标和经营计划，从产品品种和质量、数量、成本、交货期等市场需求出发，采取有效的方法与措施，对企业的人力及材料、设备、资金等资源进行计划、组织、指挥、协调和控制，生产出满足市场需求的产品。相应地，制造管理绩效考核指标参考表17-3。

表17-3 制造管理类绩效考核指标库

序号	考核指标	数据提供	指标说明
1	单台制造费用控制率	财务计划部	实际发生单位制造费用/额定单位制造费用×100%
2	成品批次检验合格率	质量管理部	检验合格次数/检验总次数×100%
3	设备正常运转率	生产部/工程部	(实际运行实际－故障实际)/实际运行时间×100%
4	生产计划完成率	财务计划部/业务部	已入库量总数/生产计划量总数×100%

续表

序号	考核指标	数据提供	指标说明
5	损耗控制率	财务计划部	实际损耗之和/生产计划量总数×100%
6	生产计划完成率	生产管理部	实际完成产量/计划完成产量×100%
7	生产计划准时完成率	生产管理部	实际完成计划准时完成次数/生产计划次数×100%
8	产品一次合格率（直通率）	质量管理部	（1-月不良产次量/月产量）×100%
9	产品返工返修率	质量管理部	返工返修产品数量/实际生产量×100%
10	用户投诉率（生产原因造成）	质量管理部	产品投诉率/产品销售数×100%
11	事故损失率（万元）	财务计划部	生产过程中造成的人身、财务损失额
12	在制品周转率	财务计划部	入库成品原料总成本/（在制品期初库等额+在制品期末库存额）/2×100%
13	生产效率	各车间	∑产成品核定工时/∑产成品投入工时×100%
14	原料收率	财务计划部	∑产成品标准用料合计/∑产成品领用原料合计×100%
15	设备时间利用率	生产调度	（1-停机总工时/设备可用总工时）×100%
16	设备有效生产率	生产调度	（设备开机总工时-外部停机总工时）/设备开机总工时×100%
17	订单交货期准确率	营销管理部	（当期应出货笔数-当期延误出货笔数）/当期应出货笔数×100%
18	员工流失率	人力资源部	离职人数/总员工数×100%
19	订单准时完成率	生产管理部	（1-当月延迟制单笔数/当月实际耗用工时时数）×100%
20	生产成本下降率	财务计划部	（上期生产成本-当期生产成本）/上次生产成本×100%
21	产品抽查合格率	质量管理部	实际合格数/抽样产品总数×100%
22	产业工人劳动效率	人力资源部	产量/产业工人

17.3.2 质量管理类绩效指标

企业质量的绩效管理目标，要依据客户需求、产品定位及业务发展规划，对产品质量水平进行策划和定义，进而设计质量管理体系，持续为客户交付超越期望的产品与服务，以保障业务目标实现。

质量绩效可以从竞争性、经营性、过程管理等方面进行指标设计（如表17-4）。

表17-4 质量管理类绩效考核指标库

序号	考核指标	数据提供	指标说明
1	产品抽检比例	质量管理部	物料抽检率/标准规定比率×100%
2	辅料最终合格率	质量管理部	生产中正常使用的辅料数量/辅料总量×100%
3	客户拒收率	质量管理部	拒收批数/验货批数×100%
4	原辅材料现场使用合格率	质量管理部	（1-发现的不合格原辅材料数量/现场使用的原辅材料总数量）×100%
5	批次产品质量投诉率	客户服务部	客户投诉次数/产品出货总批次×100%
6	客户投诉改善率	客户服务部	客户投诉按时改善的件数/客户投诉总件数×100%
7	质量体系认证一次性通过率	质量管理部	质量体系认证一次性通过的次数/质量体系认证申请总次数×100%
8	产品质量原因退货率	质量管理部	质量原因产品退货数量/交付的产品总数量×100%
9	质量整改项目按时完成率	质量管理部	当期已完成的质量整改项目数/质量整改项目数×100%
10	质量培训计划完成率	质量管理部	已完成的质量培训项目数/质量培训项目数×100%
11	IPTV-3mis	质量管理部	整车三个月千台故障项次 =B×1000/A A：近12个月内当月生产的车辆在当月和次月的实现销售的数量合计 B：在A中使用90天内出现的故障项次
12	一次入库合格率（PDI）	质量管理部	一次入库合格台量/入库台量×100%
13	三包质量索赔费用	质量管理部	近12个月内三包期质量索赔费用总额/18个月保有量之和（销售量）

17.3.3 人力资源类绩效指标

为促进集团人力资源战略、策略和各项重点工作在人力资源体系内贯彻执行，要建立系统的绩效指标体系，客观、科学地衡量各单位人力资源系统的工作绩效，在绩效评价、沟通和绩效改进的基础上，提升人力资源系统整体绩效水平。通过绩效管理，在人力资源系统内形成更为客观、公正的干部升迁和收入分配调整机制（如表17-5）。

表17-5 人力资源类绩效考核指标库

序号	考核指标	数据提供	指标说明
1	劳动效率	人力资源部	销量（销售收入）/在编人员总量
2	人事费用率	财务计划部	人工成本总额/销售收入
3	员工流失率	各部门	离职人员/在编的平均人数×100%
4	人员需求完成率	各部门	经试用合格人数/需求人数×100%
5	培训计划完成率	各部门	培训计划执行总时数/培训计划总时数×100%
6	薪资总量预算安排完成率	人力资源部	实际发生成本/计划成本×100%
7	招聘费用预算完成率	人力资源部	实际发生费用/计划费用×100%
8	培训费用预算完成率	人力资源部	实际发生费用/计划费用×100%
9	员工工资出错次数	人力资源部	错误发放的工资次数/发放的工资次数×100% 错误发放的人数/发放的工资人数×100%
10	员工绩效计划按时完成率	人力资源部	按时完成的绩效考核数/绩效考核总数×100%
11	员工绩效考核申诉处理及时率	人力资源部	按时完成的考核申诉/考核申诉的总数×100%
12	招聘到位计划率	人力资源部	空缺职位总数/招聘空缺职位所用的总天数×100%
13	人员编制计划完成率	人力资源部	实际人数/计划编制人数×100%
14	劳动合同的签订率	人力资源部	已签订劳动合同的员工/应签订劳动合同的员工×100%
15	人才档案的完整性及数据更新的及时性	人力资源部	已归档人数/应归档人数×100%

17.3.4 财务管理类绩效指标

财务绩效指示企业战略及其实施和执行是否正在为最终的经营业绩作出的贡献。财务绩效能够很全面地表达企业在成本控制的效果、资产运用管理的效果、资金来源调配的效果以及股东权益报酬率等方面的组成，除了利润、收入、资金占用等指标，还可以从以下方面进行设计（如表 17-6）。

表 17-6　财务管理类绩效考核指标库

序号	考核指标	数据提供	指标说明
1	结算延迟天数	财务计划部、相关部门	考核财务部门财务结算时效和日常单据处理的能力，结算延迟天数以规定的结算完成日计算
2	支出审核失误率	审计部	不当支出金额/支出总额×100%
3	资金调度完成率	财务计划部	资金调度完成金额/经核准的资金需求总额×100%
4	财务数据及时、准确反馈率	财务计划部	及时、准确反馈数据次数/反馈总次数×100%
5	财务分析报告完成率	财务计划部	已完成报告的数量/每季度应完成的报告数量×100%
6	会计业务电子化率	财务计划部	已用的电子化会计业务种类/会计业务种类之和×100%
7	非生产资金运用收益率	财务计划部	非生产资金收益额/非生产资金总额×100%
8	计划预算控制完成率	财务计划部、各部门	（1-计划预算超支部门数/部门总数）×100%
9	资金保障率	财务计划部	月度资金需求（缺口）/月度实际融资额×100%
10	资金占用	财务计划部	实际资金占用金额/计划资金占用金额
11	提供财务数据和分析报告	财务计划部	要及时、准确、完整地提供
12	费用预算计划控制率	财务计划部	报告期实际费用支出/报告期计划费用额×100%
13	报表准确及时性	财务计划部	在规定日期实际提交的报表数/在规定日期应提交的报表数×100%
14	月成本统计准确率	财务计划部	统计出错次数/统计总次数×100%

17.3.5 客户服务类绩效指标

以满足客户需求为中心,为客户省钱、省心、省力,以公司效益最优化为宗旨,提高客户满意度(如表 17-7)。

表 17-7 客户服务类绩效考核指标库

序号	考核指标	数据提供	指标说明
1	用户满意综合指数	调查问卷、管理部门	用户对技术、产品质量、交货期、售后服务等方面的综合满意程度,根据调查结果进行统计分析
2	投诉处理率	客户投诉管理部门	每月实际处理的投诉数量/投诉部门×100%
3	客户档案完整率	市场部	合格档案数/客户总数×100%
4	客户意见反馈及时率	客服部	在标准时间内反馈客户意见的次数/总共需要反馈的次数×100%
5	客户服务信息传递及时率	客服部	标准时间内传递信息次数/需要向相关部门传递信息次数×100%
6	客户回访率	客服部	实际回访客户数/计划回访客户数×100%
7	客户投诉解决速度	客服部	月客户投诉解决总时间/月解决投诉总数×100%
8	客户投诉解决满意度	客服部	客户对解决结果满意的投诉数量/总投诉数量×100%
9	大客户流失率	客服部	考核期内大客户流失数量
10	大客户回访次数	客服部	考核期内大客户回访的总次数
11	客户满意度	客服部	接受调研的客户对客服部工作满意度评分的算术平均值
12	服务费用预算空置率	财务部	服务费用开支额/服务费预算额×100%
13	客户调研计划完成率	客服部	客户调研计划实际完成量/客户调研计划完成量×100%

17.3.6 市场营销类绩效指标

这类指标关注销量、销售收入、回款、网络开发及新增/价值客户等业务指标，体现企业短期及长期市场绩效增长（如表 17-8）。

表 17-8　市场营销类绩效考核指标库

序号	考核指标	数据提供	指标说明
1	销售收入	财务计划部	实际销售额 / 计划销售额 ×100%
2	货款回收额	财务计划部	货款实际回收额 / 计划货款回收额 ×100%
3	销售费用	财务计划部	实际销售费用 / 计划销售额 ×100%
4	新增客户数	市场管理部	增加新客户数 / 计划新增客户数 ×100%
5	销售目标完成率	市场管理部、财务计划部	实际销售发货额（KVA）/ 目标销售额（KVA）×100%
6	销售增长率	市场管理部、财务计划部	（本月实际销售额 KVA– 去年同期销售额 KVA）/ 去年同期销售额 KVA×100%
7	回款计划完成率	市场管理部、财务计划部	货款回款金额 / 计划回款金额 ×100%
8	成品库存周转率	市场管理部	本期出货金额 ×2/（期初货存额 + 期末货存额）×100%
9	市场占有率	调查机构	年度产品销售量（额）/ 国内年度同类产品销售量（额）×100%
10	市场竞争比率	市场管理部	实际销售额 / 主要竞争对手销售额 ×100%
11	品牌认知度	调查机构	受访的认知人数 / 受访总人数 ×100%
12	订单错误；修改金额比率	财务计划部、生产管理部	订单错误；修改变更金额 / 本年度销售预计金额 /12×100%
13	客诉及折让金额比率	财务计划部、生产管理部	该月客诉；折让金额 / 本年度销售预估金额 /12×100%
14	应收账款周转率	财务计划部	当月销售金额 / 当月平均应收账款 ×100%
15	应收账款周转天数	财务计划部	当月天数 / 应收账款周转率 ×100%
16	订单交货期准备率	生产管理部	（当期应出货笔数 – 当期延误出货数）/ 当期应出货笔数 ×100%
17	成品库存周转率	生产管理部	本期出货金额 /（期初库存额 + 期末库存额）/2×100%
18	成本库存周转天数	生产管理部	当月天数 / 成品库存周转率
19	样品成交（大货）率	生产管理部	接单成交笔数 / 样品下单笔数 ×100%
20	销售金额增长率	财务计划部	（本月实际销售额 – 去年同期销售额）/ 去年同期销售额 ×100%
21	渠道 / 网络开发计划实现率	营销部	实际完成渠道开发目标数量 / 渠道开发计划目标 ×100%

17.3.7 研发技术类绩效指标

研发技术类的绩效指标设计存在一定难度，一般从 QCDS，即质量、成本、交付实际及实现销量几个方面进行指标的设计，这里还针对不同环节的交付给了一些指标设计的建议（如表 17-9）。

表 17-9 研发技术类绩效考核指标库

序号	考核指标	数据提供	指标说明
1	预研报告通过率	项目管理部	产品立项通过数/立项总数×100%
2	新产品项目计划完成率	项目管理部	实际研制新产品完成数/计划研发新产品数×100%
3	设计目标认定通过率	项目管理部	新产品设计认定通过数/计划研制新产品数×100%
4	设计任务完成率	项目管理部	完成设计任务数/设计任务总数×100%
5	试制任务按时完成率	项目管理部	按时完成试制任务数/试制任务总数×100%
6	一次试制成功率	项目管理部	一次试制成功数量/试制产品总数×100%
7	产品开发收益率	财务计划部	开发产品的当年回款额/该产品投入×100%
8	人均产量	项目管理部	交付量产图纸数量/月平均人数
9	设计及时完成率	项目管理部	实际按期完成量/计划完成量×100%
10	设计损失率	财务计划部	∑设计损失金额/∑合同成本金额×100%
11	错误再发生数	项目管理部	∑错误再发生数
12	新产品样品及时完成率	业务部	当期依交货期完成样品笔数/当期交货期所需样品完成笔数×100%
13	技术改造费用控制率	财务部	技术改造产生费用/技术改造费用预算×100%
14	重大技术改进项目完成数	项目管理部	当期完成并通过验收的重大技术改进项目总数
15	新产品工艺设计任务完成准时率	工艺管理部	实际设计周期/计划设计周期×100%

续表

序号	考核指标	数据提供	指标说明
16	工艺试验及时完成率	工艺管理部	按时完成工艺试制次数/工艺工装文件总份数×100%
17	标准工时降低率	工艺管理部	(改进前生产成本−改进后标准工时)/工艺改进前标准工时×100%
18	工艺改进成本降低率	生产管理部、财务部	(改进前生产成本−改进后生成成本)/工艺改进前生产成本×100%
19	设计材料完整率	项目管理部	已具备的设备资料数/应具备的设计资料数×100%

第十八章

研发创新项目的绩效管理

产品创新、技术创新靠什么？靠的是企业的研发能力，而企业研发能力由三个要素来支撑，一是研发业务的经费投入，这个要素可以保证企业的经济实力，夯实研发基础、巩固市场竞争力；二是企业的研发队伍的研发能力，他们的专业能力、工作激情是研发创新的保证；三是研发人员的激励机制，企业没有激励机制，研发人员的激情就无法调动起来，研发绩效自然就达不到企业的要求，开发不出来有竞争性、创新性的爆款产品。如何构建研发人员的绩效管理体系，本章将进行详细的描述。

18.1 人才是技术创新的动力

没有人才，创新便无从谈起，而人才发展总结起来就是"一体两翼两激励"。"一体"是企业战略以及支持企业战略的人才战略，"两翼"就是人才外招引入和内部培养。人才培养需要设计人才发展的路径和激励机制。以下是某企业的人才发展路径，从中可以看出，只要是树苗，无论从哪条道路发展，均可以成为有用之才！

1. 管理通道

行政管理通道分为 8 级，从见习工程师到研发 VP，根据管理晋级标准和流程逐级晋升。

2. 项目管理通道

项目管理通道分为 7 级，从见习工程师到产品经理，根据企业项目管理平台管理办法进行逐级晋升。

3. 技术管理和技术专家交叉通道

这两个通道分别设置 6 级和 8 级，从见习工程师到技术总监、国际专家，主要是根据晋升专业模块所要求的技术能力等级以及人员的适应度来进行评价晋级。

18.2 研发项目的绩效组织管理

18.2.1 研发项目管理

研发项目管理主要针对技术开发和产品开发，分别遵照不同的技术开发流程和产品开发流程进行。其中，技术开发主要针对基础技术改进改善，不面向市场，这类项目近年所占比重逐步提高。同时，为快速推出新产品以及提升开发效率、提高质量和降低成本，平台开发项目管理的占比在逐年提高。

1. 基础技术研究

基础技术研究主要是针对关键技术或者市场先进技术的跟踪、研究、验证，以及开发主要面向基础技术和产品，不直接面向销售，主要包括预研项目和软课题。

2. 产品开发

产品开发是指将市场需求与公司的技术结合起来而进行的开发工作，产品开发直接面向市场，产品成功的标志是市场表现和财务收益，主要包括新产品开发和产品改进开发。

3. 平台开发

一般不直接推出产品，根据对某一类公用技术的开发，为其他产品提供技术资源共享（如表 18-1）。

表 18–1　平台开发

序号	项目	内容	交付物
1	产品平台开发	产品平台是指产品的基础模块资源的集合，是构造产品系列的公共技术基础，基于产品平台可以高效地开发出一系列产品，对产品平台进行适当修改，又可以开发出瞄准特定市场需求的新的产品系列	实物
2	公用技术平台开发	针对特定的公用技术的开发，为多个产品服务	非实物
3	平台改进	根据客户需求，对上述两类平台进行改进	/

18.2.2　技术创造项目团队组织管理

项目组织管理主要是对项目团队中各角色职责的清晰界定，针对项目角色的核心价值定位进行梳理，识别其核心价值指标，然后据此建立基于角色定位的绩效指标体系并进行评价，以下以产品创造项目团队为例进行分析（如图18–1）。

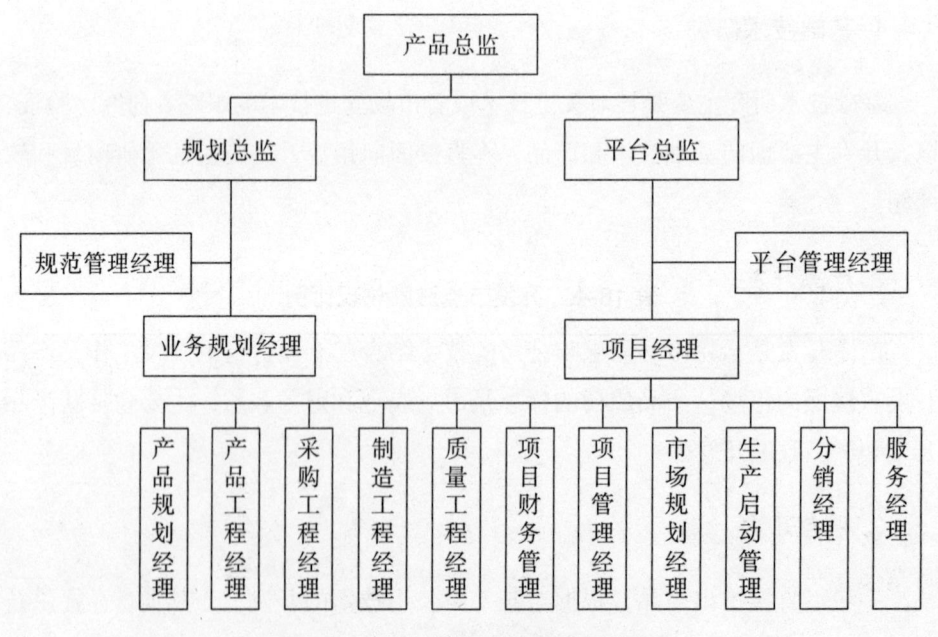

图 18–1　技术创造项目团队组织

18.3 研发项目的绩效流程设计

研发项目往往周期长、设置阀点多，同时项目团队经常由不同领域、不同职能的人员构成，通过全流程的项目激励设计有效调动项目成员的工作积极性显得尤为重要。项目全流程绩效设计应以项目整体流程为切入点，以不同业务阶段的重点为导向，建立基于研发项目全业务流程的考核激励机制。

18.3.1 项目开发节点绩效激励

项目开发节点绩效激励是为保证研发项目重要关注指标的达成而设立的贯穿项目始终的、以项目节点为兑现周期的激励方式。项目团队按标准完成节点既定的目标，即可兑现该阶段的奖励，如过阀奖等。

企业往往按照节点重要性进行不同比的激励划分，设立各个项目节点的时间、成本、质量要求和开发进度激励额度，在产出阶段性成果或者到达时间节点后，根据各个项目节点的考核指标，如项目完成及时性（D）、项目质量（Q）、成本（C）等维度进行综合评价，确定激励兑现额度，保证项目成员工作积极性（如表18-2）。

项目开发节点激励的兑现项目一般分为常规绩效激励项和偶然性绩效激励项（如图18-2、图18-3）。一般激励来源为研发费用，按照固定比例提取。

表 18-2　开发节点激励兑现比例

节点	P8	P7	P6	P5	P4	P3	P2	P1
内容	项目启动	……	……	……	……	……	……	项目结束
兑现比例	5%	9%	15%	15%	20%	9%	9%	15%

质量奖励	成本奖励	进度奖励	安全奖励
• 项目节点计划完成且验收合格，减少质量问题	• 项目计划各节点材料成本达到要求，争取更多的利润空间，提升产品市场竞争力	• 按照开发流程计划，在各项目节点按期完成项目目标，提升产品市场竞争力	• 生产过程符合安全生产标准

图 18-2　常规绩效激励项目

改善奖励	专利奖励	评优评先奖励
• 对产品生产或研发流程做出改善或能力有重大提升	• 研发技术或者其他工艺技术获得国家、省市专利发明奖	• 对团队中表现优秀的成员的一次性奖励

图 18-3　偶然绩效激励项目

18.3.2　项目创造价值绩效激励

项目通过相应节点投放市场后，基于投放市场后的反响，以市场检验研发项目，激励研发更多地关注产品的市场意义，分享利润，从而增强研发员的责任感和工作导向性。一般激励来源为产品直接利润，依据年限、按照固定比例提取（如图 18-4）。

市场成果表现奖	超额任务奖	利润分享奖
• 产品投放市场后，为及时解决市场反馈的问题而设置的奖励	• 产品投放市场后，成为爆款，为超出预期销售量标准而进行的奖励	• 产品投放市场开始盈利后，按照固定比例发放的奖励

图 18-4　项目创造价值绩效激励

18.3.3　长期收益绩效激励

长期收益绩效激励主要用于项目本身研发周期长，或项目研发结束后等待反馈信息或效果周期长，或项目需要研发人员持续关注完善、具有持续社会效应的项目中。此类项目收益需要企业设置技术委员会，专门用于项目长期激励的分配、设计和改进。一般设置为股权激励，这样可保留关键核心人才，与企业共命运，增强其归属感和工作激情。

18.4 创新项目的绩效激励设计

18.4.1 研发业务绩效模式

从研发业务特点出发，结合研发人员的价值观和企业追求的绩效，研发业务绩效管理模式可分为"德能勤绩"式、"检查评比"式、"共同参与"式、"自我管理"式四类（如表 18-3）。

表 18-3 研发业务绩效管理模式内容及优缺点

序号	类别	内容	典型特征	缺点	适用
1	德能勤绩	相对于工作业绩考核指标中对"德""能""勤"方面的考核较多，注重工作态度和责任心	绩效管理的重点往往放在绩效考核上 考核内容更像是对工作要求的说明，这些内容一般来源于公司倡导的价值观、规章制度、岗位职责等 绩效考核指标比较简单粗放，大多数考核指标可以适用同一级别岗位，甚至适用所有岗位	无明确定义、准确衡量的关键业绩考核指标，难以量化 绩效考核不能实现绩效管理的战略目标导向	起步发展的小型企业
2	检查评比	按照岗位职责和工作流程详细列出工作要求、考核项目及标准，公司组成考察组，定期或者不定期对下属单位逐一进行监督检查	考核项目众多，所占比重较小，员工无法清楚了解组织的发展方向和期望的行为 考核操作实施过程中，抽查是普遍被采用的方式 对于发现的问题，被考核者心理上难以接受 绩效考核易出现"有意识误差"	考核结果没有效度，制约着公平目标和激励作用的实现 由于考核项目众多，缺乏重点，实现不了绩效管理的导向作用	基础管理水平较高的中小型公司

续表

序号	类别	内容	典型特征	缺点	适用
3	共同参与	按照岗位职责设定绩效计划，上级、下级、平级和自我进行360度考核	对提高工作质量和团队精神的养成是有积极作用的，可以维护组织稳定的协作关系 崇尚360度考核，上级、下级、平级和自我都要进行评价，而且自我评价往往占有比较大的权重	绩效考核指标比较宽泛，缺少定量硬性指标 大部分考核指标不需要过多的考核信息，随意性较大，容易出现"有意识误差"和"无意识误差" 一般与薪酬联系不太紧密，薪酬的激励作用有限	稳定发展阶段的大中型公司
4	自我管理	通过制定激励性的目标，上级赋予下属足够的权利，注重结果，让员工自己为目标的达成负责	绩效考核结果除了与薪酬挂钩外，还决定着与员工的岗位升降 充分调动员工的积极主动性，激发有关人员尽最大努力去完成目标	绩效辅导实施环节工作比较薄弱，绩效管理提升空间有限 "自我管理"式绩效管理缺乏过程控制环节，对目标达成情况不能及时监控	稳定发展阶段的大型公司

18.4.2 研发业务绩效管理的独特性

研发人员是企业技术创新的主体，他们的工作成果直接影响着企业的效益和竞争力。研发绩效管理必须以产品战略为核心、以开发活动为根本依据，针对研发业务的要求，其绩效管理的特殊性（如图18-5）。

基于产品战略的目标	• 产品战略的分解形成组织目标，并决定绩效目标
基于开发组织的关系	• 为实现产品战略而形成的跨部门的团队的组织架构
基于技术任职资格管理体系	• 产品战略的实现归根到底是对人的素质、技能的要求，建立与之对应的技术任职资格管理体系
基于产品开发活动的管理	• 基于产品开发活动的过程和结果来做绩效管理

图 18-5　研发绩效管理的特殊性

18.4.3　研发业务绩效管理的原则

研发与其他业务相比具有周期性长、创新性强和可控性差等特点，企业对于研发人员考核的难点主要体现为量化考核指标难以提炼和考核工具确定困难，因此，研发人员的绩效管理需遵循以下原则（如图 18-6）。

结果导向原则	阶段性原则	客观性原则	全方位考核原则	绩效关联原则
• 这个结果就是 PBC（Personal Business Commitment）的达成情况	• 将绩效目标按阶段性进行分解，以考核其阶段性目标完成情况	• 注意定量和定性结合，以"测"为主，以"评"为辅，强调以事实和数据说话	• 考核信息要逐步实现全方位收集，考核结果要充分考虑到相关人员的评价	• 团队、主管、员工是不可分割的利益共同体，团队的整体绩效影响团队成员的绩效

图 18-6　研发绩效管理原则

18.4.4　研发业务绩效的考核指标体系

研发业务绩效的考核指标体系往往是高科技公司绩效管理工作的难点。研发部门及技术工程师岗位因具有高复杂性、不确定性等特点，绩效指标不易提取，在实践中或者因偏于硬性要求而无法执行，或者因偏于定性判断而流于形式，往往不得要领。

1. 绩效考核指标的量化

研发人员是企业创新和基础研究的土壤，他们的工作成果直接影响着企业的效益和竞争力。在实际工作中，研发业务的指标量化是一大难题，这也是由研发业务的特殊性和复杂性造成的。

研发团队的绩效指标量化是一个复杂的问题，企业需根据自身特点和量化原则，在项目、时间和效率上做好全面量化，最终形成可量化的评价指标和可追溯的被考核机制。同时，量化考核体系的运作需以长期的统计数据为支撑，如果对目标的设定和分解考虑不当，将直接影响绩效评价的质量和目标。但是，如将目标完成情况直接量化为考核依据，会降低考核的灵活性，有时达不到激励的目的，因此需要目标体系与激励机制配套运行。

（1）量化的原则

绩效量化是为了实现考核公平公正、反映被考核人的真实绩效、为考核应用提供基础，同时找出差距，为绩效提升准备数据（如表18-4）。

表 18-4 量化原则

序号	原则	内　　容
1	标准原则	能够量化的指标要尽量量化，不能量化的要尽量细化，不能细化的要尽量流程化
2	恰当原则	量化目标的设定要结合实际，不盲目将结果直接转化为数据
3	成本原则	不追求绝对的量化，需综合考虑管理成本

（2）量化的方式

①项目量化

项目量化包括多个维度，主要为项目成本量化、质量量化、流程化，每个维度都可以分解出多种量化指标及完成标准（如图18-7）。

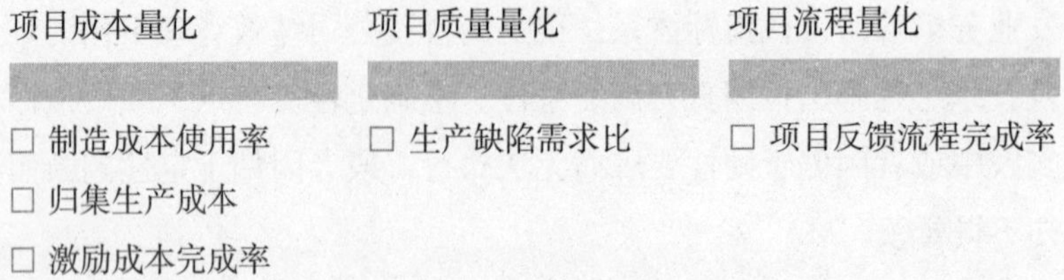

项目成本量化
- 制造成本使用率
- 归集生产成本
- 激励成本完成率

项目质量量化
- 生产缺陷需求比

项目流程量化
- 项目反馈流程完成率

图 18-7 项目量化维度

② 时间量化

时间量化是项目管理中最常用的量化方式，一般指完成项目或者特定项目阶段的工时，是可以考核的最易量化的指标之一。

项目需求时长反映研发组织交付需求的速度，是一个典型的适应性指标，研发组织和客户都非常关心，它代表研发组织的响应能力。

③ 创造效率的量化

创造效率的量化是一个比值，主要用来衡量研发团队产出的响应速度（如图 18-8），最为直观的是产品数量增加效率比值、需求吞吐率等。对于需求经常更改的项目而言，研发组织内会存在多个不同需求类型，如常规需求、紧急需求和缺陷，那么就需要将这个指标分成几个不同的指标，如常规需求耗费时长、紧急需求耗费时长以及缺陷修复时长等。

需求吞吐率反映研发组织的产能效率，是单位时间内每个开发工程师完成的需求规模，如每人每月完成两个需求，或者每人每月完成五个功能点。需求吞吐率是一个适应性指标，它和需求时长形成一对制衡，避免团队单纯改善交付速度，而降低交付数量。

	研发管理	产品经理	交互设计师	架构师	开发工程师	测试工程师	运维工程师
需求消耗时长	Y	Y	Y	Y	Y	Y	Y
生产缺陷需求比	Y	Y			Y	Y	
测试缺陷需求比	Y	Y			Y	Y	
技术债务	Y			Y	Y		
系统可用度	Y			Y	Y		Y
需求吞吐率	Y	Y	Y	Y	Y		Y
流动效率	Y						
分布K值	Y						
业务指标	Y	Y	Y	Y	Y	Y	Y

图 18-8　创造效率量化

2. 研发绩效考核指标的内容体系

研发业务绩效考核指标一般以绩效考核的主导部门进行区分，采用"两级管理"——管理层绩效由人力资源部主导，工程师绩效由各一级组织主导。各层级内部管理相同，根据企业年度战略规划分解制定各部门承接的绩效指标，经过部门分解承接到个人，进而确定指标名称、指标占比权重、指标考核对象、指标核算部门以及考核周期等内容，层层向下分解、承接，最终层层向上反馈，得以实现企业战略目标。

一级绩效指标一般为组织绩效指标，由组织负责人承接实现，主要从产品、时间、成本、质量四方面制定。目标制定要因时制宜，根据企业发展战略是以成本领先为侧重点还是强调差异化来进行比重分配和周期设置；同时需要根据运营情况具体细化指标的定义、核算和评分标准，保证绩效指标能够落地执行，得到管理层和工程师层的认可和理解。

二级指标一般为部门、个人绩效指标，由部门负责人承接实现，分为开发类指标和能力建设类（运营类）指标。开发类指标由项目具体承接，占比较大，运营类指标主要包括安全指标、人力资源指标、研发投资指标、技改技措项目指标等。目标制定应因时制宜，根据组织发展情况具体细化指标的定义、核算、评分标准和占比，同时为了保证绩效指标能够落地执行，制定绩效指标时一定要进行充分沟通，得到研发业务人员的理解，避免指标不具有可行性。

3. 研发绩效考核结果的应用

一般而言，研发业务人员除固定薪资外，其余薪资均应与工作产出绩效相关。企业根据自身发展阶段和预期设置组织绩效和个人绩效在绩效薪资中的占比，大多数企业的组织绩效权重按管理层级递减，专业技术人员不承担组织绩效结果。

18.4.5 研发业务的"双向"评价机制

针对研发人员，绩效管理评价一般采用职能和项目管理相结合的矩阵式管理模式，具有很强的灵活性。基于该类管理模式的特点，建立"双向"评价机制，实现各部门的有效配合和协作，集中各方力量确保目标的实现，达成绩效计划目标标准（如图18-9）。

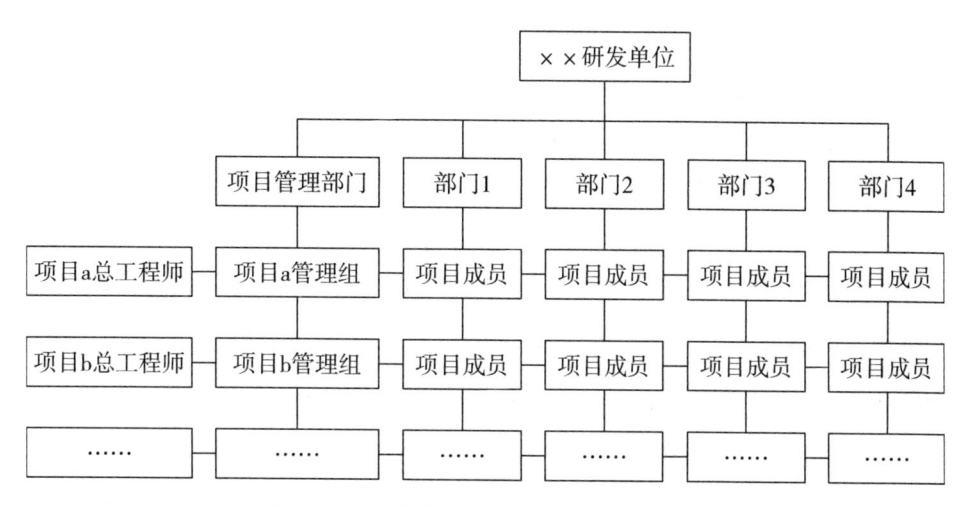

图 18-9 研发人员"双向"评价机制

从纵向来看，企业项目管理部门对项目团队的管理主要体现在节点管理、计划管理、成本与费用管理以及质量管理方面，评价内容和激励标准主要围绕项目 QCD 的指标完成情况、项目计划以及交付物，对研发人员的绩效评价主要集中在部门岗位职能职责的完成情况上。

从横向来看，研发项目团队对企业项目管理部门、职能部门也有考核评价权，主要涉及计划的协调配合能力、资源的支持、交付物的状态以及各职能业务目标成本及费用的达成情况等，对研发人员的绩效评价主要集中在其在项目平台上所担任角色的完成度上。

研发人员绩效评价机制一般采用"双向"评价机制，从项目平台和部门岗位双向独立评价，最终按照适合企业的比例和权重，对项目绩效评价和部门绩效评价进行融合，用客观的绩点数据对研发员工的阶段工作进行评价和反馈。

18.4.6 研发业务绩效管理的保障措施

研发人员的绩效管理必须有重要的配套机制作为保障。

1. 完善组织管理

要顺利有效地推行绩效管理，完善组织管理是必要措施。没有一个强有力的绩效管理组织，绩效管理在推行中的阻力就会增大。绩效管理组织应当包含企业高管、业务部门负责人、职能部门负责人，要明确角色及职责、考核的实质及其与战略的关系，负责绩效考核的总体把握与方向性指导，提高效率，以利于绩效管理的顺利实施推进。

2. 配套动态激励措施

在确定工作任务与能力的对应关系后，企业应着手建立能够与员工绩效动态匹配的机制，定期对员工进行能力、绩效评估。确认员工具备胜任新工作的能力时，就可以对应地扩大其工作任务的内容与权限，同时配套实施绩效激励机制措施，充分考虑研发工作节点，结合不同时期的不同目标，使激励活动成体系，避免激励活动的随意性。

3. 建立文化制度

加强员工对绩效管理活动的正确认识，增强员工对团队的信任感和归属感，营造积极激励气氛，加强正面和负面榜样的树立。

第十九章

金融业务人员的绩效管理

19.1　金融市场业务人员的岗位设计

金融必须立足于产业、服务于产业,通过资本市场运行模式创新、金融产品创新等,探索产业金融运行模式,促使产业与金融的紧密融合,创造新的盈利模式。本章仅从金融业务人员的职责界定与业绩要求出发,设计有针对性的绩效管理体系,提升人员效率、控制企业金融风险,实现企业与员工双赢。

金融业务人员是指从事金融市场业务运营,确保金融订单放款与推进、客户信用评审、合规资料审查、客户资源维护、金融产品销售、风险管理与资产处置等工作的市场业务人员。按工作性质与管理层次一般包括总监、副总监、信审经理、业务经理等。

1.市场大区总监/副总监职能职责:(1)承担区域内的绩效指标;(2)负责指导并支持区域内的金融渠道开发工作;(3)按信审审批权限开展订单的审批工作;(4)负责区域内金融业务大客户的订单挖掘工作;(5)负责指导并支持区域内市场业务经理的工作;(6)负责指导并配合区域内市场业务经理进行风险管理工作。

2.市场信审经理职能职责:(1)负责区域内所有订单放款的审核工作;(2)负责客户档案资料及权证资料的合规、齐全以及在资料交接给中台前的管理;(3)负责区域内各项计划、报表的编制及反馈工作等综合事务管理。

3.市场业务经理职能职责:(1)负责各业务绩效目标的达成;(2)负责各业务竞争对手和市场信息的收集、市场需求的提出、金融产品的推广以及应用结果跟进;(3)按订单考察的要求对订单进行调查及信用审查,确保订单的真实性以及资料的齐全性;(4)负责订单、档案、抵押登记以及权证等资料的真实、合规,并及时归档到信审经理;(5)负责区域内金融业务保证金及贷后结清等的管理。

19.2 金融市场业务人员的绩效设计

金融市场业务人员的绩效管理,要在承接业务公司一级组织指标的基础上设置区域绩效指标。

1. 绩效指标管理

金融市场业务人员可以细分为三类:大区总监、信审经理、市场业务经理。各岗位 KPI 应聚焦岗位核心职责,从核心职责中提炼 3—5 个 KPI 指标,指标以业务销量、还款率、合规率指标为主。

(1)市场大区总监:以业务销量、还款率、放款及时率、信审合规率为主要绩效指标,其中销量与还款率指标的权重应比较大,主要从业务发展和资金、风险来考量;

(2)信审经理:以资金计划准确率、放款信审一次合规率、核心法律要件合规率为主要绩效指标,其中合规率指标的权重应比较大,主要考虑信审合规的重要性;

(3)市场经理:以销量、放款及时率、信审合规率、首期/早期逾期激励为主要绩效指标,其中销量与首/早期逾期激励指标的权重应比较大。

2. 绩效指标设计与核算

在金融市场业务人员的绩效指标设置中(以金融零售业务为例),根据企业经营目标、职能职责等设置统一和个性化的绩效指标(如表 19-1)。

表 19-1 金融人员绩效指标

序号	指标分类	指标名称	指标计算公式
1	业务指标	销量计划完成率	销量完成率 = 销量完成/销量计划 ×100%
2		渗透率计划完成率	渗透率计划完成率 =(本月金融销量/业务销量)/(本月金融销量计划/业务销量计划)×100%
3		放款余额完成率	放款余额完成率 = 实际放款余额/计划放款余额 ×100%

续表

序号	指标分类	指标名称	指标计算公式
4	风险指标	综合还款率	综合还款率 = 月度实际还款金额 / 本月应还款金额 ×100%
5		逾期金额控制率	逾期金额控制率 =2– 实际逾期金额 / 计划逾期金额 ×100%
6		档案合规归档率	档案合规归档率 = 实际归档档案数量 / 应归档档案数量 ×100%
7		权证归档及时率	权证归档及时率 = 放款 60 天内完成归档单数 / 应归档权证 ×100%
8		资金计划准确率	资金计划准确率 = 月度实际投放额 / 月度计划内应投放额×100%
9	效率指标	资金成本率（利率、手续费）	资金成本率 = 累计实际成本率 / 上年实际成本率 ×100%–1
10		平均融资效率	融资资料送金融机构起，融资周期 10 个工作日，每提前一天正激励 5%，每延后一天负激励 5%
11		资金保障率	资金保障率 =（月度实际融资额 / 月度计划融资额）×60%+ ∑（周度实际融资额 / 周度计划融资额）/4×40%
12		放款审批及时率	放款及时率 = 时效内放款订单数量 / 全部放款订单数量 ×100%
13		及时兑付率	及时兑付率 = 月度实际兑付数量 / 月度应兑付票据数量 ×100%

19.3　金融市场业务人员的绩效激励

　　金融市场业务人员的业绩考核激励方案应该以业绩为导向、以风险控制为前提、以订单效率提升为重点，应在确保资金安全的前提下进行设计。

1. 绩效激励兑现前提条件

绩效激励兑现以完成业务目标为前提条件，根据绩效完成情况，确定是否激励以及激励的幅度。

（1）完成基本绩效目标时不激励；

（2）超出绩效目标部分核算激励，即只核算增量部分。

2. 绩效激励核算规则

（1）市场大区总监、市场业务经理

市场大区总监与业务经理，绩效激励主要围绕业务绩效与风险控制来进行设计（如表19-2）。

表 19-2　市场大区总监、市场业务经理绩效指标

指标		指标构成	核算规则
指标构成	业务激励	销量激励	销量激励 = 单台提成标准 × 销量台数 × 计划完成率
		渗透率激励	渗透率激励 = 渗透率激励标准 × 计划完成率考评系数
	订单激励	订单合规率激励	归档资料不齐全/不合规的，按 50 元/单负激励 核心法律要件缺失的，按 100 元/单负激励
	风险管理激励	首期、早期逾期激励	发生首期逾期，按 1000 元/单进行考核 发生早期逾期，按 500 元/单进行考核
		档案归档激励	核心法律要件缺失/不合规，按 200 元/单进行考核 非核心法律要件缺失/不合规，按 100 元/单进行考核
		权证归档激励	未按时归档权证，按 100 元/台进行考核
	违约金、罚息专项激励	违约金、罚息专项激励	违约金、资金占用费及客户逾期罚息收取工作专项激励 = 月实际收回违约金、资金占用费及客户逾期罚息金额 × 激励系数

（2）信审经理

信审经理，绩效激励主要围绕业务激励与资金计划以及合规率进行设计（如表19-3）。

表 19-3　信审经理绩效指标

指标	指标构成	核算规则
指标构成	业务激励	销量激励	销量激励 = 单台提成标准 × 销量 × 销量计划完成率
	资金计划	区域资金计划准确率	资金计划差异率 =（实际使用资金金额 – 计划金额）/ 月度计划金额 ×100%
	合规率	放款初审一次合规率	市场信审高级经理放款初审一次性合规率 = 区域内月度放款初审一次合规订单数 / 区域内月度放款总订单数
		档案归档合规激励	核心法律要件缺失 / 不合规，按 200 元 / 单进行考核 非核心法律要件缺失 / 不合规，按 100 元 / 单进行考核

19.4　某公司市场人员的绩效方案

19.4.1　大区总监激励

大区总监激励 = 销量激励 + 风险激励 + 专项激励

1. 销量激励

销量激励（如表 19-4）= 区域高级经理 / 经理平均销量激励 ×2× 计划完成率考评系数

表 19-4　销量激励

计划完成率考评指标值	≥ 120%	120% > § ≥ 100%	< 100%
计划完成率考评系数	1.5	1	0.8

计划完成率考评指标值 =A 产品销量完成率 ×50%+B 销量计划完成率 ×20%+C 产品销量计划完成率 ×20%+D 产品销量完成率 ×10%

2. 风险激励

风险激励（如表 19-5）=A 产品激励 +B 产品激励 +C 产品激励

表 19-5　风险激励

独立金融还款率	≥100%	100%>§≥99%	99%>§≥98%	98%	98%>§≥97%	97%>§≥96%	<96%
A产品激励	×××	×××	×××	×××	×××	×××	×××
B产品激励	×××	×××	×××	×××	×××	×××	×××
C产品激励	×××	×××	×××	×××	×××	×××	×××
风险激励合计	×××	×××	×××	×××	×××	×××	×××

3. 专项激励

专项激励（如表19-6）＝资金计划准确率激励＋报单时效激励（如表19-7）＋首早期激励

（1）资金计划准确率激励

资金计划差异率＝（实际使用资金金额－计划金额）/月度计划金额×100%

表 19-6　专项激励

资金计划差异	差异率+10%（含）以内或差异金额+×万元（含）以内	差异率+20%（含）以内或差异金额+×万元（含）以内	差异率+30%（含）以内或差异金额+×万元（含）以内	差异率+30%（含）以上或差异金额+×万元（含）以上
激励金额	+×××	+×××	+×××	+×××

（2）报单时效激励

表 19-7　报单时效激励

报单时效	100%≥§>98%	98%≥§>95%	95%≥§>90%	90%以下
激励金额	×××	×××	×××	×××

说明：报单时效＝区域月度报单时效内订单量/月度总报单量，标准时效为 × 天

（3）首早期逾期激励：发生首期逾期，对大区总监按 ××× 元/单进行考核；发生早期逾期，对大区总监按 ××× 元/单进行考核。

19.4.2 市场信审高级经理激励

绩效激励 = 销量激励 + 归档合规激励

1. 单台销量激励

单台销量激励，包含 70% 台量激励、15% 及时率激励、15% 放款初审一次合规率激励。

销量激励 =××× 元 / 台 × 区域销量台数 × 区域计划完成率 × KPI 指标完成率

（1）KPI 指标设置及权重

表 19-8 指标权重

指标名称	计算方法	权重	目标
区域资金计划准确率	区域月度实际放款金额 / 区域月度资金计划金 ×100%	50%	100%
放款初审一次合规率	月度初审合规订单数量 / 月度总初审数量 ×100%	50%	95%

（2）区域资金计划准确率

资金计划差异率 =（实际使用资金金额 − 计划金额）/ 月度计划金额 ×100%

表 19-9 区域资金计划准确率

资金计划差异	差异率 +10%（含）以内或差异金额 +300 万元（含）以内	差异率 +20%（含）以内或差异金额 +1000 万元（含）以内	差异率 +30%（含）以内或差异金额 +2000 万元（含）以内	差异率 +30%（含）以上或差异金额 +2000 万元（含）以上
区域资金计划准确率	100%	90%	80%	70%

（3）放款初审一次合规率

放款初审一次性合规是指市场部提报订单主管的订单资料、放款资料齐全与合规、核心法律要件真实，符合订单放款条件（抵押、担保等），订单系统填写和影像系统齐全与合规。

放款初审一次性合规率 = 区域内月度放款初审一次合规订单数 / 区域内月

度放款总订单数

2. 归档合规激励

（1）归档资料不齐全/不合规的，按×××元/单负激励；

（2）核心法律要件缺失的，按×××元/单负激励。

19.4.3 业务金融高级经理/经理激励

绩效激励 = 销量激励 + 订单质量激励 + 风险激励

1. 销量激励

适用范围：各业务金融高级经理/经理的分业务销量激励标准（如表19-10）；兼职人员销量激励为各分管业务的销量激励之和。

销量激励 =A产品销量激励 +B产品销量激励 +C产品销量激励

A产品销量激励 =×××元/台×销量×计划完成率×渗透率偏差系数

表 19-10 业务金融高级经理/经理激励销量激励

渗透率偏差系数	<20%	30%≥§≥20%	>30%
系数	0.9	1	1.1

B产品销量激励 =×××元/台×销量×计划完成率

C产品销量激励 =×××元/台×销量×计划完成率

2. 订单质量激励

适用范围：A产品业务、B产品业务、C产品业务金融高级经理/经理。

（1）报单一次合规率考核

信审报单一次性合规是指市场部提报至信审主管的订单资料齐全与合规、核心法律要件真实，客户符合信审条件（准入、抵押、担保），订单系统填写和影像系统齐全与合规。

信审一次性合规率 = 所负责经销商项下一次合规订单/总提报订单合计

一次性合规率不符合，负激励标准如下：

资料类：非核心法律要件缺失或不合规的，按×××元/单负激励；

核心法律要件缺失或不合规的，按×××元/单负激励；

订单系统：重要融资信息错误的，按×××元/单负激励；

其他信息及内容的，按×××元/单负激励。

（2）报单时效率考核

标准报单时效为6天，订单报单时效率=区域月度报单时效内订单量/月度总报单量。

报单时效不合规，负激励标准如下：

订单报单超时效的，按×××元/单/天负激励，每单×××元封顶；

严重影响时效，遭经销商/营销公司投诉的，按×××元/单负激励。

3. 风险激励

风险激励 = 还款激励 + 首期/早期逾期激励 + 罚息激励

（1）还款激励

适用范围：各业务金融高级经理/经理适用于分管业务的风险激励标准。

还款激励金额 =A产品还款激励 +B产品还款激励；兼职人员激励为各分管业务的激励之和。

表 19-11 还款激励模板

还款率	≥100%	100% > § ≥ 99%	99% > § ≥ 98%	98%	98% > § ≥ 97%	97% > § ≥ 96%	< 96%
A产品还款激励							
B产品还款激励							
C产品还款激励							

（2）首期/早期逾期激励

发生首期逾期，对业务金融高级经理/经理按×××元/单进行考核；发生早期逾期，对业务金融高级经理/经理按×××元/单进行考核。

（3）违约金、罚息专项激励

适用范围：各业务金融高级经理/经理，兼职人员激励为各分管业务的激励之和。

违约金、资金占用费及客户逾期罚息收取工作专项激励＝月实际收回违约金、资金占用费及客户逾期罚息金额×激励系数

表 19-12　违约金、罚息专项激励

实收完成率	§=100%	100% > § ≥ 80%	80% > § ≥ 60%	60% > § ≥ 40%	40% > §
系数	20%	18%	15%	10%	5%

第二十章
营销业务人员的绩效管理

20.1　营销业务人员的职位设计

营销业务人员是指从事营销业务战略与规划、市场开拓、销售渠道建立，进而完成销售目标的工作人员。营销业务的职位设计包括职能分工设计及其晋升通道设计。

20.1.1　某企业营销人员职位分类

营销业务人员根据职位定位与职能不同，可以分为销售作业类和销售支持类。

1. 销售作业类：直接面对经销商或客户进行销售，达成销售任务；根据销售方式的不同，可以分为分销经理和直销经理。

2. 销售支持类：配合销售作业人员，协调职能部门，为销售提供后台技术、产品等支持，共同达成区域销量目标。销售支持类岗位同时由区域线和职能线双向管理。

20.1.2　销售作业人员的职位设计

1. 分销经理

分销经理是指能将分销业务相关政策标准贯彻到经销商，并对经销商进行渠道运营管理和市场渠道开发的市场一线作业人员。分销经理不但要起到承上启下的作用，还要熟知行业信息及需求，掌握行业发展趋势，拥有丰富的营销、产品和金融知识，能够为经销商解决运营存在的问题、帮助经销商提升运营水平。

职能职责：渠道开发、形象建设、经销商运营评价管理、经销商运营提升管理、经销商培训业务支持管理、经销商分销政策支持管理、经销商销售管理、经销商订单获取、价值客户开发等。

晋升通道（如图 20-1）。

分销经理 → 高级分销经理 → 代表处经理/副经理 → 市场总监/副总监 → 大区总经理

图 20-1　分销经理晋升通道

2. 直销经理

区别于分销经理，直销定位与网络分销模式并行，指由员工主导客户开发、项目开发和订单开发三个阶段，最终实现成交的销售模式；直销经理的客户开发流程（如表 20-1）。

表 20-1　直销经理客户开发步骤

序号	步　　骤	关键点
第一步	客户信息收集	信息收集与分析
第二步	客户拜访及关系维系	客户拜访
第三步	需求及竞争	客户需求与竞争评估
第四步	需求解决方案及推动	跟进客户需求解决方案
第五步	订单推进	签订合同、下达订单、产品交付
第六步	关系维护	关系维护

职能职责：区域直销目标的达成，区域产业特性分析，区域价值客户特性分析，区域客户信息库建立、完善和使用，区域客户拜访计划达成和客户关系维系，价值客户服务、金融等问题的协调与推动。

晋升通道：如图 20-2。

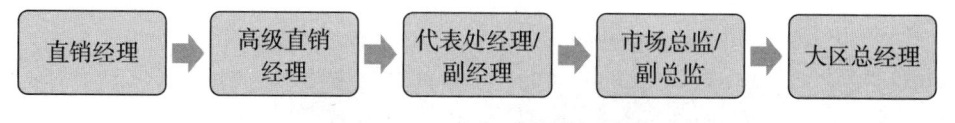

直销经理 → 高级直销经理 → 代表处经理/副经理 → 市场总监/副总监 → 大区总经理

图 20-2　直销经理晋升通道

20.1.3　销售支持人员的职位设计

1. 产品经理

产品经理的职位设计旨在贴近市场和现场，从产品解决方案的维度支持业务运营。通过识别市场需求、结合现有资源评估、提报商改项目并协同推进，最终形成有竞争力的产品资源。产品经理同时受大区管理人员和职能线上级领导（如图20-3）。

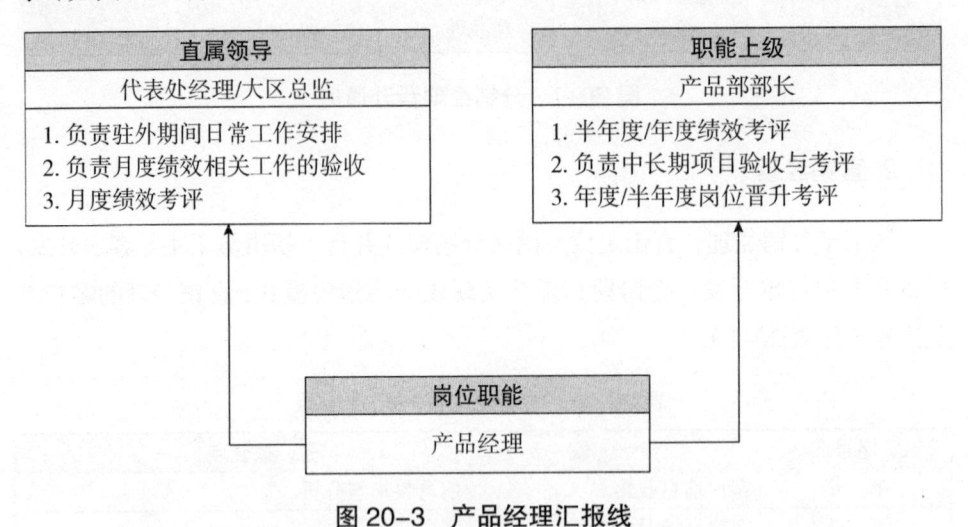

```
直属领导                        职能上级
代表处经理/大区总监              产品部部长
1. 负责驻外期间日常工作安排     1. 半年度/年度绩效考评
2. 负责月度绩效相关工作的验收   2. 负责中长期项目验收与考评
3. 月度绩效考评                 3. 年度/半年度岗位晋升考评
```

```
岗位职能
产品经理
```

图20-3 产品经理汇报线

职能职责：产品运营支持、市场信息调研、产品战略与商品组合管理、产品需求与项目开发管理、产品竞争力管理、市场产品业务管理（如图20-4）。

产品运营支持 → 市场信息调研 → 产品战略与商品组合管理 → 产品需求与项目开发管理 → 产品竞争力管理 → 市场产品业务管理

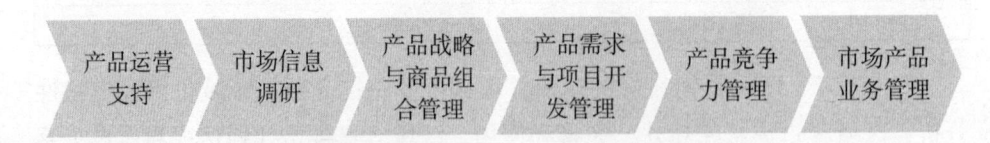

图20-4 产品经理职能职责

晋升通道：如图20-5。

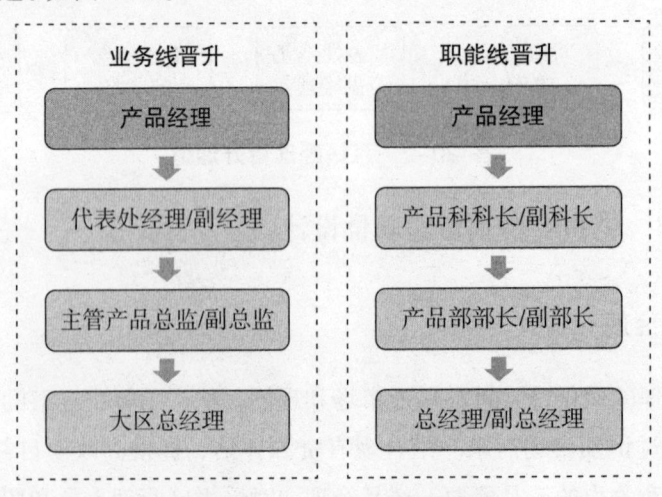

```
业务线晋升                   职能线晋升
产品经理                     产品经理
  ↓                            ↓
代表处经理/副经理             产品科科长/副科长
  ↓                            ↓
主管产品总监/副总监           产品部部长/副部长
  ↓                            ↓
大区总经理                   总经理/副总经理
```

图20-5 产品经理晋升通道

2. 服务经理

服务经理是指负责区域/市场服务网络规划开发管理、服务政策设计、服务培训实施、配件销售及客户关怀等服务配件业务的运营与管理的组织。

职能职责：主要从大区服务网络、服务政策、服务培训、服务费用、质量信息及客户关系管理等方面协同，在所辖区域开展服务配件业务工作（如表20-2）。

表 20-2　服务经理职能职责

序号	业务要素	职能职责
1	服务网络	服务网络规划；服务网络开发；服务网络认证；服务网络 KPI 指标评价及管理
2	服务政策	市场竞品及标杆品牌服务政策调研；市场服务政策制定；市场服务政策调整；市场服务政策执行情况评估
3	服务培训	服务培训需求调研；服务培训资源的二次开发；服务培训方案审批；服务培训方案实施与评价
4	质量管理	质量信息审核；质量信息指标管理
5	客户关系管理	服务活动需求提报、方案制订、活动实施及结果评价；服务满意度业务开展及结果应用

20.2　营销业务人员的薪酬结构

20.2.1　营销业务人员的激励原则

对于营销业务人员的激励，应根据岗位类型、所在地环境、工作形式、工作生活特点等制定差异性激励措施，激励原则如下。

1. 突出岗位要素。 海外业务人员岗位类型多样，以岗定薪，根据工作内容、项目、职能职责、业绩等设定激励要素，并与收入挂钩。

2. 体现人性化。 在岗位激励差异的基础上，从实际出发，充分考虑员工的工作特点、工作环境，兼顾员工个人权益，激发员工积极性，提高工作效率。

3. 销量业绩导向。 营销业务人员主要以销量为导向，无论是销量导向或是服务导向的前端人员，具体可体现在营销业务人员工资结构中的提成工资部分。

20.2.2 营销业务人员的收入构成

营销业务人员年度收入主要分为四大部分：

1. 月度工资性收入：基本工资为营销业务人员的基本薪酬，一般可分为固定工资部分加绩效工资部分；其中固定工资每月不变，绩效工资部分随个人、大区绩效而波动，提成工资部分依据销量利润情况而变动。

2. 奖金收入：奖金收入包括年薪奖、卓越绩效奖及超额利润奖；年薪奖一般在每年年末或次年年初时发放，卓越绩效奖及超额利润奖每季度或年度发放。

3. 项目性奖励：根据企业销售目标和经营情况，为调动营销业务人员积极性，增设项目性激励，是向对项目作出突出贡献的人员的奖励。

4. 补贴：根据外派国家或地区实际情况不同，各个国家或地区的补贴标准不同；驻外补贴差异还与海外工作时长有关，一次性工作或一定期限内驻外时长到达一定标准，驻外核算标准增加，以达到激励员工外派的目的；海外营销业务人员派驻海外期间，住房、餐饮、交通、通信均有不同标准补贴，或凭票报销；考虑到派驻员工与家人分离，部分企业还会设置家属补助，家属与员工共同派驻，可以享受一定补助。

20.2.3 提成工资标准及原则

销售提成是企业根据销量和利润情况，分给营销业务人员的一定比例的工资额度。考虑到营销业务人员的岗位性质和分工不同，各岗位的提成工资占比应各不相同（如表 20-3）。

表 20-3 营销业务人员月度收入构成

人员分类	岗位	各项工资占比		
		基本工资	绩效工资	提成工资
销售作业类	分销经理/直销经理	A1%	A2%	A3%
销售支持类	产品经理/服务经理/市场与品牌经理	B1%	B2%	B3%

按照年度收入占比情况，营销业务人员各项加和为 100%，销售作业类营销业务人员提成工资占比应高于销售支持类人员（A3 > B3）。为了使提成工资制起到更好的激励效果，建议 A3 > B3 ≥ 20%。同时，提成工资的设置还需考虑

市场、岗位、产品情况，原则有以下几点。

1. 市场开发差异

提成工资制的建立需要充分考虑市场开发阶段情况，针对市场的开发程度，可以区分为成熟市场、成长市场及开发市场。针对特定市场，需要合理制定提成工资的标准及分配原则。

因提成工资制与市场开发情况息息相关，随着市场开发情况的转变，也需要相应调整提成规则。

每年对所有大区／代表处进行评审，确定各大区／代表处市场类型。

各产品业务线对于各市场，需依据业务进展情况，确定转化为成熟／成长市场的计划时间节点。

对于连续3次评审为开发市场的大区／代表处，由企业组织对市场、资源投入等进行评审，必要时人力资源部对岗位人员进行专项能力考评。

2. 订单类型明确

（1）分销订单

直接将产品卖给经销商、授权经销商的订单为分销订单，订单由分销经理完成。

（2）直销订单

将产品直接卖给价值客户、战略客户；订单由直销经理完成，直销经理协助合同签订、订单下达、付款及产品交付等。

（3）联合直销订单

因区域市场经销商独家经销等原因致使直销业务人员开发的直销客户不能与企业直接签订采购合同、并由企业主导除产品交付外的客户开发、项目开发、客户维护等工作的订单；联合直销订单计量规则单独制定。

3. 业务性质分类

由于各产品线销售、利润情况存在差异，在设置提成工资制时不能忽视因产品线业务不同而产生的差异，应根据各大区业务类型进行划分。

（1）单一业务：指同一市场，推广销售单一公司产品，可归纳为单一片区、单一业务、单一渠道。

（2）多元业务：指在同一个市场，同时推广销售多种公司产品。

提成工资核算公式：提成工资总包 = 销量 × 单台提成 × 成交条件兑现系数

20.3 营销业务人员的绩效管理

企业要围绕组织绩效指标管理体系、聚焦前端业务，对营销业务人员进行绩效管理，目的是强化内部激励机制、增强绩效管理的导向作用、发挥工资激励作用、最大程度激励员工、提高员工的积极性、全面提升员工工作业绩、保证年度目标的实现。考核激励工作可分阶段，包括月度、季度考核激励等。

20.3.1 月度绩效考核方案——树立"挣工资"的概念，鼓励多劳多得

员工绩效工资实行绩效工资包管理，各部门锁定年度标准绩效工资包，每月根据组织绩效结果核算绩效工资包，各主体进行二次分配（如表20-4），原则有三。

1. **"增人不增薪，减人不减薪"**。绩效工资包总额采取年度定额锁定方式，引导部门形成"降本、增效、提薪"的良性循环状态，年度考核主体人员增减，工资包总额不变。

2. **刚性（指标核算）管理**。考核指标分为财务指标和价值指标。

月度允许发放绩效工资总额 = 绩效工资总额 × 财务指标权重 × ∑财务指标激励系数 + 绩效工资总额 × 价值指标权重 × ∑价值指标激励系数

3. **鼓励各主经营主体自我管理、自主分配**。

表 20-4 工资包分配各主体职能职责

部门/职务	职能职责
人力资源部	负责大区总监/总经理月度工资核算 负责月度大区组织绩效结果的输出
各大区/业务人力资源部	负责本区域工资考核方案的制订及完善，经大区总经理批准后报人力资源部备案 负责本区域员工月度工资的核算、专项激励兑现及二次分配调整 负责向人力资源部反馈工资激励意见或建议
大区总监/总经理	负责区域员工绩效指标设计 负责区域员工月度工资核算与分配

绩效工资包总额 = ∑考核主体内定员绩效工资总额（原则上参考定员情况）

20.3.2 绩效考核指标的设计

1. 绩效指标设计的原则

- 与所在区域销量和责任利润挂钩；
- KPI 应聚焦岗位核心职责，2-3 个为宜，最多不超过 5 个；
- 核心指标权重不低于 30%，原则上单个指标权重不低于 10%。

2. 营销业务人员绩效指标

表 20-5　营销业务人员绩效指标

人员分类	岗位	指标名称	考核比重
销售作业类	分销经理	销售计划完成率	50%
		网络开发、形象店建设计划完成率	30%
		终端实销计划完成率	20%
	直销经理	销量计划完成率	80%
		客户拜访计划完成率	20%
销售作业类	产品经理	所管区域销量完成率	30%
		所在区域/市场产品项目完成率	40%
		产品解决方案及时率	30%
	服务经理	服务网络开发完成率	30%
		客户抱怨次数	20%
		重大、批量质量问题反馈准确率	20%
		服务项目完成率	30%
	市场与品牌经理	销售计划完成率	30%
		体验营销计划完成率	25%
		传播项目完成率	25%
		市场与品牌信息反馈完成率	20%

20.3.3 绩效工资包的核算

1. 绩效工资包核算公式

月度核算发放绩效工资包总额 = 绩效工资包总额 × 财务指标权重 × ∑财务

指标激励系数＋绩效工资包总额×其他指标权重×∑其他指标激励系数

月度允许发放绩效工资总额＝月度核算发放绩效工资包总额 ± 当月结余／借支金额

在绩效工资包核算中，财务指标所占比重和其他指标权重需根据各市场／大区实际情况而定，一般，成熟类市场财务指标权重占比＞成长类市场财务指标权重＞开发类市场财务指标权重。

2. 个人绩效工资核算公式

绩效工资＝个人月度工资标准×绩效工资比例

营销业务人员：个人月度核算绩效工资＝绩效工资×∑财务工资权重×财务工资激励系数＋绩效工资×∑其他工资权重×其他工资激励系数＋专项考核

3. 绩效工资核算原则

绩效工资均全额参与考核。指标完成率无保底，与经营收入类直接相关的指标上限200%，其他他评类指标上限130%，自评指标上限110%，项目计划类指标目标值为100%、上限为100%。

营销一线人员：根据各主体所辖员工个人绩效指标完成情况直接核算绩效工资；各地区总部／业务本部总经理在允许发放范围内进行二次分配。

各主体月度工资核算必须体现个人业绩结果、按劳分配，杜绝平均主义，二次分配时应向业绩优秀的关键岗位核心人员倾斜。

20.3.4 季度绩效考核方案——设置卓越绩效奖，鼓励优绩优能

依据各区域／业务销售收入和责任利润价值贡献情况，结合各市场开发难易程度综合确定卓越绩效奖奖励金额，鼓励优绩优能。

1. 发放周期

以年度目标为激励目标，将奖金分解到季度，达成季度目标，兑现季度奖金部分，未达成则不兑现；年度累计统算，完成目标按100%兑现，未完成累计目标，则按季度执行。

2. 发放条件

为更好地实现卓越绩效奖激励的目的、鼓励营销业务人员积极性,各责任主体完成公司季度销售目标和利润目标后,方可兑现卓越绩效奖(如表20-6)。

表20-6　卓越绩效奖发放条件

目标	兑现条件	完成项	兑现标准
销量&利润	减去奖励金额后仍能完成利润目标	同时完成	全额奖励
		仅完成利润目标	奖励金额的50%
		仅完成销量目标且利润目标完成率≥85%	
	/	仅完成销量目标且利润目标完成率<85%	不奖励
		均未完成	

3. 分配规定

各大区完成业绩目标、业务部门符合发放条件方可兑现奖励;

根据多劳多得、优劳优得的原则,充分考虑奖励对象岗位和职责的差异,根据个人贡献度进行衡量,确定个人系数占比,即个人奖励金额=主体奖励总额×个人系数占比/激励人员系数总和;

各大区总经理可在员工奖励金额上进行二次分配,二次分配时,在总额范围内最高不能超过个人核算标准的20%。

4. 其他规定

销售目标以市场战略与运营管理部下发的年度计划为准;利润目标以财务管理部下达的年度利润目标为准;实际销量以财务管理部财务计量为准;利润完成情况由财务管理部输出。

20.3.5　绩效管理红线——红黑榜

1. 绩效管理红线的定义

以业务计划完成率或利润计划完成的一定比例作为绩效管理红线,季度滚动管理考评,完成率低于目标值即视为该考核周期低于绩效管理红线。

其中，业务计划和利润计划以事业部下发的计划为准，实际完成以财务确认的数据为准。营销线每半年度应用360度评价，通过民主评议及排名强制分布，后10%的区域负责人及主管领导视为该考核周期内低于绩效管理红线。

2. 绩效管理红线原则

低于绩效管理红线的人员原则上不予晋升；

新入职、市场调整人员给予试用期，试用期满后按照标准对该人员自到岗之日起的累计业务计划完成率进行评价；

针对降职或重新择岗人员，根据新岗位重新评定其薪酬水平；

特殊市场、由于不可控因素影响导致的低于绩效管理红线的情况，同样需要参与述职，通过个人EPP其他重要指标确认工作能力、工作态度能否胜任，不能胜任的同样自动进入改善期。

3. 低于绩效管理红线的人员管理

表20-7 低于绩效管理红线的相关措施

实施对象	评价周期	绩效管理红线指标	低于绩效管理红线的相关措施				
^	^	^	第一阶段（改善期）：3个月		第二阶段（待岗期）：3个月		
^	^	^	改善期内	改善期结束后	待岗期内	待岗期内	待岗期结束后
^	^	^	^	累计业绩完成率高于目标 / 累计业绩完成率低于目标	^	^	评估后满足上岗要求 / 评估后未满足上岗要求
营销业务人员	季度	销售计划完成率<60%	月度工资标准降薪	恢复月度工资标准 / 自动进入待岗期	待岗或安排岗位实习	重新上岗，恢复月度工资标准 / 末位淘汰

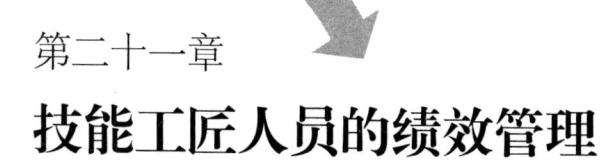

第二十一章
技能工匠人员的绩效管理

生产制造型企业如何建立科学有效的技能人才绩效管理体系，已成为企业为适应市场变化与发展进行调整和变革的重要课题。本章重点探讨围绕工作业务类型确定绩效导向、制定有针对性的绩效评价方法、并建立有效的激励机制及保障措施，挖掘员工最大潜能、促进员工个人能力的发展及企业组织目标的实现（如图21-1）。

21.1 技能工匠人员工作的业务类型

技能人才是生产制造企业的主力军，企业的产品类型、生产组织方式等决定了技能人才的工作业务类型。简单来说，技能人才的业务类型可分为以下几个大类。

1. 单件可直接量化类——计件作业

计件作业是一种传统的工作模式，以工作完成数量为前提，简单量化工作评价，按照生产定额的方式进行生产组织、激发调动员工的工作积极性。如制造企业的终端调试工，就是按照调试合格完成的数量计算定额。

2. 团队可直接量化类——流水线作业

现阶段，制造企业普遍按照流水线生产的模式进行生产组织，需要多人、多部门、多业务共同协作完成工作，员工在工作环节中仅负责一项单一、重复、标准化的工作，如汽车行业的装配工，员工仅需重复开展生产线上某一工段的某一项作业，按照工作时间计算定额。

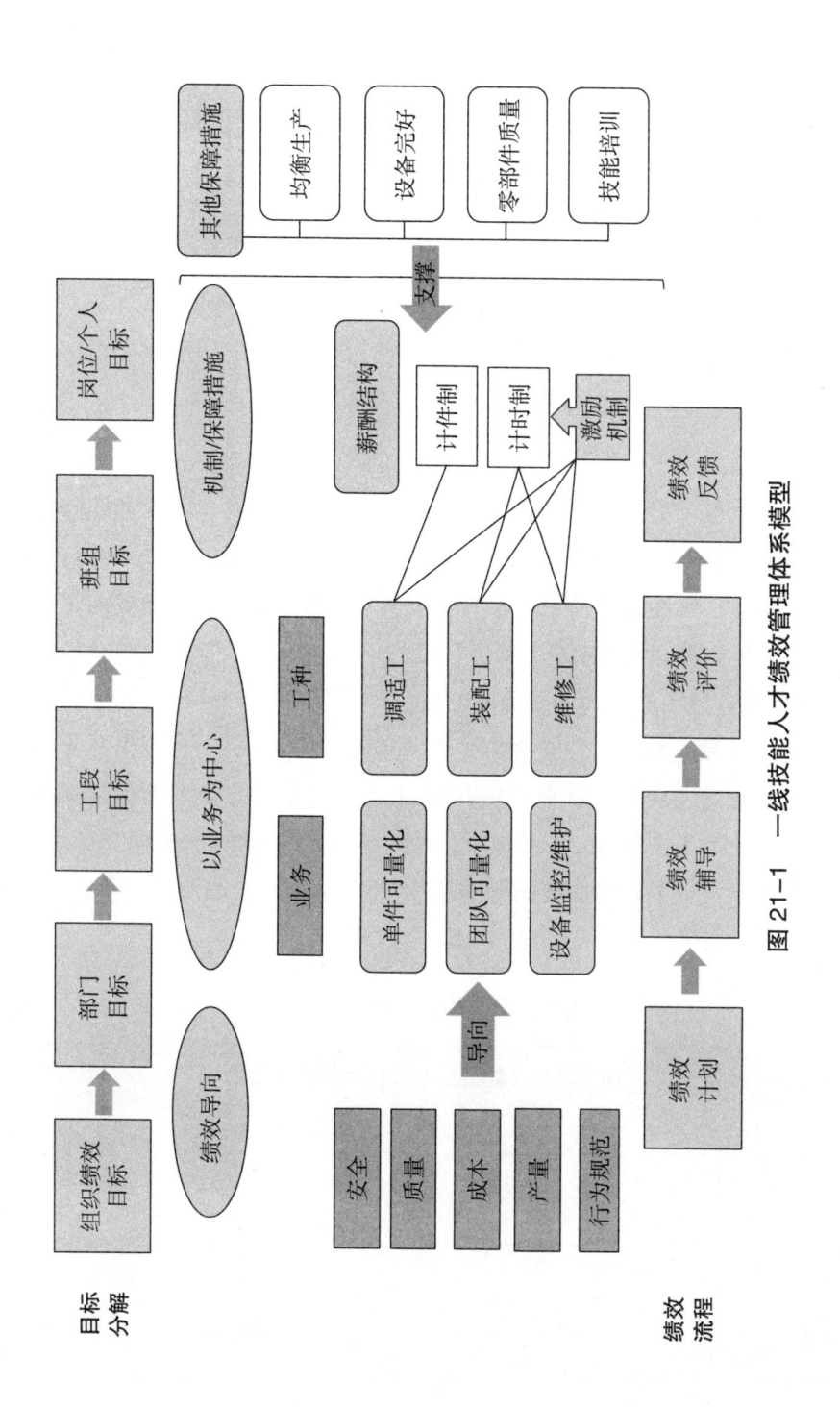

图 21-1 一线技能人才绩效管理体系模型

3. 无可量化类——设备监控/维护作业

对于工作定额无法量化、非周期性、非标准化的作业人员，如设备维修、巡检、调试、保养人员等——主要指协助制造团队维持生产线正常运转的技能人员，主要依据其个人专业技能等级及工作结果进行评价。

21.2 技能工匠人员的绩效评价导向

在整体制造水平要求不断提升的大环境下，更多的制造企业在推行精益生产。精益制造要求努力在生产的各个环节中消除一切库存、浪费和缺陷，在生产过程中节约成本、提高产品质量，关注"安全、质量、成本、响应和组织发展"等要素。因此，技能人才绩效评价要以质量、成本、交付指标为导向建立绩效评价体系。这也符合精益制造"安全（S）、人员发展（P）、质量（Q）、响应（R）、成本（C）和环境（E）"六大目标管理理念。

上述三种业务类型，虽与精益制造SPQRCE密切相关，但根据业务类型特点不同，绩效导向应各有侧重（如表21-1）。在绩效评价设置指标过程中，单件可直接量化类工作侧重于产品数量；团队可直接量化类工作侧重于产品质量、数量、成本以及员工技能发展；无可量化类工作侧重于产品质量、数量。安全、环境作为共性指标，不单独设置，评价过程中作为否决项。

表21-1 技能人才评价维度

序号	维度	单件可直接量化类	团队可直接量化类	无可量化类
1	安全（S）	×	×	×
2	人员发展（P）		√	
3	质量（Q）		√	√
4	响应（R）	√	√	√
5	成本（C）		√	
6	环境（E）	×	×	×

注：×为通用指标；√为特性指标。

21.3 不同类型业务的绩效评价

21.3.1 单件可直接量化类——单件作业

单件作业人员（如汽车调试工）按照调试合格完成的数量计算定额，在绩效评价过程中，根据绩效导向重点围绕产量完成情况设置评价指标。以汽车调试工为例（如表21-2）。

表 21-2　汽车调试工绩效指标评价

调试工龄	调试定额（辆/天）			评价标准	备注
	调试数量	上线	路试		
N＞1年	X 辆	Y 辆	Z 辆	①超出定额，评价为优秀（S、A）②完成定额，评价为合格（B）③未完成定额，评价为不合格（C、D）	①指标单位：辆/天②指标以常规产品车型为基准，调试难度较大车型按照相应倍数核算③2个月内为学徒期
6个月＜N＜1年	X-2 辆	Y-2 辆	Z-2 辆		
3个月＜N＜6个月	X-4 辆	Y-4 辆	Z-4 辆		
2个月＜N＜3个月	X-5 辆	Y-5 辆	Z-5 辆		
1个月≤N＜2个月	X-6 辆	Y-6 辆	Z-6 辆		

21.3.2 团队可直接量化类——流水线作业

流水线作业作为汽车行业最广泛应用的一种装配模式，由多业务、多部门、多人共同开展一项工作，重视整体效率。因此，必须围绕绩效导向，侧重产品质量、数量、成本以及员工技能发展设置评价指标，将责任传达到具体的每一位技能人员身上。以汽车装配工为例（如表21-3）。

表 21-3　汽车装配工绩效指标

评价项目	评价标准	打分栏	
		加分/减分	得分
质量	漏装、错装等一般单项问题	减1-5分/项	
	Audit 评审 50 分缺陷	减3分/项	
	Audit 评审 90 分缺陷	减5分/项	

续表

评价项目	评价标准	打分栏 加分/减分	得分
	发生严重单项问题	减5分/项	
	发生批量质量问题	减9分/项	
	人为原因导致零部件磕碰、划伤、报废	减9分/项	
	出现质量问题未及时反馈	减2-9分/项	
	对上工序标识的缺陷没有处理	减4分/项	
	发现班组内的质量问题	减5分/项	
	发现班组外的质量问题并严格按照处理程序处理	加2分/项	
	发现错漏装、装配不良、批量质量问题及时反馈	加3分/项	
	上岗前未进行工具、设备点检	减2分/项	
	重点监控、临时工艺要求记录无检查记录，异常情况未及时反馈	减2分/项	
	未按照作业指导书或者工艺要求进行作业	减2分/项	
响应	因工具、设备准备不及时，造成停线	减1分/分钟	
	在生产过程中，因个人问题造成生产线停线	减1分/分钟	
	在完成本身工作内容的同时，主动协助他人	加0.5分/次	
	人为影响下道工序生产	减1分/次	
成本	随意丢弃、浪费生产辅料	减2分/次	
	工具、辅料未按照要求进行回收存放、交接造成遗失	减1-9分/次	
	下班后，未关闭设备电源	减1分/次	
	有效控制成本损耗	加3分/项	
人员	在技能鉴定中取得初、中、高级工、技师、高级技师资格	加1-8分/次	
	积极参加各级别技能竞赛，并取得成绩	加1-8分/次	
	积极参与各级别改善活动，提出有效改善提案，或参与改善项目	加1-6分/次	
	在国家期刊、相关杂志上发表论文	加1-6分/次	
	取得国家高、中、初级工程师职业资格	加1-6分/次	

21.3.3 无可量化类——设备监控/维护作业

无可量化类工作人员为汽车行业中技能水平要求较高的工种，由于业务内容量化难度较大，因此，按照绩效导向，设备维修工的绩效指标主要围绕质量和响应进行设置。以设备维修工为例（如表21-4）。

表 21-4 设备维修工绩效指标

序号	考核指标	权重	评分标准	得分
1	设备检修完成率	40%	每有 1 项计划未完成，扣 2 分	
2	设备检修及时率	30%	每有 1 次未在规定时间内完成，扣 2 分	
3	设备检修返修率	9%	在 × 天之内，排除人为操作不当的原因，每出现 1 次返修的情况，扣 1 分	
4	设备质量问题投诉次数	9%	每出现 1 次扣 1 分，超过 × 次，该项得分为 0	
5	设备完好率	9%	低于目标值 ×%，扣 1 分	
6	……			

21.3.4 其他共性指标评价

上述针对三类不同作业人员，要根据绩效导向设置不同绩效评价指标，除此之外，还要在人员管理、安全、环境等方面设置通用性绩效指标。

21.4 高绩效的运行保障机制

技能人才工作的特点就是工作时间、结果（产量）较容易度量。按时间和产量两个维度，对他们的薪酬激励模式主要采取按时间激励付薪和按工作成果激励付薪两种模式，要设置不同的薪酬结构。

21.4.1 薪酬结构设计

1. 单件可直接量化类——单件作业

单件可直接量化类工作主要采取计件制的计薪模式，技能人才生产产品数量与薪酬收入直接挂钩（如图 21-2）。

（1）工作物等级

根据工作要求的技术复杂程度，确定从事该项工作的员工应具备的能力等级；

（2）劳动定额

在一定的生产技术和组织条件下，为生产一定数量的产品或完成一定量的工作所规定的劳动消耗量的标准；

（3）计件单价报酬

以工作物等级和劳动定额为基础计算单件产品的工资，是计算计件工资的基本依据，工资直接随产量函数变动。

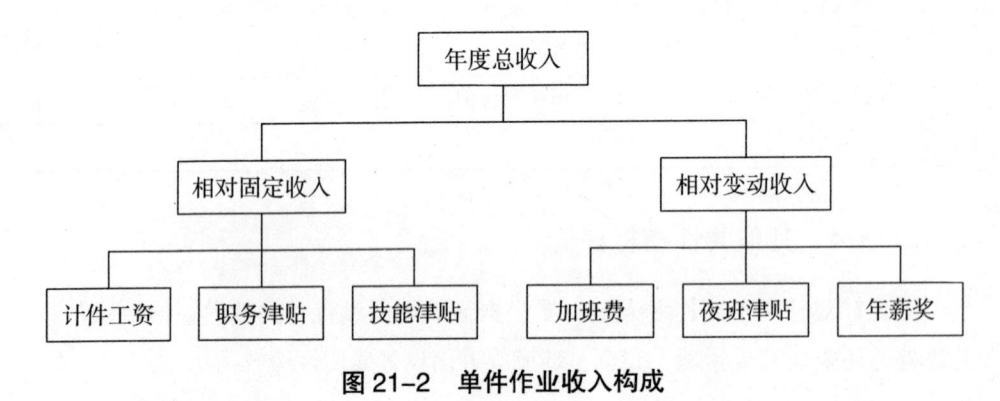

```
                      年度总收入
                          │
            ┌─────────────┴─────────────┐
        相对固定收入                 相对变动收入
            │                           │
    ┌───────┼───────┐           ┌───────┼───────┐
  计件工资 职务津贴 技能津贴     加班费  夜班津贴  年薪奖
```

图 21-2　单件作业收入构成

2. 团队可直接量化类——流水线作业

团队可直接量化类工作主要采取计时工作制的计薪模式，计时工资制是按照工作时间长短来计算工资的激励形式（如图 21-3）。

（1）薪酬率的确定

指在单位时间内给予员工的报酬，薪酬的高低取决于多种因素，主要包括岗位人才的紧缺性、劳动技能、劳动强度、作业环境等。

（2）工作时间

指员工工作时间的长短，根据劳动法规定，对应的基准时间是每月 22 天，每天 8 小时，超过则为加班工作时间。

（3）员工薪酬

指员工工作时间乘以小时薪酬率所得的薪酬，与员工出勤直接挂钩，加班按加班时间及规定政策来计算。

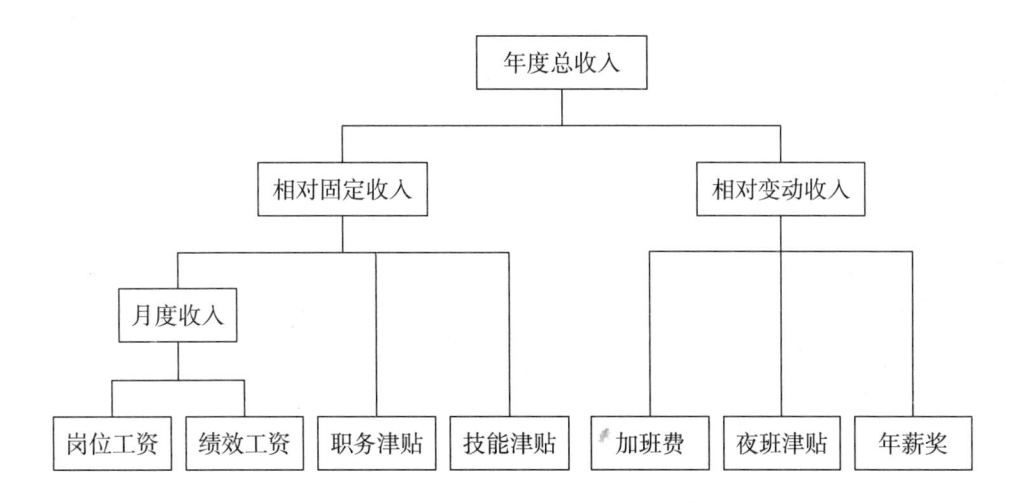

图 21-3 流水线作业收入构成

3. 无可量化类——设备监控/维护作业

无可量化类工作的薪酬结构设计可参照团队可直接量化类工作进行设置。

21.4.2 激励机制设计

1. 单件可直接量化类——单件作业

对于单件可直接量化类工作来说，工资直接随产量函数变动，当完成规定定额后，可设置激励机制，如超额完成，则给予相应激励（如表 21-5）。

表 21-5 单件作业激励标准

调试工龄	调试定额（辆/天）			评价标准	备注
	调试数量	上线	路试		
N＞1年	X 辆	Y 辆	Z 辆	①超出定额，每超出1台，激励 x 元 ②未完成定额，每低于1台，负激励 x 元	①学徒期内调车不计入师傅调试数量中 ②学徒期间支付师傅培带费 x 元/天 ③3周内不能达成个人目标，第4周进行培训和留岗查看，若仍不能提升，调离此岗位
6个月＜N＜1年	X-2 辆	Y-2 辆	Z-2 辆		
3个月＜N＜6个月	X-4 辆	Y-4 辆	Z-4 辆		
2个月＜N＜3个月	X-5 辆	Y-5 辆	Z-5 辆		
1个月≤N＜2个月	X-6 辆	Y-6 辆	Z-6 辆		

2. 团队可直接量化类——流水线作业

对于汽车装配工,激励政策主要集中在安全、质量、成本表现上,根据各类问题出现大小和频次采取激励措施(如表21-6)。

表21-6 流水线作业激励标准

评价项目	激励项目
安全	员工在操作过程中,因自身无安全意识导致的安全事故,并报到安全员处理,扣除当月的安全绩效工资;若次月员工未出现违章操作、未造成安全事故,则该员工的安全绩效工资全额发放
	违反劳保穿戴、安全操作管理规定累计2次及2次以上的取消当月的安全绩效工资;若次月员工劳保穿戴齐全,规范操作则该员工的安全绩效工资全额发放
设备	未按要求佩戴劳保用品、响应不到位、未佩戴工具的每次扣9%绩效工资,违章操作设备,每次扣50%绩效工资,当月有自身责任安全事故出现的,扣除全部绩效工资
	责任区域停机负半责,当班停机负半责
	因工作不到位原因停机的,5元每分钟,因技能水平不够停机,2元每分钟,因其他原因停机,1元每分钟,外部因素停机不考核;单次9分钟内停机不考核
质量	操作者当月出现1次批量质量事故(3辆以上),取消当月的质量绩效工资;若操作者连续2个月无批量质量事故(3辆以上)则该员工的质量绩效工资全额发放
	操作者因操作过程中恶意将周围零部件拆下造成质量事故的,取消其当月的质量绩效工资;若操作者连续2个月无恶意行为,则该员工的质量绩效工资全额发放
成本	根据本班组当月的成本指标完成情况,员工的总成本损失占班组总损失的9%以上的(包含9%),则取消该员工的成本绩效工资;若该员工连续两个月成本损失不超过本班组总损失的9%以上(包含9%),则该员工的成本绩效工资全额发放
人员	累计出现5次以上(包含5次)迟到、早退现象的员工,视为旷工1天,取消该员工的劳动纪律绩效工资;若该员工连续2个月满勤,无迟到、早退记录则全额发放劳动纪律绩效工资

3. 无可量化类——设备监控/维护作业

无可量化类工作的激励机制主要围绕设备的表现制定,若设备完好率或设备稳定率指标超额完成,则可以给予相应激励(如表21-7)。

表 21-7 设备监控维护作业激励标准

序号	评价项目	激励项目
1	设备检修完成率	设备检修完成率在 X% 以上,每超过 5%,激励 Y 元;低于 5%,扣除绩效工资
2	设备检修及时率	设备检修及时率在 X% 以上,每超过 5%,激励 Y 元;低于 5%,扣除绩效工资
3	设备检修返修率	设备检修返修率在 X% 以下,每低过 5%,激励 Y 元;高于 5%,扣除绩效工资
4	设备质量问题投诉次数	每接到设备质量问题投诉 1 次,负激励 Y 元;投诉超过 5 次,扣除绩效工资
5	设备完好率	设备完好率在 X% 以上,每超过 5%,激励 Y 元
6	……	

21.4.3 保障措施

在精益生产的要求下,要挖掘技能人才最大潜力、保证绩效导向发挥应有的作用,并不是轻而易举的事,需要人员、工艺、订单排产、物料配送、设备、生产节拍、标准化作业等多方面要素的支撑。

1. 均衡的订单排产

销售部门根据市场发展趋势及企业经营战略,本着淡季库存补充、旺季库存消化的原则,形成年度分月均衡销售需求计划;生产部门发挥最佳产能,按照最低制造成本、最大限度满足销售需求计划的原则,确定标准生产能力,实现生产订单的均衡化。

2. 可靠的生产设备

针对设备在选择、使用、保管方面存在的问题,要建立全面有效的设备管理体系。调动全员参与设备的管理,不仅要求设备维修部门做好设备的维护和保修,同时也要求在设备的引进和使用阶段,做好设备的检测工作,同时选择适合的设备进行工作。充分调动现有设备,消除由突发故障引起的停机损失,用最小的损失获得最大的产出。

3. 高质量的零部件

企业应进行从源头供应商的选择到零部件生产过程监控、再到零部件交付入库检查及后期的管理索赔等诸多维度的全流程控制，督促供应商确保零部件的质量。

4. 及时的物流配送

针对物流配送时作业环节较多、效率较低的问题，以及存在的发货、收货不清晰、不准确的问题和物流配送员工与生产一线工人之间存在矛盾的问题，必须建立高效的物流配送体系，明确界定仓库保管员、物料配送员、与生产一线工人之间的职责界限，将对产品质量和数量的考核适当向物流配送体系延伸，强化物流配送体系对生产一线的服务与支持功能。

5. 有效的培训

技能人才的培养路线是从初级工到高级技师（如图21-4），他们都要分别掌握工种理论知识、实际操作、工具设备、工艺流程、质量保证、培训指导、指挥管理七个方面的能力。要制定切实有效的培训措施及发展路径，激励员工发挥最大潜能。

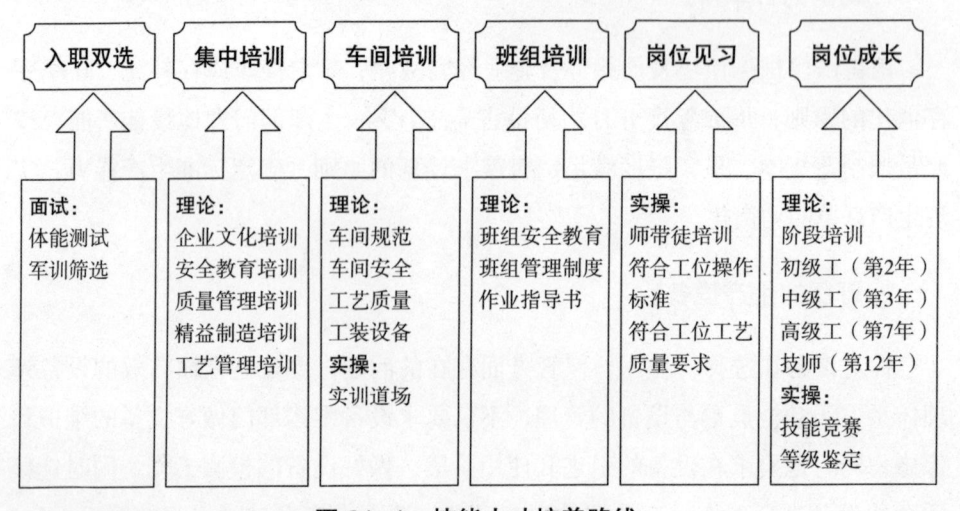

入职双选	集中培训	车间培训	班组培训	岗位见习	岗位成长
面试： 体能测试 军训筛选	理论： 企业文化培训 安全教育培训 质量管理培训 精益制造培训 工艺管理培训	理论： 车间规范 车间安全 工艺质量 工装设备 实操： 实训道场	理论： 班组安全教育 班组管理制度 作业指导书	实操： 师带徒培训 符合工位操作标准 符合工位工艺质量要求	理论： 阶段培训 初级工（第2年） 中级工（第3年） 高级工（第7年） 技师（第12年） 实操： 技能竞赛 等级鉴定

图21-4　技能人才培养路线

图书在版编目（CIP）数据

上承战略　下接赋能：绩效管理系统解决方案 / 潘平著. —北京：中国法制出版社，2019.12

（上承战略　下接人力资源业务系列丛书）

ISBN 978-7-5216-0545-7

Ⅰ.①上… Ⅱ.①潘… Ⅲ.①企业绩效—企业管理 Ⅳ.① F272.5

中国版本图书馆 CIP 数据核字（2019）第 203223 号

策划编辑：潘孝莉
责任编辑：潘孝莉　马春芳　　　　　　　　　　　　　封面设计：汪要军

上承战略　下接赋能：绩效管理系统解决方案
SHANG CHENG ZHANLÜE　XIA JIE FUNENG：JIXIAO GUANLI XITONG JIEJUE FANG'AN

著者 / 潘　平
经销 / 新华书店
印刷 / 河北鑫兆源印刷有限公司
开本 / 730 毫米 × 1030 毫米　16 开　　　　　　　印张 / 17.75　字数 / 289 千
版次 / 2019 年 12 月第 1 版　　　　　　　　　　　2019 年 12 月第 1 次印刷

中国法制出版社出版
书号 ISBN 978-7-5216-0545-7　　　　　　　　　　　　　　　定价：59.00 元

北京西单横二条 2 号　邮政编码 100031
网址：http://www.zgfzs.com　　　　　　　　　　　传真：010-66031119
市场营销部电话：010-66033393　　　　　　　　　编辑部电话：010-66073673
　　　　　　　　　　　　　　　　　　　　　　　邮购部电话：010-66033288

（如有印装质量问题，请与本社印务部联系调换。电话：010-66032926）